编委会名单

顾　问　陈春声　陈平原　林　岗
主　编　张培忠　肖玉华
副主编　孔令彬

编　委（以姓氏笔画排序）
江中孝　李　彬　李伟雄　吴亚南
余海鹰　张　超　林　茵　林洁伟
赵松元　段平山　黄景忠　曹亚明

韩山师范学院2017年省市共建中国语言文学
重点学科经费资助

广东省普通高校人文社科重点研究基地
岭东人文创新应用研究中心阶段性成果

张竞生集

第八卷

主　　编　张培忠　肖玉华
副　主　编　孔令彬
本卷主编　曹亚明

生活・讀書・新知 三联书店

Copyright © 2021 by SDX Joint Publishing Company.
All Rights Reserved.

本作品版权由生活·读书·新知三联书店所有。
未经许可，不得翻印。

图书在版编目（CIP）数据

张竞生集／张竞生著 . —北京：生活·读书·新知三联书店，2021.1
ISBN 978 – 7 – 108 – 06928 – 3

Ⅰ.①张⋯　Ⅱ.①张⋯　Ⅲ.①社会科学－文集
Ⅳ.①C53

中国版本图书馆 CIP 数据核字（2020）第 145000 号

张竞生与夫人黄冠南 1936 年摄于广州

1947年张竞生（左一）与友人摄于金边

《印典娜》封面

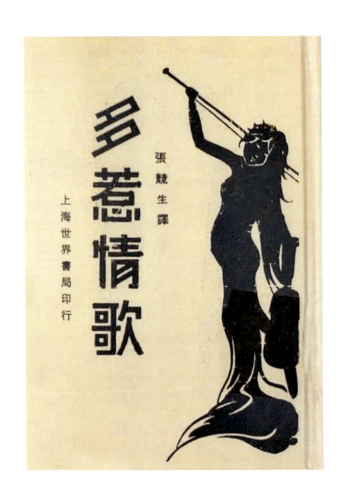

《多惹情歌》封面

本卷说明

本卷收录《梦与放逐》《印典娜》《多惹情歌》《心理分析纲要与梦的分析》。

《梦与放逐》包括卢梭（卢骚）的《闲散老人之梦》与雨果（嚣俄）的《放逐》，世界书局1929年9月初版。

《印典娜》，世界书局1929年10月初版。

《多惹情歌》包括贝仑（拜伦）的《多惹歌》（《唐璜》）和痴人的《情话的一段》，世界书局1930年5月初版。

《心理分析纲要与梦的分析》包括《心理分析纲要》与《梦的分析》，最初在上海神州图书社《读书杂志》1931年第1卷第1—3期与第6期上连载。

本次录排，对原书的标点符号按照现代汉语标点符号使用规范做了必要的调整和修改。为尊重作者本人的写作风格和行文习惯，同时也最大程度地保留那一时期的文体风貌，本书编校时在字词、语句等方面尽量保持原貌，只对典型讹误进行了修改，特此说明。

目 录

梦与放逐 1

上编　闲散老人之梦 3

下编　放逐 36

印典娜 59

序 61

第一章 62

第二章 100

第三章 127

第四章 156

第五章 178

多惹情歌 183

序 185

多惹歌 187

情话的一段　221

心理分析纲要与梦的分析　239

导言　242

心理分析纲要　249

梦的分析　274

梦与放逐

上编　闲散老人之梦

卢骚[1] 著

译者按：卢骚于将死之前一二年（他死于一千七百七十八年），独自散步于巴黎近郊，每有所思，辄记起来，题为"Les Rêveries d'un Promeneur Solitaire"，直译为"一个独行之梦"，今改为上题名，计有十篇，可说是补足他在《忏悔录》上所未说及者。在"第一梦"上，他叹处世无术，到如今独自一人冷冷清清，但也因此而得其独立不羁之兴趣。"第二梦"，乃在一七七六年十月廿四日自己正在路旁研究花草时，忽来大狗，势将被噬，遂向低洼一跃而下，至于伤唇震脑失却知觉若干时，全巴黎谣传他已死，并有酿金预备印刷他的遗著者。但卢骚自想必定仇人伪造书籍假托其名以谋倾陷于身后。"第三梦"，卢骚端在注解"愈老愈当学习"的古训。但译者，看了这上三个梦，未免事情太平常，所以不代为介绍。故拟即刻来入他的"第四梦"较有兴趣呢。

第四梦

在我现尚喜欢看的少数书中，应算玻璃达的《名人传》[2]最使我嗜

---

[1] 卢骚，今译为卢梭。《闲散老人之梦》今译为《一个孤独的散步者的梦》或《一个孤独散步者的遐想》，为卢梭暮年的作品，开始写作于1776年秋，最后一梦（即第十梦，未写完）写于1778年4月，距其于1778年7月离世约三个月。
[2] 玻璃达，今译为普鲁塔克，罗马帝国时代的希腊历史学家，以《比较列传》（又称《希腊罗马名人传》或《希腊罗马英豪列传》）一书闻名后世。

之不倦与最得其益。（按：玻璃达的《名人传》，乃是将希腊与罗马两国名人各依其类互相比较，久已见称为世界名著，卢骚在《忏悔录》第一书中曾说他七岁时已读其书而得其益了。我们会当将此书译出。）这部书是我少时开蒙本，也应为老来的好伴侣。在每次亲炙中总能得到多少好教训。前日，又念到他的《道德问题》中有一节是"怎样取得别人的便宜"[1]。同日，在整理许多外来赠册时，忽见鲁姚教士的日报[2]上有一标语是"为生存求真理"。这班先生真难对付，故意与我用的标语"为真理而生存"[3]作对头。他这样一转，不用说，有意讥笑我的虚伪。究之，他们有何根据？何必如此冷语伤人。我有何事授人隙？回想玻璃达的教训，在此时适用得着，故决定于明日散步时，好好考究"说谎"一问题，即时又使我觉得在希腊神庙那句"知你自己"[4]的门匾题语，不是如我在《忏悔录》所想的那样容易去实践。

翌日，我一路行，一路寻思。头个念头，即落在我年少时诬赖那厨娘玛丽红偷取彩带给我的故事[5]（参看我已译出的《忏悔录》第二书末段）。这个回忆，无一次不使我惭愧万分。尤其是在老年诸种患难交攻之下，对此往事更加焦急不安。这个撒谎，就本事说已是罪恶。若使被诬者由此不得职业而致于堕落，则其罪恶尤属加大。我的懊悔因此实在深刻与痛苦不已。可是，就实情说，我的撒谎不过为怕羞而起，并非有意陷害她。我敢向天宣誓，如我能战胜害羞，则必即

---

[1]《道德问题》，指有关道德的论著，或译为《道德篇》。《怎样取得别人的便宜》是其论著中的一篇论文，今译《如何从敌人那里汲取益处》或《如何使敌人为我所用》。
[2] 此句的意思是：鲁姚教士送给我的一本学报。鲁姚教士，今译为洛西埃教士，里昂王家科学院院士，自1771年起，担任《物理学和博物学学报》主编，与卢梭相识于1768年。他送给卢梭的当是此学报。
[3] "为真理而生存"，意为"为真理而献身"。1759年3月18日卢梭以此为座右铭，并专门刻了一方镌有这句话的图章。
[4] 也译作"认识你自己"，是指希腊德尔斐神庙的石刻铭文。
[5] 玛丽红乃卫西丽（韦塞利）伯爵夫人家的厨娘，卢梭偷了潘大小姐（朋达尔小姐）一条彩带，被发现后竟一口咬定是玛丽红偷来送他的，使玛丽红有口难辩。此事对卢梭影响极大，其一生都在为此事受到良心的谴责。参见卢梭《忏悔录》第二书。

时自认其罪无疑。这乃是一时心情被害羞所强迫以致失却本性，使我自己不知其所以然而变成为诬赖的狂徒。

这个可痛的回忆与永久存留的懊悔，保障我一生不再陷于撒谎的罪恶。当我以此句"为真理而生存"做标语时，乃自以为一生的真实考语，并望为我努力实践的案右铭。及见鲁姚教士之句法，又再使我警惕一番。

现在深思之下，我竟发现自己有许多不实在的言论。而又骇异者，当说这些虚话时，在我俨然自以为说实话；俨然自恃是独一的人类，敢于为真理而全说不隐，虽至于牺牲名誉、利益及生命的安全而也有所不顾。但尤骇异者，当我回想这些虚伪时，心中竟能毫无一点懊悔。我，最恨说谎的人；我，宁可受万端摧残而终不肯说谎的人，而今不为利益，不是强迫，竟然那样乐于撒谎，这是何种奇怪之事？我，五十年来，无时不恐惧那回诬赖厨娘的事件再发生，而今竟撒谎得不曾懊悔，这又是何种奇怪。这个未曾为世所蚀的好天性引导我一生得了德行，而不敢于一次怙过恃恶；虽利害当头，而我尚能保持忠直之性到于极点，而今竟为不关重要的事情而变操，这个更为奇怪之至！我想这些乖谬，苟不从我"良心上的判断"去寻求其理由，则终不能得其结果的。经过多少考虑之后，竟然得到下头的一些答案。

记得有一本哲学书曾这样说："谎言，乃是不肯说出实事的真话。"依此定义，那么，如一部分不必说出的真话而不说出时，当然不是谎言，但今有人不以说出真话的本身为满足，故意要说出相反的话头，如此，他谎吗不谎？依上定义，也不能说他撒谎。因为譬如给假银票与一个不应给予之人，只可说他对付得胜利，但不能说为骗取。

这里有二个重要问题应当考虑者：第一是在何时及何种状况之下，始应说真话，因为人不必时时向他人说实话呢；第二是，是否在一些情景之下可以说谎而无罪恶呢？后头的撒谎法，当然可以允许，虽则有许多不负事实责任的道学家，只会在纸上大谈那不论何时地都应诚实的空话，今且放开他们吧，请来听我的意见。

有一种普遍与纯净的真理，乃人类的宝贝，失之，则如盲目者怅然不知所之，得之，则如明镜能生光，人类全靠为行为的方向而达到于真正的目标。但有一种真理乃是特别的与个人的，不是常常有益，而且有时尚是有害，最普通的是不好不坏。譬如学问中的真理教人得了种种有用的智慧，这些真理虽不多，但所有的均于人类有利益，凡属人类均应取得。若有向他们欺骗不肯实实在在说出的便是偷窃公共利益的罪人，因为这是人群共有的利益呵。况且，凡给予的并不因此而损失其个人之所有。

至于一些真理，于理论及实行两边均无利益，这当然于人类不是可宝贵之事，即其本身也不是可宝贵之物。一件物宝贵与否全与人类有用和无用为断。若它是无用，便非宝贵可知。一片荒地，无论怎样不能出息，尚可用为住人。若论一件至俗的俗事，本与人类全无关系，真与假，原是同样不值一辩，凡是精神，或属物质，都以有用为主。凡无用的便不值钱。若要值钱，便须有用。由此而论，一件真理所以值钱，因其于"公道"有用。如一件真理与人无干，于世无用，而人乃视为神圣，这真天下至傻的事了。一件真理既然无用，当然无价值；因此，有人不去提及，或将它假装出来，当然不能说他是撒谎。

若有人问："岂有真理而毫无利用之处吗？"这属另一个问题，待后去说明。现在请来谈别一个问题。

"不说真话"和"说假话"，乃是二件极不相同之事，虽则其结果可以相同，最浅显的是当其彼此结果均无时。凡一事如其"真"的不足重要，则其反面之"假"也不重要。由此引申，一件事的真处如果不可知道，或则不必知道，则不管人说错，或全不说出，归根都是一样。因为"实话"既无价值，则说假话或全不说均属无罪。例如我说海底的沙是白色，或者红色，与不知它是何颜色，同为一样不关重要。既然所说的不会害人，则不管他如何说，总不是"不公道"，因为不公道之事，乃因其能妨害人。

　　这些问题，全在理论上设譬，究于实行上能否合用尚不可知，故当再行讨论，使实行上能够与理论相符合。在前说到：说实话，仅在有用时，可是，怎样知是有用？常常是在此有用，在彼有损，在个人有利，而在群众则有害，如此将何以为标准？应否牺牲他人利益，为自己亲友讨便宜？应否主张公道，或闭口不言？应否为群众说话，或为个人张目？我们能否明白一切互相关系而说出一切俱属公道之话？再进一步，既为他人客气，抑应同时为自己及真理留下地步？欺骗他人而不损害，同时是否损害自己？自己永久诚实，但能否永久如此无罪。

　　有说：上头的一切疑难，只要一件事就能解决，即是自己应当诚实不欺，因为诚实是一切真理之祖，欺骗乃一切不公道之源。不就事做，与依例行，是为错误，错误也是一种欺骗，虽有时与真理尚能相符，但非出诸本心，虽不做错也不能无罪。

　　可是，如此说法，只能对问题切断，但不能解决。因为现当讨论的不是在永久诚实不欺，而乃在应否永久说实话。但依上的解释，可以说："不必长如此。"固然有许多事应该诚实的，也有许多应隐讳而不妨害于人，与许多应假装但又不是真实的欺骗。这项证例实在不少，现只求其规则可为依据就足了。

　　但怎样有把握，能于一些事情中，得立一个可以撒谎的规则呢？人生行为的问题当无比此更重要的了。在我个人说，听了良心比听理性更能得到此项的把握。良心永久不会欺我，它永久保存我的纯洁。有时，它为情欲所蔽，但不久就恢复其清明之性。这个良心的判断，与上帝在判断我一样严厉。

　　从人的言论上去判断，常常不能得到其真意之所在。言谈之间，不但不能表出真性情，而且因时地而变异。故判断一人，只能就其意向处看出他是好歹。说谎，若其意向在欺骗人，才是真撒谎。但撒谎的意向，不必一定陷害人，有时尚且有益于人。故无罪恶的撒谎条件,不但对于所骗的人要无妨害,而且对于任何人都无关系,这个当然极困难,所以撒谎而无罪并非容易的事。撒谎,在求自己利益,是为欺骗;在求他人利益,是为串谋;在陷害人,是为造谣,造谣乃撒谎中之罪大恶极者。撒谎不为自己与为他人利害起见,并非撒谎,不过是一种"虚构"(fiction)。

虚构与德性有关系者名为"寓言",它的目的在将枯燥的事实变为情趣的寄托,故不讳言其撒谎,因为在此项上,谎话乃是真理的代表。故为寓言而寓言,则虽荒唐不荒唐。

尚有一种"虚构",纯系空空洞洞,大多数的故事与小说即属此类。它们目标全为玩乐,并无道德之可说,只随创造者的心灵。故不论作者怎样说是实话,他人只有以撒谎目之。但作者并不因此而对撒谎起灰心,读者也并不以此而责备。例如《爱神之庙》[1](译者也可举《红楼梦》为例),这部小说[2]虽有许多实情,但不能遮盖此中有许多假造。不管作者如何说他从希腊古册中译出,人纵不信。若说这不是撒谎,则天下更无欺骗的事了,但人们能因此而加上作者欺骗的罪名吗?

有人说故事与小说,原不过一种笑谈而已。作者纵然说是事实,但并不强迫他人去相信。纵然他要强人相信,其如读者不肯何?但依我说,今再取《爱神之庙》为证,作者既说是从希腊古册中译出,他纵不强迫人信,然也不能逃了撒谎之名。因为许多人平时已相信作者之为人了,今他如此云云,读者得有多少人知道希腊历史而去判断其真假呢?

故以文字说,当然可以说真和说假。但在良心上说,凡好人都不肯昧良。为自己利益而撒谎,虽比妨害他人而造谣为无罪,但归根仍

---

[1]《爱神之庙》,今译为《克尼多斯神庙》(或《尼德神殿》),是法国思想家孟德斯鸠于1724—1725年发表的散文诗作,假托译自希腊文,包括七首短"歌"。该诗作有许多渲染色情的描写,受到时人批评,被称为"香艳启示录"。

[2] 准确地说,《爱神之庙》乃是散文诗,而非小说。

是不德。给予他人不应得的利益，固然妨害公道；但为自己不应得的利益而撞骗，也是妨害公道。凡与真理相反而又于公道有妨碍者是为真撒谎；若与真理相反，但于公道毫无妨碍者，仅是"虚构"，这是"虚构"与"真谎"的切实分界。若有人细心到将虚构也认为撒谎，则其良心的警惕，或者比我又加厉害。

所谓"官谎"[1]者，乃属于真谎的一种。这是为自己或其私人的利益而撒谎，别面说来，势必尚且妨害他人的权利。凡对人有所侵害而说假话，则为真谎。若对一种想象而虚拟，则并非撒谎。但虽则想象，而与道德有关者，则其撒谎之罪比对人的更大。

我见今世所谓诚实人者，专能在无关重要的谈论中，老老实实说出地点、时间与事物，毫未加入一点虚拟、点缀与夸张。凡与他无利害相关者，则表示得极诚实。但利害在前或则与他较有关系者，则即时渲染上于他有益的色彩，纵然他不敢自己公然使谎，但也从极狡猾处着意，务使人信之而不疑。这真是"稳健者"的胜利，可惜真理不知何处去了。

我意中的诚实人者则完全与此相反。在一些不关重要的事情，乡愿学究者流所硁硁自守者，于他则随便对付。到必要时，他尚敢节外生枝，点缀粉饰，以求听者悦耳而已。只求于人无害，于己无利就好了。但当于人有妨害及与真理和公道相背时，则他不但不敢出诸口，并且不敢存诸心。凡出于口存于心者都是坦白如天日。他是诚实人，因他不肯欺骗人。他不肯欺骗人，尤其是当他自己的利害到头时。一事于他有光荣或丢脸，他总一样说出来。对自己不讨便宜。虽对仇人也不肯造谣。总之，我的诚实人与世所谓者不相同，是：世所谓诚实人者，乃是对于事不干己始肯说实话。我的诚实人，则当自己最难对付时，而最不肯轻易放过。

如此说，我的诚实人这样随便，岂不与纯净的诚实主义相反吗？

---

[1] 冠冕堂皇的谎言。

因为这样诚实中实在含有许多混杂的分子了。我答不会。他仍然是十足诚实的人。他有时为公道起见，所以随便假装，但不至于真谎。公道与真理二者虽异而实同。取此舍彼，结果一样。所谓真理必有所附丽，不是以空名为贵。公道一物之可贵处，就在各依其人的应得而给予：毁者，誉者，善与恶，赏与罚，各依其分而不差池。如此就其分量使其恰当，而有时不免于撒谎以期达到其分配公道之目的。如此撒谎当然不至害人，也不至于利己。良心所重者在公道的措施。撒谎而行良心之所安，则他虽说假而实真。但这乃就一些无关重要的事情而论。若夫历史、道德、社会及教训的问题，则当然应说实话。故《爱神之庙》一书如其于道德有益，则作者所假造的希腊古事，不过为一种善意的虚构。但若此书有害于社会，则其撒谎之罪实在不容宽恕了。

我个人对于谎话与诚意的判断和信守如此。心情随此信守为转移。不用求助于理智，只听自然的倾向，自能使我实行此中规则而不错误。自从冤屈玛丽红那回后，同类撒谎已不敢复蹈。至于"官谎"，即在欺骗他人的利益为己有的事，更加视为大罪恶，时时警备，终身未曾一回上它的勾当。

而且，我自然的倾向比此种信守更为超逸。我的天性自能范成一种规矩，不必借外间的压迫而后始为纯良。一向心中并未有预先计划去诬蔑人，与不为自己利益而吹牛，虽然不免常因害羞而说假话，而说一些无关重要的假话以为解脱之地。或则与人太久谈话而觉枯燥时，有时也说些虚构之事情以解烦闷。甚至于假造些寓言，但以不害人与利己的寓言为界限。我所要的是于实事真理之外，讲论一些有利益与好教训的故事以期增进人类的德行。有时，也因我的笨口舌，言不由衷说出一些不是我意志所要说的话。虽则说出后多么懊悔，只望他人能够原谅此种无意思的冒昧而已。

再说玛丽红那回事，完全是一时的害羞与口不由衷的结果。但上天在作证，我敢宣誓如我得有认错的机会，则当即时直认其罪不讳。

梦与放逐

我的天性甚易于认错谢过，虽则胆量常常不允许。以下也有一例，足以证明我的撒谎不是为利己与吹牛，也不是妨害他人；独一理由乃是因自己害羞而起。

不久之前，某先生请我们夫妻同到某酒店会餐。适酒店妇与其二女也同桌。她的长女新婚不久已有孕，盯住眼睛问我是否有子女。我不觉羞红透耳，只好答说并无此种幸福[1]。她作鬼笑，转眼向我妻孜孜看，此种暗示，当然彼此相解于无言中。

在急遽中，口不遂心而说这些傻话。苟一回思从我心中要这样说，也不应如此设词。因为这样撒谎，同食之人当然不为骇异，他们预先知道我必如此答，以便羞笑我。我虽傻，也知这样说，恰恰上他们的大当。若待到二刻钟后，我的答案当变成如此："这真一件秘密的问题，不意一个少妇如您敢来请教我这样年老的童贞呢。"如此说，不用撒谎，也不用害羞，而直取问者的便宜，教训她下次不敢这样冲撞。我今乃不能这样答，而乃反其本意说出不应说的话以给人取笑。这是一种因害羞的压迫而生出一种机械式的言词的最好凭证。前时，我尚不至于这样狼狈，如她这样问，我就诚实告诉她已有五个子女放在育婴院就是了，可怜我多经患难之后，又在众目睽睽之下，使我愈老愈羞怯而愈撒谎了。

当我写《忏悔录》时，对于撒谎一事大自痛责。只要有一点虚伪处，我就写出来认过，时常自责比自宽更多，意在自己认出后，不用他人来代指摘之劳。我敢骄傲地说：这本书，实在是从我诚心正意而出，自信世上无一人敢比我这样公开的。我想直说比不说之利大，为我利益计，我更应把所有的行为都说出来。

若我有时写得未免铺张扬厉，并非志在假造事实，不过于事实上添加些粉饰的功夫而已。这个若说是谎言，也不过是虚象与文字

---

[1] 事实上，卢梭与黛莱丝·勒瓦赛尔共生有五个孩子，但都被卢梭送进了育婴院。此举颇受世人诟病，无论卢梭给出的理由多么充分且自认为合情合理。

的舞弄，但非有什么意见的作用。故此直不能说为撒谎，因其目的并不在欺骗人。须知我写《忏悔录》时，年纪已老[1]，生活已弃我而去，此中所能追求者只有记忆一事。记忆当然不能齐全，只好有时添入一些在我以为应该有的状况上去。至于事实苟非认为确切者当然不许搀入。且我所乐于追写的，多是欢乐的事情，这该给我笔花怒放尽情而谈的机会。意者不尽不快，这样多谈，当然只为心情的调遣，完全与别有含义者不同。只要在一件可以怀疑的事实，已使我为之搁笔；至于以撒谎为自己避罪夸功的工具，则我更万万不敢用了。

假若有时于无意中将恶处改为善。然也有时，因我怪脾气之故，不肯写善而专说恶，这个又因我的德行有时太伟大了，写出来，怕人说我在写颂德碑，不是在写《忏悔录》，所以宁可搁笔。以下二事，所以无加入《忏悔录》去，便为此种缘故。

少年时，曾到亲戚华支先生家去。在参观其转旋机时，因其轮光可鉴，引得我手摩挲其上，适他转轮，致我两个指头全被削去[2]。我的痛苦至难形状。但因他的安慰，又恐其受罪之故，我决为之守秘密，只好谎说被石头所压伤。此回指痛致不能起床者廿一日，而不能使用手者至于二个月之久。又最难过者，我本应去从军服务兵役之时，今则只好耳朵翘听我的三个同伴敲打铜鼓从我窗下而过。又有一次，我与一少年玩棒，彼此由争执而至于相打。他用棒打得我头皮破裂，血流不止。他怕我打死了，惊慌难描，深深吻我，及与其母亲竭力救治。我由此对他不但不仇雠，而且看其母为我母，视他则如兄弟一样。终我身，也未曾与人说及他曾伤我。此外类上两事者尚多。

由这种回忆而观，可以见我看公道比说实话更为重要，而注意于

---

[1] 卢梭于1764年开始写《忏悔录》，时年52岁。
[2] 原文中应该是说两个手指甲被转轮卷走，而不是译文中所说的指头。

真理的实践比其抽象的理论更为必需。我确实说了许多寓言,但极少撒谎。为公道起见,我常常代人圆谎,但并未为自己利益而昧良。必须如此经权并用,然后诚实才为可贵。若求诚实于玄学之内,则其结果并不见何利益。

我也知此种态度不见什么有利。因为为他人圆谎,能否同时对自己得住?为他人也当为自己,这才是一种骄贵人格的表示。至于因笨口舌而代以虚构,因失记忆而加上点缀,未免有时不能不抹煞事实,此种罪过实在更大了。

可是,最使我受罪是,我所取那个"为真理而生存"的标语。因此在我自己不能不自责,而在他人则得执此以相绳,虽至于少年时因害羞而撒谎的也不能望其宽恕。如此,无论在如何状况之下,我须口中无一虚拟,笔下无一寓言,然后始能使他们称为诚实人。若我说这不过由我一时意志薄弱而撒假,则责备的人正喜得此把柄以攻击。我诚意志薄弱的人,故最多只求不陷于罪恶。凡要为大德行家,必须有刚强的胆量,可惜我不能希望如此了。

如鲁姚教士不说及,我连梦想也想不起这桩撒谎的问题。现已老耄,似乎补救不及了。但在补救今后的错误及提起我的志愿上,似乎尚不太迟,因为只要靠自己的力量就能做到了。在此节上,及在他层,都可见出梭浓[1]的"愈老愈当学习"之训言实为不易的名论。人在什么地方都可学习点乖,诚如玻璃达所说,虽对仇人的教训,也可取为鉴戒,以便成为智慧、诚实、忠直及虚心之人。

第五梦

在我一生所住的地方,虽有的甚美,但终未有一处比"滨湖"的

---

[1] 梭浓,今译为梭伦,古希腊时期雅典城邦著名的改革家、政治家、立法者、诗人。

圣彼得岛[1]为佳胜（参看我译出的卢骚《忏悔录》第十二书[2]）。也未有一处比此较能使我得到真正的快乐与温柔的回忆。此岛虽在瑞士，但甚少人知。据我所知的，它并未被一个旅行家所识破。此岛实在美丽呵，好似上天特为我这个可怜创造的呢。我确是自然的骄子，虽不敢说是独一，但实在是世间最爱自然的一人了。

滨湖沿岸比日内瓦湖，较为荒野与浪漫，巉岩丛杈围住水边，但并不因此减少其媚态。四野虽少有田园及村落，但多的是天然的绿畴平原，尤其多的是荒林曲径，气象万千。因其周围无大道，所以旅客甚稀，这个正是给了一个隐居者鉴赏自然的机会。独自一人，静悄中别无扰乱，只有鹰叫、鸟喧及山泉从高而下的声音。一个圆盘似的湖面，包含了二个小岛。大者约有半法里[3]的周围，中有民居。其一较小，完全荒落，漫天水草遍地沙碛而已。每当大岛被风浪所侵蚀时，则工人们就向小岛取偿，如此下去，势必至于消灭。弱肉强食，万事皆然，此一片上也不能逃出此例了！

此大岛中，诸事俱备，我曾被人驱逐而到此[4]，觉得此间甚乐，极与野性相合。所怕的只在再被人逐出去。我常祝望人将我终身禁锢在此岛内，永久不与世人来往，以便忘却他们的存在与我自己的存在。

不幸，住此仅有二个月久，已被迫而出岛。但如使我再住了二年，二世纪的长久，想也不会起了半点的讨厌。到如今，所存留于我

---

[1] 滨湖，今译为比尔湖或碧茵纳湖，位于瑞士境内。圣彼得岛，今译为圣皮埃尔岛，位于比尔湖西端。
[2] 卢梭在《忏悔录》第十二书中曾这样描写过此岛："圣彼得岛，周围约有五里，但岛内一切俱足。有田可耕，有野可牧，有花苑树林之胜与葡萄园及一切生活之供给。而且地不平衍，山阜起伏与湖沿之地高低纠错以成趣。聚观之，岛形极其宽大，与实在的面积迥不相符。西边矗峙一高台可望格丽与都美的雪峰。台之上，两行大树，剪成为大道的屏障。在林内中心辟出一空地以为露天游戏之场。每当沿岛人民葡萄收后，携群来此跳舞燕宴以祝酒神成功，并为水仙献寿。"
[3] 法里，法国旧时长度单位，1法里约合4公里。
[4] 详见《忏悔录》第十二书。

记忆的，尚是具有不尽的兴趣。我住此时，连写信也觉无谓，日唯寻求静观自得的生活。但我又非偷闲者比，不是一事不做，而乃随我的兴趣以做事呢。或则独自研究花草，或则与妻及税务官一家人，同往视其工人工作，有时我且加入去，每当天气晴好，整个下午，任我个人泛舟于湖中，尤欢喜是从大岛飘到小岛去。到后，舍舟而陆行，奔波于丛莽间，顾视我一手所培养的兔群，未曾不怡然自乐也。当阴风击水，浊浪排空时，舟行不得，我则在大岛上信步所之，考究植物，举头望见远山作蓝碧色，梦魂不觉随视线远远而飞。及晚，到岩边去，深藏在人迹永久不到之处，静听脚下风浪相争之声。晚餐后，我们与税务官二家人一同散步，饱吸湖山的清香。且行且憩息于凉亭之内，自由言论，谈笑风生。有时且唱古调，比今人所弹的价值更高。更深夜静，如此归去，在睡眠中盼望明朝之乐也如今日。

二个月短促的光阴，留下了十五年来深长与温柔的回忆，每次想起即对于这个乐居便有无限的欲望。这个快乐的取得，最可宝重处不是在于显显赫赫的感触，而乃在于静静悄悄的鉴赏。凡我所欲望的不是变迁不停的快乐，而乃在一些纯净与简单的乐趣。这个初始虽不觉得激烈，但久而久之，愈觉其兴趣无穷，至于终极，则且得到最大的沉醉。

世事都是变迁不停的。一切现象均非固定与凝滞，我们感觉既与这些现象为缘，当然也与之俱变。所谓景象，不是在我们之前，便是在我们之后。在前的已经消灭了，是谓"过去"。在后的，尚未存在，名为"未来"。过去与未来，凡此均不是我们心中所能挽留得住。故世间，一切快乐均如流水悠悠逝去不复留下痕迹。所谓幸福之存在实属未有。在我们最快乐的时间，我们不能够说："我愿它这样停留下去。"一切幸福既如此变迁不停，我们所存留的唯有眼前的空洞与过去及未来的虚幻。这样幸福安能说是真的呢？

可是，在一种情景之下，心灵得以寻到一个固定地点，能够全行寄托，而将一切外象收集在他一个人，不用憧憬于过去与未来。在此际上，所谓"时间性"于他全用不着。只有"现在"绵延下去，并无久暂及断续之分。除他自己自足外，并无缺乏快乐、满意、痛苦、欲望、恐惧，诸种焦躁的分子搀杂，只有自己个人的心情填满一切，包盖一切，宰制一切，沉醉一切。当此景况继续保持下时，凡感受者才可说是快乐，因为这个幸福，不是如世人的那样贫乏、相关与不完全，而乃是他的最完满、最极端、最充足。这就是我在圣彼得岛时的状况。或行而研究花草，或则梦想，或睡伏在舟中飘摇，或坐在岸上听浪号，或靠在树旁看泉流，这些外物与我，我与外物是二是一，合成一体；我与时间，时间与我，互相绵延，绵延至于无穷。

究之，我在这些情况之下，所得的是什么？我所得的，所有外象不是在外物，而乃在我心内，在我自己，在我个人的生存上。此种状况保持得住，自己个人就能满足，好似天帝一样，一切皆为所有。这种心情，不为外缘所分，乃是一种怡然自得的享受。好似一种温柔与可宝贵的生存，深深得到，而将世间一切纠纷与捣乱的事情忘得干干净净。彼等日事征逐于俗务者自然不能领略此中兴趣。但一个与世相绝的我，自能于自己孤单中得到此间的幸福，而绝非人间所得剥夺者。

这个享受，当然不是一切隐居者便能得到，也非随处的环境所能引起。必也应先有一个安静与一切情欲不能扰乱的心灵，又须有感受此景况的天性。卒之，又须有相当的环境。最切要是，不可全静，也不可太动，但求一个温和而纯一的动作。因为全静则等于死气沉沉。然太动，则梦想不能安稳，一经醒起来，则即时驰骛于世事，一切烦恼的心情遂而并起夹攻了。故要求得一个超脱的方法，起首应当十足安静。由静密而生烦闷，自然要从心中拟议一些超于世间的梦想，如此使心灵离脱人事的纷扰而上升与天上的神物相交通。但这个灵动，乃从内心而起，不是从外间来，故不用隐居也能得到这个沉醉的生活。只要能保存一个动静合度好心灵；静得如无风的水底，动得如水面受了微细的吹力起了外面的波纹，但里头尚是静止不受外间摇动的。如此，我们自能忆起自己个人纯净的生存，而不受了世间恶缘所缠绕。如此，无论在何时地总可得到一个幸福的心灵。故我想如将我禁在狱牢，使一件物也不见到，则我愈能得到纯净的醉赏。

况兼我住的是幽逸而与世相绝的美岛；所与往还的乃是和蔼可亲不扰我自由的税务官一家人，如此当然使我梦想得更香甜。这个真是万缘凑合的好机会。以我这个梦人，虽在最劣的环境中，我尚能做了好梦。况兼今日与我同入梦的乃是青的草，花之颜色鸟之音，环于岛中碧蓝之水光，凡此一气转入我的变为我的生命，再转出来变为世界一切的生命。我于是不能辨别我与外物的差异；不能说我的梦想是虚拟，而外间的物象是真相。真物与我的假想已混合为一，我与大自然已互相交通，小我与宇宙已无形结合。这个更加使我憎恶世人的鄙贱，使我更愿向空中飞去，更愿与天上仙人相周旋，自以为不久能入这班天仙之群了。人类能逐我出此岛，但不能禁止我梦想此岛的香甜，更不能阻止我日时与天仙人物相交接。我不止是梦想，并且在梦想中见到实事，见到我便是创造与享受这些实事的人。当我入梦时，我确是世上最幸福之人，因为我与梦中人同化了。可恨是不能长久梦下去。当其醒时，眼睛睁开看见原来实在的世界是如此。呀！当眼巴巴看得太清楚时，始觉得眼神的缭乱与世事的昏昧，故终不如入梦所看的较为超脱呢。

第六梦

若我们能善思维，在一切无意识中均可得到其根由。

昨天，当出巴黎城门时，我从左手转弯，不从田间去，而向山坡行。这个似是极自然的行动。但回思多少次来都是这样走法，为之寻究其缘故后，未免使我暗中可笑。

原来往田间去那条大路的道旁，有一卖水果等物的妇人。她有一男孩，甚趣味，但跛脚，挂杖而行，极温存地向路人讨钱。自与此童认识之后，每次遇他，总给多少。初时，我给得甚快意，以后几次尚算称心，有时尚喜听他的小口吻。但此种施予成为习惯之后，即时觉得为一种责任的束缚。尤其讨厌的是预先知道他将说何种颂扬，并且叫我为卢骚先生，证明他极与我相熟。在我则知他人已告诉歪我的历史[1]。故我以后到此地常拐一弯以避免相见。

这个回思，又引上了许多相似的行为，初时均不知其何以如此者。例如，做善事，乃人类至大的幸福，但这个幸福已不为所有了。可怜的我，尚有乐意之事吗？我视一切皆是欺骗。每当他人来请做善事时，我总看为一种骗我的作用。故我只好一切不做，怕的是一做就上当。

有时，幸而机会得到，使我能得一点善德的快乐，我又做得极愉快，恐比受者更乐意。但若觉得是一种强迫性时，即时就失了快感，而转感受了束缚的痛苦。在盛运时，我帮助人甚多。可是，初始的好心情，一见了受者以为义务上应该施舍时，立时如使我负了重担一样不安宁。他们受第一次后，希望以后可得无穷次。一经看出他们这样看待，我就觉得无限的责任重重压迫在我心头。这个可以见出怎样施者初次快乐的心情，一变而为拘束厌恶的心理了。

这个拘束本甚微细。可惜自我出名之后（这个名声给我种种的痛苦），一班告穷者、求助者，相接而来，用尽方法兜售其诡计。自此，使我始行觉到，一切自然的事情，无论如何好，苟非有审别的能力，则于社会上不但无益而且有害。多少可怜的经验使我对于善德之心情改变，或则只有藏起来不敢施用，为的是恐授了奸人作恶的机会呢。

我深深欣幸这个回思，从此重新提起我自己的检点与对于世情的判别，并且得了一个结论，就是，第一当使我自由，然后始能做事做得好与满意。若含有强迫性质者，则我做得极不自然与生厌恶。我曾

---

[1] 此句的意思是：他人已经跟这男孩说过歪曲我的话。这男孩跟别人一样，对我根本不了解。

在《野美儿》[1]说及：闻说土耳其国每朝，有一官吏在路上嘱咐为丈夫者应当好好服事其妻。我想如此受命，自己必定成为最劣的丈夫。[2]

这样自检之后，觉得一向自以为甚好的行为，实有重新改正之必要。因道德的问题，不是在自己的乐意，而正在责任上强迫的履行。在此后层上，我比众人实在不如。生来温柔与良善，怜恤弱小，慷慨，人道，慈爱，乐于救济，只要人勿强迫，一切事情我均做得极佳。当心情作得主时，我极高尚，超出一切，虽受人欺负，也受之泰然不想报复。但当心情与责任二事同到时，归根，心情必得胜，而我虽有善意，但行为上往往不对。当人，或事，或境遇来强迫时，我的心情受其摧残，势必志衰气弱，不知对付；眼所见的，只有恶意的威吓，早晚必定失败而无勇气去挽救。总之，凡逆我心情的事，我断无法做得好。

我也知道施者与受者自有一种自然律与一种束缚。譬如不肯为人服务，原非有过，但答应服务，而不肯实行，则不能无罪。可是，若非强迫到极点，彼不履行者也自有权利。他的自由原是神圣不可侵犯的。我还一债，这是责任所当为。但我给一施舍，这全靠个人的乐意。道德上固然勉人施予，然而自然上并不是这样要求。

经过多少被骗之后，卒至于对善事，我一概不做。当我少时并非如此，常常是乐于救济人的，这或因此时受者并非对我为利益，不过为感恩而来；而在后来一班人则完全不相同，所以我对他们也不同样了。时候迁移，人性也似已变成为前后不相同，我对此的情感当然也不能不变异了。虽则我对这班歹种自然不肯怀恨，但不能不鄙视与不肯为服务。

或者，我也变坏了，变到连自己也不知了。谁能在一个环境中而

---

[1]《野美儿》，即《爱弥儿：论教育》（1762）。
[2] 卢梭此处记忆有误，这段话不在《爱弥儿》而在《忏悔录》第五书中。

不受其影响呢？二十年来所受的恶榜样，变易了我的好天性，养成我看世间所谓善德者不过是一种权术，而人所望我的施予者，不过为彼等凶人的利益与助长他们的毒焰，以便转而陷害我。虽然是施者应不管受者如何心理，只管施舍罢了，可是这样施舍，外虽博得慈爱之名，而心内实不见得愉快。因为看透到此，所以原来热情的我，到后来只有冷眼去观人。

恶劣环境有时令人善，有时也使人变恶。我不幸乃属于后的一类人。只要一点酵质就能在我心内酝酿成为极大的反响。无论人言如何，我对于善事一件都不敢做。在他们说得天花乱坠时，只要想及他们别有用意，唯此一念已够将他们全部的善意推翻了。

我生来本极信任人。四十年前的信任未曾被骗，所以更加胆量向人输诚。但此后受骗太多，令我直不能测度世情的险恶到何地步。二十年后的经验，更加增长我怀疑世人的心理。他们说我好者，我都视为假伪，借此以达其希求。怀疑到极端，只见远远有人来，我已避开了。

我鄙视世人，但不曾怀恨，因我只有怜悯他们的愚昧。又我甚骄贵，自恃比他们高出，更不用着去怀恨，而且他们也不配仇视。我太爱惜自己了，安肯去仇视他人。仇视他们，无异缩小我的爱情，我正想将爱情推广到宇宙一切物去呢。

故我对世人宁可趋避，但不致恨。见面时，参透他们的恶意，令我难过，但一离开，诸事就完了。对面使我愁，但不见面使我忘怀，好似他们不存在一样。

我也知恶之可恨与善之可爱，但这全靠内心的领略，并不想在外有所表示。

如我的容颜也如性情一样不为世人所深知，使我能独自享受种种的自由生活，则对世人当然只有善意。如我能自由、隐藏、独立、尽性，则我对于世间当能做出种种善德。如我能使人看不见，而又具有大势力，则我当如神明的善良。唯有权力与自由，能做成好人。唯有衰弱与奴隶，始变成坏蛋。如我有神威广大的神话上所说的那个魔指环，则我将使人类全变成如我同样的温柔；同时，将世界造得比神明所造的更佳妙。

在"不可见"的力量中，最使我难于抵拒。我实在不能战胜这种暗中的意识。它实在比人类高强。否则，它怎样能压服人类。

如我具有伟大的魔力，当然不肯作恶为非，对于世人的诽谤也不想去表白，世人误会，与我何伤。他们只好自怨无眼力，不识好歹。这不是我罪过。我自然不应向他们讨好。他们因自惭形秽，好去深闭在地窟如地狸一样，不必来在我面前丢丑。故他们对我如何恶毒，我只看不是对这个"真我"攻击，而乃对别一个人致恨一样，我又何必介意于其中呢。

这些好好回思之后，觉得我的脾气是好自由，所以受不惯社会的束缚。还我自由，我一切均做得好。束缚我呢，则使我变成木偶，我只好一事不做罢了。一事不做，虽然有罪。罪在于不做而已。我一生的罪过，只在不做，不是在于做错。我不相信，人类能自由地做他所要做的事。但我极相信，人类极自由地不做他所不要做的事。我就是后一类的人。一班歹人，侵害他人自由，一味蛮干以快自己的心愿。他们推其小人之心，而看我也如他们一般是妨害社会的人，殊知我极少做则有之，若以此为我罪则可。但我永未曾作过恶，而且也未曾存心去作恶。天下实在未有一人比我更懒于去实行呢。

第七梦

正在长梦之初头，已觉有一事来搅乱，使我不能永久在梦想中，这是植物的研究为我此时特别的嗜好。此种嗜好，在少时本已染受，因中间缠于世事遂致打断。不意今届六十五岁，前情重提，竟奢望到再认识地上所有的植物，虽至于自家鸟窝里也寻到，每有所得，辄喜叫一声:"我又多得了一件标本!"

我不必主张此项玩意儿甚对,但于我则极合理。在此际,凡与本性相合的玩耍都是有益,而且可说是一种德行;因为借此消遣,可以阻住心中生出报复及致恨仇人之毒计。其实本性好静,所有愤怒之情早已不存。然而植物的研究,乃给我一种报复仇人的特别方法,即使他们看我不因其陷害而失却一己的快乐。

不错,心情告诉我应随其倾向去做,虽则不能说明此中的理由。怎样能解释我这样老耄龙钟,沉重而少乖觉,记忆力又已全失,而今乃如入学童子一样背起书来了?这种怪状让我解说罢,同时也可多知我一种个性之所在。

我常喜深思远虑。但这样思虑觉得苦恼而少兴趣,所以不能不寻求梦想以为调剂,使我得以驰神骋志自觉愉快无伦。因为思想太痛苦了,梦想乃减少此中的枯燥生活。梦想又太泛滥了,又须求之于鉴赏。鉴赏与梦想联合起来,使我心灵如附翼于幻神一同在天上飞,遇到种种醉梦的乐趣。

如我能如此沉醉下去,对于世事不但完全不以为意,而且觉得苦恼。不幸,自中年跳入文学漩涡之内,又加以世事的缠扰,遂使这个鉴赏与梦想的天性从此沉沦。今届老年,始有闲暇将这个独得的快感重新恢复,当然在我如获人类所未有的宝贝一样。

在初时梦想中,我最怕是为一生愁苦所包围。幸而天性善于排遣,而且常能以外象的接触为安慰。这个安慰法,起始给我一种鉴赏自然的新方法,即不在于整个的囫囵,而乃在于零碎与特别物的研究。

树木、花卉、草莽与夫一切植物,乃是大地的装点与服饰。世上无一物更可怜于田野山阜濯濯毫无草木而唯有砂石,但也无一事比在林泉花鸟之间更为快乐。动、植、矿三者在大地上和谐相合使人类得到生命、沉醉与利益。愈去鉴赏自然,愈得其美妙无穷。

愈有感觉锐敏之人,愈能领略这三界和谐的自然。一个温柔与深沉的梦想,不在物质的取得,而乃在与这自然的三界和合为一体。因此，一概零碎的现象均为他所未见及。他所见及的，仅在一贯的统合。当待到特别境遇时，始使注意到特别物象去。

这就是我对于自然前后鉴赏不同的缘故。少时，只为安慰生活的烦恼起见，所以不敢去分析，只从自然的整个上来鉴赏。从此林窜彼林，由甲石度乙石，无思无虑，一味在消受林味水光与夫一切照耀我前的情影。这个感受已极温柔，固然非一班世事劳碌者所能领赏得到。

又因初时，受了滑浪夫人[1]的影响，使我视植物的研究不过为制造药料之用。以如此好花草而成为臭味脏色的病品，未免阻止我研究植物之兴趣。

可是，老年之状况又大变了。为免人群的残毒，只好去求隐静的安乐。极少幻想，不敢思维。可是天性是活动的，我于是不能不从环绕于我周围的物件寻求消遣的方法。这个当然与最有趣味的花草较易生起亲热的缘分。因为矿物不能引起我的情感。动物固然可爱，但隐居与困穷之我，安能聚集水禽山兽于一室以为研究之用。若论植物，取之不尽，又极省费。而且颜色新艳，千态万状，荫凉之中，泉声涓涓，青野绿畴，与夫茅亭草舍相映而成天然的美趣。我的破残心灵，已经不能受起各种大刺激了，唯有这种安静的鉴赏消受得下。到如今思想全无，只有快乐的感觉能够撩动心情。这些笑容可掬的花草呵，它们自然引动我的观察、鉴赏、比较，而卒为之分类列科，忽然间，我一变而为有兴趣而研究的植物家了。

可是，我为植物家不是在求学问，这年太老已来不及了，而且我也不觉得一切科学于人生都有益。我于植物的研究，只在求其简静细腻的兴趣以消除我忧而已。一枝一叶，我均不肯放过。久而久之，则于研究参校之下，遂而得到其构造的性质与其同异及两性繁殖之理，以及其生长变迁之所在与夫其生理之根源，如此一层一层地研究，使我极为赞扬自然对于雄伟之生机不置。

---

[1] 今译为华伦夫人。她对卢梭一生有着极为重要的影响。

植物之散布于大地，好似众星之点缀于上天，都是引起人类快乐的好奇心肯去研究自然的。可是星辰离我们太远，非有深细的机械不能穷究。至于植物，可说在我们眼前与脚下，这个确为隐者最好的消遣。只要一小锥，一放大手镜，信足散步，随兴所之，观此览彼，巡察所有的花卉。一经得到其生律之后，则愈觉其趣味隽永。然此乃为兴趣而研究者言之。若论那班植物家，不就自然着意而唯在书籍考证，则就失却一切兴味了。

曾有一次，采植物到罗伯拉山去，穿林越石，钻到山的最隐处。此中荒野，为我一生永未见到。周围均黑松林，其下丛莽密集，几乎不能容人穿过。于微缝疏罅中仅有透视满处嶙嶙的石头。在我脚下，则有极大而极可恐怖的陷坑，我对它不敢正立而视，只好腹睡而观。此时静悄别无所闻，只听那枭鸥悲鸣，与夫一些奇鸟互相唱和而已。尤喜是奇花名株在此无人之地斗美争艳。在沉醉之下，一时忘却为研究植物而来，全神在骄傲自己竟能寻到这样人迹不到之地，好似哥仑布[1]之发现新大陆一样，深幸与人类相去远，而免为所荼毒。正在这样梦想之下，忽闻别有声音，不觉为之惊怔，继而寻声所在，则见了一间制袜厂。

这个发现，使我真是狼狈。在此空谷，初闻人音，固然欢喜。但继则想到此山儿坡高山深谷之中，尚不能离开人类的闹乱，则不免于起了极大的悲哀。唯有瑞士，才见工厂设在满山之中。记得一回与友人同登一山巅，上有七小池。闻说住此中的独一家屋，便是书店，其工作与全地方的关系又甚重大者。

总之，在白云深处采取植物，无论是何景象与如何危险，均能使我得到无限的快乐。到今日已不能如少年时纵游于高山、峻岭、名湖、奇迹，与夫巉岩荒野，一赏其间的媚态雄状，但前所存的枯叶零枝，又得借此记起当时胜景的陈迹。这些标本，无异是我采植的日

---

[1] 今通译为哥伦布。

记。每一披阅，兴会即至，不但于心有当，而且于眼有光。

从花木之鉴赏，而使我得到山林休息宴乐的梦想。此间和平安静之幸福，尚深深留在我的记忆中，由此记忆，使我忘却人类的凶暴、仇人的压迫。由此记起我得与良善的乡人亲近。由此种少年愉快的回忆，始能使我老年时不至于太伤残。

第八梦

在思维我的"心灵"与"境遇"互相关系时，忽然觉得它们彼此间竟毫不发生相互的影响。这真奇怪。那些短促的盛运竟不给我留下好纪念。而在长久的悲境，竟使我得了无限的温柔、感动与沉醉，好似将悲状变为欢娱，直将事实抹煞，只留下了可爱的幻相一样。又好似在悲惨时，我愈能领略自己的生命，至于盛运时，他人的赞扬，反在缩短其生存呢。

当环绕于我皆顺遂，而外人均喜悦我时，我的心情也遂而膨胀到环境与人类去，至于自己毫无遗留。这个激动的生活，究之，于我毫无所得。外面看去，似是快乐。但底里对人对自己完全不见得亲密。喧哗使我昏迷，安静又起厌闷。随处无一可以陶遣，虽则随处受人欢迎。毫无仇人与一点拘束，但我对人不得不负其拘束之责。无财产、地位，无事可做，无才能可展，日唯与富贵者交酬。如是，我真快乐吗？不然，大不然！至于今日，可算我是世中最凄凉之人了。可是我极满足这个命运，不愿与彼富贵者相交换。固然，自食其力，但此种力量不会消竭。虽则老耄时代一切机能俱失，可是我如反刍类一样能将前时所食的再嚼起来。

靠仗自己，最能抵御逆运，这是常人所最难能的事。至于我，只有志气薄弱，并无其他恶德，所以内心觉得力量至大。

人非傻子，谁能受攻击而不感动。况我乃最情感之人，对于横逆更易刺激。然而在他人不能忍受的顿挫，在我竟能处之泰然。

怎样能达此地步？这因攻击太多与毫无因由，使我御不胜御，防不胜防，到底，只有全不管的一法。冷眼看仇人怎样造谣，不过等于风吹狗吠而已。

此中变迁的经过如何？极自然地，于不知不觉中自能到此。初闻诽谤不免焦急。以我这样善人竟蒙上了穷凶极恶的名，当然不能忍受。但经过多少烦闷之后，终于得到一个"自乐"的方法。

即是，忍受攻击而勿动心。以自己为标准，勿以外间的判断为意。

仇人议论，固勿计较。即至舆论，也勿视为足以重轻。舆论实在靠不住的。受制于它，无异降为奴隶而不能解脱。舆论乃盲目的。自参透此项后，我既已看舆论不过是偶然的一种批评，则其毁誉当然均不足动我心，唯有自己才是可贵。

前时，因为虚荣心作祟，所以不免受制于舆论。一经发现其病根所在，则铲除之极见容易。"自恃骄贵"乃道德最高的标准。但沾沾自喜的虚荣，则为一切鄙贱的导线。

我生性本不大喜虚荣，但入世之后，不免传染一点。及后见其危险，遂用力去铲灭。但至要的，乃用"自爱"的方法，即用自尊自重的观念去代替"自喜"，即虚荣，其事极易见效。反求诸己的自尊自重性，即时对于舆论的是非，不见其为重要了。

求诸自己之后，即时安静的心灵也可得到。因为虚荣心不存之后，无论外间怎样欺侮、毁谤、凶暴、戕害，我均一概听之，自己只求内心满足而已。彼等极利害的手段将我一切生机斩绝罢了。但年老如我，尚以生死、利钝、贫富、忧乐为置念吗？别个老人顾念一切。但我则完全不顾念，因为仇人已代为顾及了。

这个反动，使我如得胜利一样。除了暂时间不免触景生悲外，大部分的生活，均觉乐趣。又我乃善于梦想者，常将这个现实世界忘却，而代替了一班理想的人物，他们竟给我生活上无限的痛快。

唯有临时的感觉使我不能排脱。凡物接触时，我不能不受其冲动。可是此种冲动乃随感觉而生，感觉一失，彼也随而消灭。当凶人在我前时，我诚为之头震心跳。但当他不在，即时，感觉全不为他存留，思想也遂之而亡。他们不妨在想念我，但我终未去回想。宁可使他时刻以我为意，但我不愿牺牲一倏忽间去挂怀。

眼前的感触，独一使我不安宁。在僻静无人之地，一切世事俱相忘，这最为我陶情适意之时。在安静中，只要一手势、一声音、一表示，即把我全个人掀翻。遇此状况，我只好速速将现状忘却，不久就可恢复安静的本性。因为此故，所以我乐于到幽静之处去。每当散步时，在去人烟未远，尚觉有人事的撄乱。及见丛林绿畴时，始能领略生人之所未有的幸福。

当盛运时，这个幽静的散步所得者总不如在逆境时的满足，而且生出厌烦。因为此时的幽静乃是引起虚荣及人事一齐攻击之机会，当然不见园亭隐居之乐了。唯有与世缘绝后，始能得到自然的妙谛。

感觉在我之为祟，有时激烈到颜赤、心跳、耳目皆乱不能辨别外物。我常想法子去救济，可惜不见效力。及后，利用"理性"始奏成功。可是，我之所谓理性者，尚是心情的作用。心情发扬时则为激烈的感觉，心情安静时，则为有节制的理性，如此而已，岂有理性一物呢。我的本性好似风；风来天地黑；风静，万物各依其原状。所谓静观而自得，即在风沉性静时也。总之，我的本性既如是构造，仇人一切的计划完全失败。前他们触动我的感觉时，则如飘风骤雨，但其势不能持久则必归于安静。安静时，我唯求诸自己的满足，一切仇人的行动完全不在我的心头。我自己自能宽慰，快乐，不管处境如何颠连与悲惨，这真非仇人所能想及了。

第九梦

长久的幸福，原非世间的物呢。一切俱变迁，并不肯停留。环绕于我们的均是变易不定，我们当然也受其同样命运。今日所爱的，未必明日继续爱下去。永久满足的人生，实在不可得了。乘机会来时，好好领受而勿放过，若要求长久如此，则无异于疯人说梦。我极少见有幸福人，或者全无；但快活人则甚多。看他们快活，我也快活起来。这是我的天性如此。每见人的眼神、状态、声音、动作甚快乐时，我也同时感受快乐。在佳时令节全国欢娱之中，谁人不会同样欢悦呢？……[1]

三日前，某人[2]来念大浪伯[3]夸奖某妇人[4]喜欢小孩的书给我听，此人念时状极滑稽，隐约在讥刺我。而原书也确是为我而作。经我神色镇定之后，他才稍敛其锋。

翌日，适天晴好，我往散步，并望到水边去采荇藻。一路上，我梦想此人昨夜状况及其所念之书。他们知道我将小孩放在育婴院的，这个足以证明我是变态的父亲了。更进一步，人推论我必是仇恨小孩之人。实则他们猜得完全错了。世上无一比我更喜欢小孩的人。往往在路上，在散步中，我驻足多时鉴赏他们的游玩，而其乐不是他人所得与我分取者。即在此念书人未来之前一顷，我尚与住室主人的二小孩一同玩笑。其大的仅有七岁。少的爱我尤为备至。当他们来时，我忘了年纪相差，竟成为朋友一样。当其去时，使我如离自己小孩同样可惜。

故我放自家小孩于育婴院，不是仇恨小孩，也不是变态的父亲，乃因太爱他们而出此。因为自己不能教养，势必听命于不知教育法的他们母亲，或则委托于其恶劣的外祖母。我先料到此中的危险，而以育婴院的教养法为较少毛病，所以放心出此。须知世上无一父亲比我更爱儿子的。

---

[1] 此处省略号所省略的是原文中的一句：人们喜气洋洋地沉浸在欢悦的气氛中，尽管这欢悦的心情转瞬就消失在生活的迷雾中。
[2] 指日内瓦人皮埃尔·普雷福。他在卢梭在世的最后一年多时间里，经常去看望卢梭。
[3] 大浪伯，今译为达朗贝尔。
[4] 夸奖某妇人，指达朗贝尔为悼念热奥弗兰夫人所写的悼词。

唯有善于观察小孩,始能使我认识了人类原来的真性情。当我少时,因过爱惜小孩,常混同一气玩耍,以致不能用冷静眼光研究他们的性质。及到老年,自知不能得小孩欢心,故宁可舍我快乐而不愿使小孩厌烦,所以我在远远静默观察,自喜幸而由此竟能见到自来贤人所未见到关于小孩自然的性质一问题。故凡读过《柔丽》[1]和《野美儿》二部拙著之后,而又说我是不喜小孩,真算荒天下之大唐了。

我自来缺乏临时应付与对答的才能。自从经历患难之后,口舌与心思尤见拙劣。要与小孩谈话,须择其字句相宜,而又其意义恰切者,这个实使我难于适应。故我虽是"童学家",但与小孩交酬,每觉比去朝见亚洲君王更难为情。

尚有一件使我疏离小孩的理由,是小孩不喜老人,尤其是对于一个饱受忧患而多愁闷的老人。我不愿为自己快乐而不顾及小孩的心理。这个心情,唯有情感者才能体贴得到。所谓一班贤人,当然唯顾自己的满足而不顾及小孩的忧苦。那个喜欢小孩的老妇人,依那念的那本书说,或者也是在求自己的利益。至于我则不敢如此自利,宁可受了不喜欢小孩的恶名。

如我能得小孩天真的心情,则我的欢喜真无限量。在二年前,有一日独自漫行于克里研古[2],正在梦想无所闻睹之时,忽觉膝头被搅,低头见了一个五六岁小孩用手抱住我膝,其亲密无异对于自己的父亲。我不觉狂喜,将他拥抱,并给他些钱买点心,继问他的父亲何在。他指那正在制造酒桶者。我正要去向那父亲寒暄,忽见一个识我的冤家向其耳边说了几句话,即见此小孩父亲的神色对我实在不好,我只好即速离开。后又再过此处几回,意在再见此小孩与其父亲,可惜两俱渺渺,只留下我忧闷的记忆,时不时涌现而已。

若我所得于小孩的欢乐,其时虽暂,但常得到人间未有的满足。

---

[1]《柔丽》,通译为《朱莉》,即卢梭的《新爱洛伊丝》。
[2] 克里研古,或译为克里尼扬古,村落名。

一星期日，我与妻在巴黎近郊迈约门[1]午餐后，即到布郎大树林[2]去寻荫，以待日斜乘凉归家。此际适有廿余位女小孩和一引导的女宗教师在此游散。那些少女见有抽签[3]卖小饼者来，要求其师准予玩耍。其师尚在迟疑中，我向卖饼者说，给予小孩一人一回抽签，一切费均我出，她们闻此，欢呼之声比我所费的价值更有万倍高。

为要使她们更快乐起见，我暗嘱那卖饼者使用其素具的技能，统将好签给她们抽出，所有饼价统由我给。因此，饼数抽出约有百块。我妻为之分配，使各人得到平均之数不至争执。我并请女教师同样加入抽签，她也极慈善地答应。如此形成了一个至快乐的社交。那些小孩有意见时都来叫我为之平章。我见其中虽无一个美丽，但不缺乏天真烂漫。

我们彼此分离得极欢悦。此会的记忆并不因其别离而消散。计此次所费的极微，仅用去了三十铜元，但与用去了百元所得的欢乐也无异。实则，快乐不在金钱。有时，一文所得的满足比一个金元更大。我再来此处好几回，希望再得第二次的机会，可惜已不能复得了。

由此，使我回想起好久以前的一个相差似的玩乐法。这是与那班贵人交游的时候。当施佛勒堡主生辰[4]，许多亲戚都来庆祝。所有玩耍均见齐全：大餐、烟火，无一件无，热闹极了。连呼吸尚不能，当然真的快乐竟不可得。当晚餐用后，来宾出到大路散步。适路旁有市集，我们群中一少年先买了许多香饼条向群众里头丢去，看他们男女竞取，有的至于相打，或则翻跌践踏以为快乐。同行者人人争相仿效。但见满天香饼条乱飞，其地下的男女，成群阵地如蓬转。其状似极可观。我也如别人一样散放香饼条，恐怕不做，得罪同群。卒之，

---

[1] 迈约门，今译马约门，地名，位于巴黎近郊。
[2] 今译为布洛涅森林，巴黎西部的森林公园，位于塞纳河畔讷伊和布洛涅—比扬古之间。
[3] 其实是一种转盘游戏。
[4] 施佛勒，又译为舍夫雷特，堡主乃丹尼·约瑟夫·拉里弗。这里所说的生辰其实应该是过节，指1757年10月9日的圣丹尼节。

自觉如此花费，为的在看他人争夺、伤残，未免苛毒。遂暗中离开群队，独自一人漫行于市场，观览各种物件，至以为乐。忽见五六个萨洼野[1]少年围住一少女的苹果筐。因为存了十余个不好苹果，在少女本想贱价卖出，而在少年也想买，可惜钱不够，如此相形成了一个两不相下的形势。眼见那班少年的馋涎要滴，未免使我可笑又伤心，遂而代出价钱，将苹果散给他们。因为他们的欢喜，更加补足我好善的心怀。在快乐的环境中，参预之人均得其乐，而况我自视是创造此快乐的环境者，其为乐当然更觉无穷。

由此例彼，为乐之法当然大不相同。后种的快乐法乃极自然。至于前头的乃是一种鄙视与刁玩。因为有何趣味而去看一班可怜人类为一些已经践踏过的饼条而至于互相抢夺以至于咽气伤身呢？

我对施舍的快乐，不在其内心，而在看视受者外观的满足。这虽是一种透入内心的满足，但究之总不离五官的感觉。如我不由眼中看到，则所做善事，仅有心内一半的愉快。例如在参加令节时，我非为利益而去，不过在看众人快乐，自己也就欢喜起来。此种令节的群众快乐法，在法国极少见到。这真奇事。法人本善于快乐者，但在群众的令节，则不见怎样表示其快乐的方法。我曾往观其令节跳舞会，只觉其枯燥无聊而已。若在日内瓦及瑞士各地，可以得到满处的笑声与热狂，一切群众均有觉一种佳时令节的兴会，应该隐藏了忧愁烦闷，而献出了所有的善意、友谊与和谐。故每在天真烂漫之下，素不相识之人，也被请了加入共同享乐。至于我，不必加入跳舞、唱歌与饮食，只许我参观就足了。眼见他人快乐，自己也就满足了。在群众满面春风中，我敢说无一人比我心更痛快。

虽则是全为感觉而满足，但也应有一种德性为后盾。同是一种快乐，若是出于恶意、侮蔑与玩弄的，即时不但使我不满足，而且视为一种痛苦与代为不平。只有良善的快乐法始使我倾心向往，若遇凶恶

---

[1] 萨洼野，今译为萨瓦，指萨瓦省（Savoie），是法国罗讷—阿尔卑斯大区所辖的省份。

的玩耍，虽与自己无干，也不免受其刺激。良善与凶恶的玩耍虽外象不相同，但总是一种玩乐，可是在我则显出两种极相差别的感觉。

痛苦的事，打击我所以利害之缘故，因我不但仅仅感触，而且由内心起了反响，又加助以幻想的燃烧使感觉上愈加焦躁，好似他人的痛苦便是自己的一样，并且比受者更为难过。每见一个不悦的容颜，即时极难承受。我太过于留意他人的外象了。只要一手势、一表示、一眼色，虽在一个素不相识之人，只要他所表示的含有一种喜怒哀乐的神色，就能即时使我失了哀乐的常态，当自己时，我才是我。在众人时，我不过是一个傀儡罢了。

前时，我与众人生活得彼此极快乐，最少也得相安无事。今则仇人已将我涂上一副假面孔，使我在路上也常被人所欺负。只有到田间去，在绿野旷山中始有我自由呼吸之地。如此状况之下，我好孤单，岂足为怪。人类的面目太哭丧气了，唯有大自然给我以笑容。

在不相识的人群中，我常住得极亲密，可惜此种机会甚难得。几年前，我极喜欢每晨到田间去，见那农人治田，其妇人们则携子女倚门而望，此状令我神怡，有时为之驻足鉴赏者若干久，只恐他们知道我是什么人就糟了。卒之，竟被他们所知道，其对我的情状可以见出，由此，他们就不肯再容我对他们有所鉴赏了。

同样事而更使我难受的是与那班残废老军人的认识。每见残废军人院[1]时，无一次不使我感动这班老军人有如斯巴达者所说："我们是已经少壮，努力，奋斗过了。"[2]因此对于此院的那条路，也是我喜去散步之一。初时，他们对我极客气，而愈使我去亲近。不久，他们知道我是什么人了，其对我的态度大变。一切礼貌俱无，而且其容狠

---

[1] 残废军人院，指的是陆军士官学校。这是法王路易十五时代建立的一所培养陆军下级军官的学校。该校有一个由一百二十名年老退休的军人组成的连队担任警卫。老军人即指这些退伍军人。
[2] 引自普鲁塔克《里居尔格传》。据说斯巴达人有一种节日表演，先是老年人唱："想当年我们是何等的／年轻、英勇和无所畏惧。"最后是少年人唱："将来我们也是一样，而且一代要比一代强。"文中所引，即是老年人所唱。

狠然，极形其仇视。这班老军，习惯于真实的表现，所以不会如一班奸人的假面孔。故他们对我虽仇视，但我对他们仍然恭敬。

不过以后，我到此条街去散步，觉得缺乏趣味。可是，我并不以其仇视而减少我的尊敬与为他们薄俸的不平。此中有一军人对我尚好，我想此人或者与我一样不知仇恨为何事者，使我对他格外感激。又有一次在渡中遇一老军，对我格外有礼，我实骇异此人何以例外，及问他后方知新从外省来。我为他出了渡钱后，因他较我老，并且助他登岸，又谁能知我此时如小孩一样哭得热泪如注呢。我想再给他些烟钱，但终于不敢。以钱买人欢心，因与我的大纲不合，所以即时将此念头压下。因为在社会上，只许彼此诚心帮助，但断不可存有一点利益相诱，以致失却慈善之真义。闻说荷兰国，问人钟点及道路者应当给费，这个国民实在太看不起人道互助的义务了。

应当附说是，唯在欧洲才有以旅舍为生涯。若在亚洲，则随处可得免费的住处。这个当然受之者不见自在。但这不应该如此吗？不应该这样自解吗？"我是人，应受人类的招待，这是人道真正的庇荫。虽招待的物质上容有不周，但其慈善的心情已足补偿了。"

第十梦

本日为春节[1]，满地花草。回想这是五十年前初次与滑浪夫人见面之日。她廿八岁乃生于本世纪[2]之首年。我则尚未到十七岁[3]，一种

---

〔1〕 此处所谓春节，乃是指西方宗教节日圣枝主日（Palm Sunday），也称棕枝主日、基督苦难主日（因耶稣在本周被出卖、审判，最后被处十字架死刑），是圣周开始的标志，在每年复活节前的一个礼拜天。文中"本日"指1778年4月12日。
〔2〕 此处的"本世纪"指18世纪。
〔3〕 这里卢梭的记忆有误，在《忏悔录》中写道："这日为一七二八年的复活节。我赶上去，见面之后，我与她谈……"可见卢梭于1728年复活节第一次见到华伦夫人，其时还差两三个月才满十六岁。

春情正在酝酿,在我自己尚未觉得,今得碰到她的热烈心头,遂即预备爆发。这极自然的事。她对我这个温良而活泼的少年表示恩惠;我则对她这个聪明及风韵的少妇表出万分柔情,感激知己。

最当特记是这个认识乃决定我一生的命运。因此时,我的心灵与官能尚未发达到精微的界限,也无一定的目标,正待机会以变迁。得此奇遇,使我尝到一种无罪恶的爱情,极长久地沉醉下去。虽则时间流得甚快。中间,彼此曾经分离,她曾离我他去,可是我并未想离开她。

再会之后,在未占有她之前,我全为她而生存。呀!如她对我也如我对她一样的满足,则许多可爱及安乐的日子可以共同继续享受!可惜我们只能受到一点,其余的已变成为可怜的日子了。我今所乐于追怀,只有这点同居快乐的日子,可说是我曾经生存过。[1]

我也如那罗马审判官长[2]撤差后到乡间去住曾这样说过:"我活了七十岁,只有七年是算生存过。"若无此几年安乐的日子,我一生可说毫无意义。这个人生可说是全卷入于悲惨的漩涡内了。只有中间数年被爱于这个满有思想而又温柔的女子,使我能做所要做的事,与全自由之人。在无限静闲中,得到她的教训与模范,使我简单的脑印上了她的好格式,到了后来怎样颠连,终不至被外界所涤除。

同时,她也将我喜欢隐居及鉴赏的生活深深造就成了,并且加上了温柔的情感,而使我扩充到大自然去,予我了一层对于世事的扰乱及人情的险恶上的防栏。

我需要一个静居,我要求她在田间住。一间孤屋在山坡中便是我们的居处。四五年间,我似得了一世纪久的纯净生活与饱满的幸福,已经预先为我补偿后来悲运的损失。我需要一个知心的女友,我已得到她。我喜欢乡间住,这也已得到。我不能受制于人,但已得了充分

---

[1] 详见卢梭《忏悔录》。
[2] 此处的罗马审判官长指提图斯·弗拉维厄斯·韦斯帕芗。

的自由。幸而此种自由所使用的全为我所喜欢而极正当的人物,丝毫并未有乱用与虚掷。我的时间全为爱情及乡间生活花费。所希望的能够这样生存下去。所恐怕的就在中断。这个恐怕乃建设在实据上,不是无因而虚拟的。

我极设法避免这个可怕的日子到临,第一,恐破产,想得赀财为抵御。自想唯有才能可以救助一切困苦。我于是在安静日子中好好预备了一点才能以备将来可以救济这位世上最优美的妇人……

(译者按:卢骚到此入梦深了,此文到此永未足成。)(《梦》完)

(在校注中,参考了李平沤译《一个孤独的散步者的梦》,《卢梭全集》第3卷,商务印书馆2012年版。)

下编　放　逐

嚣俄[1]著

　　嚣俄（Victor Hugo）为十九世纪法国最大的烂漫派[2]作家，少小即以诗才表现。所著小说剧本，也极受人欢迎。[《孤儿泪》[3]，原名为"Les Misérables"，应译为"惨痛"？在我国已有译本（商务书馆出版）[4]，可惜译笔太坏，删去太多。曾在上海看到电影上，关于此中情事演得较好，但尚看不出原文的伟大处。] 嚣俄之笔确实伟大，而且典博，非时下的俗手所能望其项背。晚年跳入政治，致受推翻共和恢复帝制的拿破仑第三所逐[5]。（在一八五一年）至一八七〇年拿氏失败以后始回国重行执政，而受全国的尊重。因彼被逐十九年，未曾一刻不以自由及共和为念，虽以身家牺牲而终不屈于拿氏的专权与帝国主义。当在逐

---

[1] 嚣俄，今译为雨果。
[2] 即浪漫派。
[3] 《孤儿泪》，今译为《悲惨世界》，雨果的长篇小说代表作，发表于1862年。
[4] 《悲惨世界》在我国最早于1903年由苏曼殊（署名苏子谷）翻译，题名《惨社会》，在《国民日报》连载，后因报馆被封停刊，前后11回。后改由镜今书局印行单行本时增加至14回（12—14由陈独秀续译，署名陈由己）。张竞生此处所指的译本应该是由李丹、方于夫妇翻译的，名为《可怜的人》，1929年翻译完第一部，收入商务印书馆《万有文库》第1集，分为9册出版。
[5] 拿破仑第三，即拿破仑三世，真名夏尔 - 路易·拿破仑·波拿巴。法兰西第二共和国总统及法兰西第二帝国皇帝，法兰西第一共和国和法兰西第一帝国的缔造者拿破仑的侄子。1851年12月，路易·波拿巴发动政变，宣布帝制，大肆进行镇压，雨果因对其加以攻击而被迫流亡国外，达19年之久，直到1870年法国恢复共和政体（法兰西第三共和国），雨果才结束流亡生涯，回到法国。

时，他又常为全世界弱小民族的引导者。在一八六〇年英法联军打北京时，他就预言不过为帝国主义者分赃之机会[1]，而大攻击此举的无谓，其仁心仁泽传播远方。其后，他将在被逐时关于政治及社会的主张凡属于演词及信件者集合一书名为《放逐》（原文 "Pendant l'Exil"[2] 应译为《当放逐时》，今省译如上名）。下所译的，乃此书的总序，可以窥见此中的精髓与其大胆的主张了。

若问我们何以将卢骚之《梦》与嚣俄之《放逐》，合成一本的理由，我今所能答的是：他们同是烂漫派，即以情感与创造为主。他们又同是主张人权与自由而被放逐者。故彼两人虽一为十八世纪的文豪，而一为十九世纪的诗杰，可说为遥遥相应以成一家，也可说嚣俄乃继续与促成卢骚的思想与文学者。至于《梦》与《放逐》的总序，其相似不但在思想上，即其措辞命笔也有大端相同之处。故我们将此二项文字聚合一块，不但要人观其同，而且也可以得其异。时地既不相侔，而各人自具有特异的气质，彼两人自然有不能相同之所在。可是我们在其异中而得其相同之处，尤较为有趣味了。以下乃嚣俄的文字了。

一

公民，以法律为生命，立法者以法律为神圣。古时共和国的象征是：一尊法律神坐在象牙椅中，手执是"律例的金棍"，身穿是"威

---

[1] 雨果于1861年11月25日在致巴特雷上尉的信中，对英法联军火烧圆明园的滔天罪行仗义执言大加挞伐："有一天，两个强盗进了圆明园，一个强盗洗劫，另一个强盗放火。看来，胜利女神可能是个窃贼。对圆明园进行了大规模的破坏，由两个战胜者分担。……两个胜利者，一个塞满了口袋，这是看得见的，另一个装满了箱箧；他们手挽手，笑嘻嘻地回到了欧洲。这就是两个强盗的故事。"

[2] 此处译文有误，原文题目应当为：*Actes et Paroles vol. II-Pendant l'exil 1852-1870*，直译为：《〈行为与歌词〉卷二：放逐中，1852—1870》。最初于1875年出版。

权的红衣"。这个表象确实对的。今日共和国的理想也应如是。凡有秩序的社会应以神圣、公道,与有保证的自由为至高的法律。

此间虽无"权力"一事,实则权力随处存在,但它不能离开法律而存在,它就生存在法律之内的。

凡是法律,便是权力。

出法律外,尚有何物?

强暴。

只有真理是需要;唯有法律是权力。在真理与法律之外而成功的,乃一时的侥幸。短视眼的专制者,骗人适足自骗;侥幸一胜,而终不免于胜利中含有锈灰。凶恶之人以为他得使用其罪恶,便是胜利,这是何等错误;他的罪恶,便是他的刑罚;他的凶器,便是他的刑具;他的虚诳,便是他的口供;昏暴者在不知不觉中已堕入于自己所造的瓮内,这是自然所必至的事;主使者永不能逃免其恶魔的追逐;他们不可免的结果是,凡在血中得功勋者必定在泥中受了羞辱,所以大拿破仑(第一)不免于滑铁卢之败[1],而小拿破仑(第三),终有薛丹之囚。[2]

当凶暴的执政者越出法律以行事时,连他们也不知如何结果了。

二

在放逐的地方,法律是不能存在的。世上无一事比此更可怕。可是使谁可怕?被驱逐者吗?不,驱逐人者。被逐者必定对驱逐者,用尽方法,使作恶者无一时得安宁。

---

[1] 即拿破仑一世,拿破仑·波拿巴。
[2] 薛丹,今译为色当,法国的一个城镇,位于法国东北部的阿登省,1870年普法战争中著名的色当战役发生地。拿破仑三世在这次战役中亲临前线,最终战败投降,被关进了威廉堡大牢。

一个发梦者独自散步于沙碛中；在无边的荒野，只有这个老头子静默的梦想，周围的海鸥骇疑这个哲学家为什么每晨一早就出来，上天将石头与树林作证，见此弱如蒲苇的人不但在梦想而且能鉴赏，可是，黑发已变灰，灰的又变白，他实已变成沙碛中的一个黑影了，回想若干年的流亡，一切的剥夺，故国的见背，这个黑影的梦想，深刻到使正在本国加冕的凶人为之震栗。

　　一时赫赫，岂能逃避永久的昭昭。彼辈强有力的凶人，只有面上的胜利，底里的荣耀还是归于思想家的。你驱逐一人，可以，但后来？你能连根拔一树，但不能铲除日光，明朝，终是太阳炎炎。

　　可是，驱逐人者也有相当的理由与十足的逻辑，他们实在非用凶力将被逐者摧残不可。

　　他们能达目的吗？成功吗？成功无疑。

　　一个被逐者当然无力可抵抗。被逐者所有的只是良心、名誉、公道、真理与太阳，其余一切皆被剥夺、侵蚀、欺负、侮辱与咒骂。

三

　　放逐，不但是物质，而且精神上也受其变动：天涯海角，随遇而安，只要有暗静的地方与广大的空气，便是适宜于梦想的好去处。

　　最好莫若英法海峡的小岛，真是海风迎人，虽然不是故国同样的风。惹赛（Gersey）[1]，与格尼赛（Guernesey）[2]，两岛乃高卢[3]故地，在第八世纪时，始为海涛所劈开。惹赛比格尼赛较娇媚更美丽，虽不

---

[1] 此处疑有误，应为 Jersey，今译为泽西岛，英国皇家属地。它与根西岛皆属英女王私人领地。
[2] 今译为根西岛。
[3] 高卢（英语为 Gaul，法语为 Gaule，拉丁语为 Gallia），古代西欧地区名，今属法国、比利时等国。

免稍减风韵。惹赛的树林等于花园,格尼赛的石头也生光彩。此地较玲珑,彼地较伟大。惹赛乃伦敦城的一束花,满处都是芬芳、光艳与笑容,纵然其中有危险的风波。作者曾比惹赛为"海中爱宠",格尼赛则为"蓬莱仙人"。

英国皇后[1]——她比后更大而且是此岛的大公主,在六日中加冠了七次,一星期日驾临格尼赛,礼炮,烟火,喧呼与仪式闹得一团乌烟瘴味,可是岛民并不表示欢迎,因为视她是搅动上帝安宁的妇人。唯有我——逐客一人去见她,但不以其后,而只以其普通妇人的礼节去见她。

此岛宗教心真伟大,苟不同教,虽后也不理。

格尼赛留下逐客许多好纪念,但可纪念的在岛而不在逐客的屋内。

逐客屋内,实在孤苦;一切无秩序,破碎,混乱,可说不堪住处,除必要坐外,逐客一人常自站立,好似破坏教堂中之孤钟悬在周围颓墙败垣之中。

囚地实是惩罚的地方。

惩罚谁?

惩罚昏暴的驱逐者。

可是他们另有一种辩护的理由。

四

一概应当等待,假若你是被逐者。人将你逐得远远的,但又永久不许放开。驱逐人者好奇心至大,其侦视的手段又极多种,他使来看你者假装得极巧妙,其面孔则有形形色色。一个貌极可敬的教士到你

---

[1] 应为英国女王。此处当为维多利亚女王(Alexandrina Victoria,1819—1901),英国在位时间第二长的君主。

炉边谈话,原是奉了密命。一个外国王爷来拜谒,他是真是假?不错,他与王室有相关。那班巡警们也具同样血统。一位教授似正经不过,但在偷读你文件。一切都可反对你,你已在法律保护之外。对你,并无所谓公道、理性、尊敬与平等;假造这是你的谈话,其实内中都是傻话;假造你的宣言、信件及行为。人来亲近你,因为可以打得准。囚地无异于兽栏,行人随便可以探望探望,你是孤单者,又是被监视者。

切不可写信到故国去,人可随时有权力拆开,审判厅也已允许;与别个逐客也少许来往,太热烈就要生出许多麻烦;此个对你笑脸的逐客,回故国时就要打击你;他对你用其真名称赞,转身就用假名去咒骂。凡此极易明白,应当记忆。你已禁在传染病的调验室,如好人来看视,其人必受殃,入境时必受禁,皇帝替身的巡警已在边界等待。巡警阿爷又将女人剥得光光,借名在搜你的书信文籍。如她们反对吗?不平吗?他们反说:"我们不是看你皮肉呢。"

囚地皆是侦探,举一步有危险,你应当留心。有人对你夸说他能杀皇帝,实则他便是皇帝派来试探你的人。在路上听见有人对你这样叫:"你才是真正昏暴呢!"及见其人乃是皇家的雇佣。开客店的老板,便是巡捕,做妓女的也是阴探。

一切谣言、荒唐与至卑下的诬蔑,你应全受,这是帝国的喷射机器。不要申辩,人将讥笑你。一行申辩,诬蔑来得极多,一次不售,又来一次,他们不停止的造谣定有一次胜利,他们前时已经得到这样的胜利了。

他们日日为的是在造谣。说谎陷害是他们良心所允许,而且造谣才得满足与痛快,他们先已知道被冤者不能申辩与报复的。遇必要时,他们还能出其更恶劣的手段,终之是立于不败之地的。造谣者自恃永不会受罚,故以造谣为快乐,其恶性到,不造谣时,反觉心中甚痛苦。

这班奸人看群众不过傻子,以为其才智无人可及。

你不被诬,才使群众骇异呢,你不应该受诬吗?呀!天真烂漫的人呵,你已为众矢之的了。人诬你者,可入翰林院,可受皇帝奖赏勇号,有的已升为知府。你的受诬,正是他人的生路,人类是应该生存的。我的娘!为什么你是被逐者?

知足吧。你无错失吗?谁教你对国事起反抗?谁教你拥护法律?你不是太轻佻去为法律奋斗吗?众人无声,唯你一人叫喊,这是在为法律吗?你的错失岂止一件。固执、坚恶、严正,均是不近人情。那人蔑视法律,或也具有理由,你只应服从他。胜利便好,永远跟随胜利的人吧。胜利便是法律。你能去附和他,世人就向你尊敬了,你也得了名誉了,不被驱逐,而且可做议员官吏,你的面孔也不这样傻了。

你敢反抗此人吗?此人究竟已胜利了。你看前时罚过他的司法官而今已向他宣誓服从了。你看那班教士、兵卒、大主教、将军们全与他合作了,你想比他更强吗?你敢独为祸首吗?他一方面,所有尊敬、信仰都应受起;可是你,如死囚待尽,我们侮辱欺负你,安有错误呢?向一个无用的人撒谎是准许的,一切正经人都反对你了。我们向你撒谎,可知是与正经人一气进行呢,你好好目思吧。应该去救社会?由谁?由你吗?你如何救法?无战争,无断头台,无死刑,义务与强迫教育,尽人能读书,这些不是你最荒唐的梦想吗?又其是乌托邦的!你说:妇人应如男子一样权利,此一半人类应有选举权,可以离婚,穷人子弟与富的同受一样的教育,贫富的人由教育平等而成为人格的平等,一切税务初则减抽,后可全裁,国家可无贫民,暗沟变成肥料,财富分配得平均不至为豪强所霸占,一切富源尽行发展,如此,国家不用抽税而财源自足,人民生活可得便宜,鱼肉不可胜用,无阶级之分,无国界之争,无束缚,全欧洲成一共和国,只有一式的币制,交通十分便利,人民比今十倍富裕,这是何等狂梦!这些计划如何成功?怎样!和平能成立于人类间,可无军队,无兵务!怎样!法国能够单靠田园养活二千五百万人;可以免税,而全靠收息!怎样!女子可以选举,小孩可与父亲一样享有人权,主妇可以不如婢女一样对于家主服从，丈夫无权能杀其妻子！怎样！教士不是尊长！怎样！可以无战争，无刽子手，无杀人场，无断头台！这真骇人听闻之事！这样世界我们尚住得吗？

你的议院议长已欢呼：皇帝！你不同叫；我们当打倒你，当控诉你。我们自知所说的话皆不对；可是我们是保护社会旧制度的人，以此为目的而造谣，于世也为有益。他既然是上头人而推翻共和，司法者也已同意，教士与教堂也已赞同，司法院与教堂不是神圣不可侵犯的代表吗？那么，我们造谣者既与他们一路人，则也与有光荣了。这是娼妓式的卖身者之所为！你说。但她们不是贞女的代表吗？请你尊敬她们吧。

最好是被逐者塞耳不闻，只去梦想别事吧。

五

这是在海之滨，可以乘兴以遨游。无穷眼界供给无穷的智慧，逐客对此在无限安静中考究怎样风波攻岸好似谣言欺众一样，而知在此狂流之下，申辩的文字与声音是无用的。反不如冷眼看潮打石头，看潮沫怎样胜利与流沙如何失败。

不必，不必对谩骂者反唇，不必冲动刺激，不必报复，永久保守安闲的心神。石头被潮打虽满面流汗，但并未掀翻，而且有时连反汗也全无。被谤者有时也得光荣。在玫瑰花中见有一痕银丝色，知是小虫刚才来赏光。

耶稣额前被唾的沫痕，最是好看的。

逐客唯有尽他的责任，只听毁谤者去尽他的吧。

逐客者被骂，被骗，受辱，受噬，只好默然。

这个默然真是伟大。

要去辩诬而诬愈多，要去辞谤而谤愈来。诬谤者生来就这样卑鄙，他们正要他人的反辩，与最喜他人对他攻击。只有鄙视不理，才使他们灰心。证明他们的虚假,无异证明他们的价值,不要上他们的当。忍受,即是看穿其作用。向他们反攻,他们颇极热而极高兴说:"究竟,我有价值而存在呢。"

六

逐客何为而怀怨,不见古来多少大人物比他受诬更大呢。

虐待他人乃人类向来的脾气。无事可做,闲丢石头。凡出众者就受罪。最高的物,顶上必受电击,脚下又受石掷,这是伟大的自取。为什么他要这样高出?他当然要受众人所嫉视,在路上行也要受石头打击。伟大的阴影,常有许多倭小人物在咒骂。

许多专家曾研究伟大人物不能好好安睡的理由。荷马睡得极酣,却被惹儿[1]打醒。丹丁[2]因些施[3],莎士比亚因格林[4],卢骚因巴里梭[5]均不得安宁,在功烈巍巍之中,从睡床内爬出臭虫。

因地极少功烈,但不少臭虫。逆运的人是不能好好睡觉的。他深睡吗?太过放他安乐了,应咬他一下。

一个人被剥夺一切,驱逐于外,一个逐客,身无所有,完全是一个失败者,但尚有人妒忌,这真奇怪。逐客,尚有艳羡其地位而妒忌吗?一班有德行者妒嫉其悲苦吗?不;乃是一班坏蛋,以此为快意耳。

---

[1] 惹儿,今译为佐伊尔,生卒年代不详,以对荷马不正确的批评而著称。

[2] 丹丁,今译为但丁。

[3] 些施,今译为切基。

[4] 指罗伯特·格林,英国诗人和剧作家。1592年,他在一本小册子里攻击莎士比亚。他这样写道:"是的,不要相信他们:有一个用我们的羽毛装扮起来的暴发户乌鸦,用伶人的皮包裹了一颗恶虎的心,并自以为能像你们中最优秀者那样,写出慷慨激昂的素体诗——他做了无所不为的打杂工,就自以为是全国唯一能'震撼舞台'的人。""震撼舞台"(Shake-scene)是影射莎士比亚的名字"挥舞长矛"(Shake-speare)。

[5] 今译为帕里索。他曾于1760年写了一部喜剧名为《哲人们》,嘲笑卢梭和狄德罗等人,说卢梭是一个近乎猿猴的野人。

古人乃对于胜利者忌毒，今人则对于失败者怀恨。失败者，吐血，攻讦者将泥土渗入他的血内，不错，这就是攻击者的快意。

当其得贿赂时，攻击者更加力量。专制魔王对逐客的打击有二方法，一是怀恨，一是贿赂攻击者加力打死他。

囚地事情真琐碎，连这班小鼠细蚊尚要说及他！

七

以上是囚地的卑贱处，今且说逐客的伟大。

梦想，深思，耐苦。

虽独自一人，但与外物一切互相照应。不愿为恶以成名，也不愿作歹以得利。一心只想做一个好公民；又勉进德行而为哲人；虽然贫穷，但望从自己的工作恢复先前的破产；深思远虑，求善以至于至善；为公愤而忘私仇；呼吸于广大的隐静空间，沉酗于极端的鉴赏；向上看，同时而又往下观；在理想的施行中而不忘却将凶暴者先推翻；心中觉得不平的日加，同时又有激进的安慰；只有二个心灵，自己脑袋与故邦。

又有一个温柔的心情，即是宽恕的存心。彼有罪者如一日失败而跪求，我当宽究其已往，就是说，人不能向投降者再打一遍的。想到对于失败者的宽恕，深深给了逐客忧闷中的一种安慰。我常向人说："如革命军起，拿破仑第三逃到此地敲打我门，求我收留，我总不拔落他一毛。"

可是，逐客报仇之心，并未灰灭。先报公仇而后宽容其个人；打倒有势力者使其投降，然后始释其囚缚。将来，仇人求降的只有一个条件：认过；至于今日对待他们只有一法：打倒。

掘下陷阱，请今日的胜利者下去；预备居住，容后日他们失败时的居留。先打倒，后救助，这是我——逐客者第一件的梦想与其毅力。其次，他对于一切困苦者均表同情。逐客所盼望的是怎样于世有益。自己虽受伤、呕血，但并未觉得痛苦，而唯以人类的穷苦为念。别人以他在发梦，其实，他正在解决事实，而且已经得到解决之法了。他虽徜徉于沙碛中，但所梦想的全在城市，全在世事的扰乱、人民的不安、贫穷、工人、思想家、农人、女工（指冻而无火炉的女工）、歹人、无工作的父亲、愚蠢而少教养的小孩、恶劣民性、路灯不明、救济旅客、慈善事业、怎样由社会的罪恶而使女子流为娼妓，种种问题。这样思思想想，甚觉烦恼，但极有益。思想将这些问题解决后，社会自然会好了。他的梦想固无穷尽，但海滨所留那样长的足迹是有用的。他所与亲的乃深潭的大势力，他所鉴赏的是无穷尽的自然界，他所与谈论的是不识不知的宇宙。好似有一种天籁昭示他。大地一切均给他这个隐居的快乐，并且给他许多好教训。听命，挨苦，富于思维。在他面前的仅有黑云、狂风与飞鹫。他知自己的命运有如卷转漆黑的墨云，驱逐他者的阴险如狂风，但他总觉得心灵的自由好似鹫鸟在墨云狂风中的翱翔。

　　逐客也有消遣之法的。他喜玫瑰花、鸟窠与来往飘扬的蝴蝶。当夏天时，他与万物一齐消散，又有一个不可摇动的信仰，即信仰大自然中的善意与秘密，但不是如那教士信仰的那样愚蠢可笑。他以春天为庐宇，将其思想寄托在树影花荫、香气绿光之下；又喜是四月天气，这个沉醉的花朝；园囿，花草之地，使他深深感动春的秘密；一绺青草，已经引他解得许多神意；他再研究那班真正共和的人民：蚁与蜂，于树林中，好似听到大诗人微支儿[1]正在念诵其田野之诗；逐客见此美丽的大自然，每为之流下热泪不止。最快意时入丛莽去，出时尤更痛快。巉岩景致，别具一种滋味；在梦想与鉴赏中，忽瞥见了许多三岁的小女孩在沙上跑，赤脚在海水中，小裙撑起露出她们天然的小肚脐，又是一种情况；冬天来时，他就于雪中散赈面包给海鸥。时不时，他听见了人告诉他说，"某刑已裁，某的头并未割下"，他高

---

[1] 今译维吉尔。

高地举手向天。

八

反对这个危险的人，政府人物曾下许多辣手段。英法两政府已订了密约，将逐客虐待，或圈禁，或逐出境，或引渡！不错，引渡，此乃在惹赛一千八百五十五年的事。在此年十月廿八，法帝国的船就来将逐客从英属岛拿去，维多利亚已将囚人送到拿破仑第三的手了，这是他们互相交酬的一点敬礼。[1]

这项献品幸未实现。王家报纸极口赞同，但伦敦人民大起鼓噪。英国政府如小狗，伦敦人民乃大獒，獒对小狗如狮子一样威猛；陛下也应守规矩的，这是英国人民的信条。

这个好善与骄傲的人民已露牙齿，英法政府只好将逐客从此岛逐到彼岛以为下场。逐客们对此并不以为意。在收到公文后，他们做了不恰切的英国语音说："Expioulcheune"[2]，如此甚乐。

此际，政府方面以摧残逐客为能事，但在人民方面则与逐客极表同情。在此书中，许多事实可以证明，从许多小事中已可证明彼此相予的亲切，以下一事更有特提的必要。

九

一八六七年为拿破仑第三最红时代。他已爬到山巅，跳出众人

---

[1] 雨果于1852年夏天到英国的泽西岛，后因英国维多利亚女王和拿破仑三世交好，1855年10月27日，他被泽西岛行政当局驱逐，不得已又流落到根西岛。
[2] Expioulcheune，在此处并无实质意义，乃是雨果以这种有音无义的说法和口吻加以调侃讽刺。

监视之下，一切无耻的事，均可做出；他最卑鄙又最骄傲；他已战胜一切，连自己良心也被屈服了。诸方侯王，皆投脚下，帝国光焰，正如日午当天。文学家已失了价值，历史家断定除了他，一切英雄并未存在。一切合颂英法联合的功绩。维多利亚与小拿破仑平分天下，他们不只是联邦，也可说已经在亲吻。英国大法官向小拿（即拿破仑第三，系译者省笔，下仿此）拍马，英国政府向法国政府表示服从，凡可以逐出其地方的逋客与可以取悦于法帝者无不应做尽做。他们政府固然联合，可是，法国人民已变成奴隶，英国人民则丢却脸面，这就是此时的情状。又在巴黎开了万国展览会[1]，炫耀得全欧人民眼花更缭乱，克鲁伯大炮[2]也在陈赛之列，法国皇帝向普鲁士王[3]送上颂词。

这是隆盛的时代！

逐客在此时当然令人最看不起，有些英报竟骂他们为"匪徒"。

正在此夏天，我——这个逐客，正在惹赛微行到英国，适埃及王[4]来朝小拿后去谒维多利亚，英后请其参与英海军。我们船在惹赛十点启行，下午三点可到英海面，我正在凭栏而观，忽见船主来说："您真愿参观英海军吗？"

我并无此种愿望，不过听见同船许多女子曾这样表示，我只得向他说：

"可是，船主，这不是您所能为的。"

"如您愿意，我就能为。"

---

[1] 通常称为万国博览会或世界博览会。1851年在英国伦敦举办了第一届万国工业博览会，法国巴黎1867年举办第二届世界博览会。
[2] 今译为克虏伯（Krupp）大炮，因德意志克虏伯家族的奠基人阿尔弗雷德·克虏伯（1812—1886）而得名，他生产的大炮曾使俾斯麦在19世纪中叶先后战胜了奥地利和法国。
[3] 当时普鲁士国王为威廉一世。
[4] 准确地说，当时的埃及王应称为埃及赫迪夫（衍生自波斯语勋爵，等同于欧洲的总督，所以也称为埃及总督）。文中所指应为伊斯梅尔帕夏，于1863年成为赫迪夫，1879年被英国废黜。

我极骇异说:"变迁您的航线吗?"

"是。"

"为我快乐吗?"

"是。"

"法国船是不肯这样的。"

"法国船不肯,英国船就肯呢!"

我们所乘船竟在二点钟的长时间,穿过英海军舰队,并受极大的欢迎。到岸时,船上也结彩挂礼旗。

船主友人见此甚为骇异,遂问他:

"为谁祝贺?为埃及王吗?"

船主答为"逐客"祝贺。

为逐客,换句话说为法国全人民。

我们在此不必再去详说此中详细情形。今只来说这个勇敢好义的船主过后若干年,不幸其船因雾触礁,极沉潜勇气地将全船人救活后,自己站在船头不动,随船影人影两俱陷入海底一同以归于尽,自来无一水手比他更尽职死公而又死得这样勇敢者。

十

逐客仇恨驱逐他的人吗?不;但只攻击而不仇恨。极力攻击吗?不错,但看他为公众的凶人,不是以私仇而致恨。正人的致恨自有一定的界限。逐客厌恶凶暴的人,但不留意放逐他者是什么人。假若知道,他们攻击也不越出一定的分寸。

有必要时,逐客也可说驱逐者好。譬如他是文人做得好文字,逐客也愿举手拍掌。在此应顺说的,小拿也不愧为翰林院人物[1]。在帝

---

[1] 翰林院人物指法兰西学院院士。

政时代,翰林院确实降格,以便皇帝能入。皇帝也想为文人,居然为四十翰苑人物之一。

当翰林院预备这样选举时,有相识者在暗静中写好一票说:"我举鲁意波那巴先生(即小拿姓名)入翰林院并入监狱。"

如皇帝肯这样两纳,我也可投一票。

就逐客的理论上说,确称高明;但在实行上(依照官场所说的实行法),人总说太无把握。所以他不能有势力,只好忍受一切,忍受强横、辱骂、破产与驱逐。他对此实无方法抵御,只好靠嘴去提倡真理。

为真理而论真理,就是他独一的幸福。

真理有二面意义,哲学家名为理性,常人叫作幻想。

常人说得较对吗?实在不然。

凡逐客所说的,常人认为纵是真理,但总说不能见诸事实。

今就来举出事实。

当拍浪[1]为公道而煽起美国黑奴风潮时,官场主张缢死他,逐客则主张放开。他终被缢死了,但南北州由此分裂,若把此人开放,美国当不至于内争了。

就此事说,实行家说得对,抑幻想者有理?

第二事实:墨斯哥皇帝马施米连[2]被拿时,实行家说当枪毙,幻想者说应宽赦。卒之,人将他枪毙,但事情由此闹成一团糟,墨斯哥革命事业不能成功。如马氏被赦,则墨斯哥可成为一个独立与文化的国家。

---

〔1〕拍浪,今译为布朗,即约翰·布朗,美国人,白人,约翰·布朗起义的发动者。1859年他领导美国人民在哈伯斯费里举行武装起义,要求废除黑人奴隶制,并逮捕一些种植园主,解放了许多奴隶。起义最后被镇压,布朗被逮捕并杀害。

〔2〕墨斯哥,即墨西哥。马施米连,今译为马西米连诺(Maximilien,1832—1867),奥地利哈布斯堡王朝成员。本是奥地利大公,1864年在法国皇帝拿破仑三世的怂恿下,接受了墨西哥皇位,称墨西哥皇帝马米连诺一世。1867年在克雷塔罗被捕。同年6月被墨西哥的军事法庭以颠覆墨西哥共和国的罪名判处枪决。

此事尚算幻想者看得对。

第三件：意惹碧后[1]已退位了，西邦牙[2]将如何变？共和国乎抑君主国。官场实行家愿意为君主国。逐客则愿它为共和国。幻想者之言不见用；实行家究竟得势，西邦牙成为君主国了。它们的君主一个不如一个。这不但是西邦牙家内不幸，而且影响到全世界。因为它是君主国，所以普鲁士人想去为王，法国人也想去试尝一脔，外患频至。因为王位之故，西邦牙只有耻辱与黑暗。

若使西邦牙为共和国，普王不敢妄想，一切俱告平安。

由此而言，逐客的幻想也极高明了。

如有一日，世人能知道真理不会愚蠢，善行可以作则，名人便是干才，公道总是公道，即时当极骇异前时何以反对逐客的主张。

在今日，逐客虽在患难颠沛之中，但见故国的混乱，他再回思前时怎样救拍浪与马氏的方法以救法国，而最要的莫在于先息党派之争与其互救的方法。

他究是昏昧？抑为明达？

十一

在一八五一年，我被逐时，生活方面甚觉困难。

今当来说物质方面，以补此文的不足。逐客所有的只得七千余佛郎[3]的年息。剧本所抽税每年本有六万佛郎，但已被截去。将家具拍卖，所得也不过万三千佛郎。但待养的共有九人。

他自己费用更大，搬家，旅行与周济同人。

---

[1] 意惹碧后，即伊莎贝尔一世（1474—1504年在位），原是卡斯特王国的公主兼继承人。她自己做主与阿拉贡王国继承人斐迪南的婚姻促成了两国共主联邦，促进了西班牙的统一。
[2] 即西班牙。
[3] 即法郎，法国货币单位。

因此，他实在需要作书以维生计。

可是，法国书店不肯代出版。

比利时国的书贾，见他书后又不算还版税，只有《小拿破仑》[1]一书得了一些。至于《惩罚》[2]一书，自己用了二千五百佛郎印费，永未收回一文。

英国王党报纸夸张英国待逐客太好。不错，除却在夜间派巡警来搅乱外，英人对逐客好的，就在将我所有的书翻印，但永未还一文。其剧场演我的剧本有至二百次以上者，也永未寄一文来。

这真无怪法国王党报纸也说逐客们太得英人的便宜了。

英国报纸尚骂我贪，骂我为醉鬼。

这也是放逐时一页可纪的事实。

十二

唯想工作，并无怀怨。他所望的将自己及其家人的命运重新创造起来。

他只有以善意为依归。

逐客有可夸之事否？不；逐客并无功德，只想为正经人。正经是人类分内事，当然不足夸。

十三

简而言之，他也有许多不平常的事情。

---

[1]《小拿破仑》，雨果1852年在布鲁塞尔发表的政论小册子。
[2]《惩罚》，雨果的政治讽刺诗集，1853年在布鲁塞尔出版。

逐客命运固可悲哀，但其心灵自有一种愉快。

在囚地过了十九年又九个月（从一八五一年至一八七〇年），如此长期，所做何事？但他想不算虚掷光阴。他最用力之处是在自己悲惨之下，尚且救了许多同样悲惨的人。不但救少数人，而且救全百姓；不但救肉体，而且救良心；不但救良心，而且救真理。他好似从深潭破岩中捞取最好的理想，他好似从破舟中竭力撑持到岸旁。他所做何事？甚少。一个失败者对那胜利的凶人、造谣的健将，安能做得许多事。但他所做的全为公道，并无一点为自己利益。

愈被倾陷，愈得坚实的地位，只要被排挤者为人站得住。不论他怎样被迫，破产，剥夺，放逐，受辱，被骂，受欺，受毁谤，一切均于他有利益的。如此，始能使他变成为最有势力的人。他有的是不可侵犯的公道，他有的是不能打败的真理。有何权力？全无！唯其全无，所以他能战胜一切。身无军器，所以不会受伤。跌落在正义之道中，世上无一人比他升得更高。在皇帝之前，并立了逐客。皇帝才是受刑者，逐客反为施刑之人了。皇帝有的是条文与司法官；逐客有的是真理。不错。跌倒也好。经过盛运之后，一跌正显其人的伟大。权力与财产常为你的阻碍；当这些离开你后，你才觉得无拖累，你觉得真自由与自主；从此无物能妨害你了。给你用的有所用于你；被剥夺净尽后，一切事均可以做；从今后，你不至于被迫为翰林与议员了。你所快乐的是真理，乃一切最高的价值。逐客有二种权力：（一）倒霉的命运；（二）理由的纯正。此二件权力互相倚靠，其权威至足惊人，而可用下语概括之：

逐客是在法律之外，所以正在一切势力之内。

凶暴的人攻击逐客，必遇了二个阻碍，一是觉得自己不公道；一是对良心即对神明惭愧。

如此打战，当然势力不能相敌，然凶暴者必至失败。向前进吧，请看谁是胜利。

所以我们敢在上这样说：

逐客虽无法律的保障，但其势力甚大。

十四

因此之故，逐客十九年来，又喜又忧。喜是自己，忧为他人。忧是那班凶人将罪恶传染到群众去，而使人各为私利而争，故每听及法帝国怎样兴盛，真为难过。这种兴盛建设在欺诈造谎的基础上，无异于妓女的兴旺，便深深埋伏了病毒及衰亡的根苗。

因此，逐客真忧。在快乐中，他已觉得痛苦；在日光下，他已见了风波。卒之，俾士麦[1]与小拿互相造谣，法帝国遂而倾倒，可是法人民，法共和国已复兴。十亿赔款与二省割地，这就是我们的血本所牺牲，这真贵极了。我们应当讨回。但在今日，好好等待勿急。帝国已倾，名誉已复，我们物质上食亏，总比无名誉好。前时法国真死了。到今日耻辱才吐出，法国已复活了。先前无廉耻的病症已去，人民将恢复了应有的康健了。

在静居中，逐客态度虽属严肃但极清闲：在失望中而有希望。人可见他为群众而悲哀，也可见他自己为驱逐而骄傲。因地于他是快乐的，这是他的势力圈。在法国静悄，议院无声，报纸不敢言之际，逐客则如鬼的自由，能够畅所要言。他主张全民有选举权，而反对间接的代表制；拥护民众而攻击阶级；顾念功勋而鄙弃欺诈；重视公道而反对被人利用的司法官；提起火把而与用火刑者抵抗；爱敬天主而反对教士；种种主张集成为这本《放逐》之书。世界一切不平与愁苦之声均来向他叫号，因为知他是肯牺牲的人。被压迫的又看他是敢于代去控诉的人。但他敢于挑起这些责任者，别无所恃，只恃他一个心灵与一个声音。他有的是一个忠直的心灵与一个为自由而叫喊的声音。

---

[1] 今译为俾斯麦。

从四方远远处送来的呼声，他在暗静中都与好好招呼。自然也有无穷仇人向他怀恨，这算什么要紧，逐客并不因此而灰心。二十年来独自一人的抵抗，即是证明他的勇气与幸福。他一个人而受众人的环攻，别无利器，只好受专制魔王所驱逐。他固然不过是空中的一微尘，可是微尘也有一种势力，即是一线的光明。

此光线即是法律——永久的法律。

感谢天主，使逐客从四十岁到六十岁，过了一个骄傲的生活。被逐，被驱，被虐待，他被众人所放弃，但他不放弃一人。他领略了隐居的美丽，在暗静处得到回音，得到群众的呼声。当凶暴的驱逐人正在用恶毒手段时，他则正在用良善的心怀。他对于驱逐者的种种凶恶，毫不为意，一心只望群众能够有一日明白他。在破碎的海岩中，他梦想，深思，以安静的态度，对付激烈的威吓。终久是快乐的，因为他二十年来所与亲近的乃是公道、真理、良心、诚实、法律与海上的种种声音，自然忿恨之情不能发生。

在黑暗中，他被人见爱。不只仇恨，爱情也一气地射到他的隐居来。群众温柔的心情与热气向他围绕得极紧密，远近亲友爱护他的其数难计，其情难描，他只好心中深深纪念。

十五

在结束时，我应说及，在长夜漫漫的囚地中，逐客未曾一刻忘了巴黎。

在黑暗的欧洲与混沌的法国之下，他睁眼见到巴黎之光未曾蚀损。巴黎是未来的希望地。

未来的不能见到，但将来的事皆可从现在看出，巴黎是现在的标准地。

凡进化的眼线，均集注在巴黎。

有些城市是黑暗的，巴黎是光明的城。

哲学家在梦想中，同时见到巴黎的光芒。

十六

看此城的活动，鉴赏它的伟大，这是一种极感动人的事。世界无一地比巴黎更热闹与宏壮。偶有人从巴黎来到大洋，见到这两个景象相差不远，都是一样无穷限的。究之，人海与海水，观感上觉得一例是拥挤排揎。我呢，对于巴黎的梦想，常如云霞的动摇，但比较为不易消散。四时代换，轮流不穷，在四面飓风之中，南风，北风，飓与飙互相冲击之中，我眼前见空中有巴黎姊妹行的塔影[1]、凯旋亭[2]、丧时所打的钟，与巨大的穹隆。在海涛拔山动地而来，于茫茫水沫四无边涯中，我见了巴黎城屹然立在目前。在逐客眼中，它愈见伟大，这不只是一个城，乃是一个理想的目标。此城的景象随处与我俱，要离却而不可能。巴黎是空气，凡含生之伦，皆要呼吸它了。住过巴黎者当然更为之悬想不止。海洋之荒野，愈触起了逐客故乡的怀思。海涛的凶暴，反映出了巴黎的静穆。在迷惘中，海涛声音误为巴黎路上的车声。这真可玩，见海便见了巴黎。愈安静中愈对此城发梦想。众人忘记我，不要紧。在静中，才能生出大思想。在极端黑暗中，忽有一光线从天边处射击而来，这是巴黎。思念它，即是占有它。巴黎倩影，已长在我的梦想深思中。满天星辰之光耀不能遮蔽这个伟大城市的现象。它的纪念物，它的历史，它的勤苦人民，它的天仙似的女子与极英伟的小孩。它的伟大革命事业，它的无穷伟大智识分子，它的骚扰的生活与其同样骚扰的青年，到此时，一齐显现在逐客的眼前；

---

[1] 应该指的是巴黎圣母院顶端的两座塔楼，没有塔尖。
[2] 即巴黎的凯旋门。

虽则巴黎有时放在脑后,但并不曾将它抹煞与沉下;在我这个夜夜与星辰为伍,日日生活于严肃的自然中,但巴黎并不由此而消灭于我的心头。

(《放逐》完)

(据世界书局1929年9月初版)

印典娜

法国烂漫派大作家惹事珊女士著

序

这本烂漫派的名著[1]，乃属言情之作，又幸而出于女名家之手，故描写女子的情操格外精确与深刻。情之一字，已为中人所少晓。中人困迫于礼教之下，久已变成为无情的动物了。间或有写情杰者如《西厢》《红楼》者，又是出于男人手笔，对于女子的心情描写未免有"隔靴搔痒"之叹。

此书作者既以自己女子的经验为现身说法，此足珍贵者一。书中所写的女主人翁印典娜虽柔弱忧郁如林黛玉，但其刚强兴奋之气特为西洋美人所固有，不是如东方病女一味以羸弱见长，此又可为中土女士所珍贵模范者一。西方言情，不论男女，大都极其热烈；或则跪求，或以吻亲；情或不遂，或至自杀，其视我国男女对于爱情仅看为性欲的发泄，或为社会的应酬者大不相同，此种西方热狂的表情法，尤其可珍贵的一端。

印典娜有如著者所说："乃代表爱情撞着社会阻壁的写真。"她要求真情而不可得，以至于离开丈夫，这当然是一本婚姻改良与风俗革命的小说了。但内中也有不少爱情的建设。

"爱情撞壁"的印典娜呵！今将你温柔而又坚决的撞壁尊相介绍到东方去。望你再去碰撞一回吧！

民国十八年六月张竞生序于巴黎旅欧译述社

---

[1] 烂漫派即浪漫派。《印典娜》，也译作《安蒂亚娜》或《印第安娜》，乃乔治·桑（惹事珊）的第一部小说，发表于1823年。

第一章

（一）

下了雨又寒冷的秋夜，在龙宜（法国东部靠近巴黎）小堡中，三个人发梦似的坐观壁炉烧柴火与瞧瞧挂钟的行针。中有二人静默地已安受了一切烦闷的压迫。但第三人则极表示反抗性；他常摆动其座椅，半将困闷的哈欠咽住，又把火钳打散正在呼[1]爆作声的柴块，为状似要打散这个公共仇敌然后快一样。

这个人比那两个的年纪大，乃此屋主人，丁马团长[2]，食一半退老饷[3]的老将，少年曾漂亮过，而今已成笨重，额已秃，须已灰，唯眼仍凶猛。一个纠纠的主人翁，在他前，一切俱震动：其妻，用人，狗与马们。

到后，他离开座椅，意在冲破这个静默的壁垒，搭讪着起来在厅中周围旋转，他无一时失了军人硬直的姿势，手叉着腰，自觉自己甚快乐，俨然是男子汉的气概与军官的好模范。

前时希望在战场立功的日子已经过去。到今日，丁团长已无心再

---

[1] 原译本中此处以"火"和"并"合为一字，与"爆"合成一词，拟木柴燃烧发出的响声。今以音改作"呼"。
[2] 或译作德马尔（或戴尔马）上校。
[3] 意为领一半退休金。

想陷阵冲锋，也不怨无官可做；一心只在捱受家庭的命运。他娶了一位美且少年的妻，又要管此堡及用人，与要费神去经营那间工厂，如此诸种麻烦缠绕到他有了种种脾气；尤其是今夜，湿气困人，他又有骨节痛之病。

所以，他此时严重地巡视这间鲁意十五[1]时代式的器具：一时又看门上所画的裸体爱神被牵牛花高高围绕在中心；一时，又观那瘦损与伤神的壁上雕刻品一层一层的无穷尽，使眼神为之疲倦。这还不够，在每一转圈时，团长的眼睛曾不睁开深深看到这两个静默的伴侣，从此到彼，眼不停止在注意这个三年来为他所保藏的又嫩又珍奇的宝贝——他的妻。

她刚足十九岁呢。如你能看到她此时正伏在这个宽大的云母石镶铜边墙炉架下，如你能看到她两肘头靠在膝上，那柔弱、青白与忧闷的气色，她，这样稚少，放在这样老家庭，老丈夫的旁边，无异于含苞未放的花蕊才摘来放在古董的花瓶中待开一般，如你看到此吗，当然先为她悲哀，然后更为她的丈夫悲哀。

其外那一人，也伏在墙炉架下，在那一边的火焰之旁。这人极壮健，正在如花的年纪。颊上发光，白色脸儿，一头好发，两颊须丛生得与灰色发连合一气，表示出一个憔悴又粗鲁的管理人似的。无论如何傻的人，宁可爱丁团长的严厉不愿爱此时少年的惨淡。即那个壁炉上面注视火光而肿面的雕像，也比这个银箔色的少年为有趣味。可是他那副强毅的神气，清爽的棕色眉，雪白又光莹的额，眼极静穆，手又美丽，更穿上了入时的猎装，若在那中古时代有哲学性的女子看来，或认他是一位美骑士也未可定。然在少年又羞怯的丁夫人眼中，永未看他一下；总之，在这个衰弱多愁的妇人与这个善睡与多食的男子中间永未有一点同情能够发生。虽在这个鹰眼下的丈夫，终久不能抓到他们一眼角、一吹嘘、一个透气的破绽。卒之，他总要生出一点

---

[1] 即路易十五。

炉忌的脾气也不可得，如此，他觉得比先头更加忧闷，只好猛烈地将手插入深深的衣袋底里。

此中，只有那长毛猎狗快乐与妩媚，它伸头蹲伏在少年的座椅下。最可观是它的长身，绒腿，细长的狐样嘴，在极精灵的头面满蒙上了毛，于绥绥不整中透出那两粒玛瑙的眼睛。这双凶光在猎时那样深沉利害，在家居时则变成为苦闷与无限的温柔。当主人本能的爱情发现——这个本能的爱情当然比从理性来的爱情为高——将手抚循这狗的银丝毛时，兽眼里就发出了极快乐的光焰，其尾向灶边，做有音韵的摆动，将地板的尘灰摆动到满处飞扬。

这个被炉光照得半明半暗的厅景，大好给鲁拍浪[1]（荷兰大画家，以善画光与影著名。——译者）一种画图的好材料。许多白色浮动的光线一时一时照入了满室，继则柴成为炭为灰，那光则变红变暗，而满室人物则在若现若隐之间。当丁马先生行到炉边，他就幻为一团的黑影，人行渐远，影消灭，而终全行埋没在厅的尽头。那时，一些零星的金点返映在墙上的相架与画圈，及厅中乌木和铜质的器皿，与那些器具装饰的线纹上，由是而作成种种的色彩。每当炉中这边柴块烧完，它边柴块上火时，先前那些得光的物件则变成暗，暗的又变成为光，如此，厅中又复成了各项的色彩。这样当然可以得了各种的画图。当其光在镜台的三个金色雕像上，则觉其成为三位一体的宗教像；有时，光到天花板上，满板就表现了一个有云霞星辰的天空；偶或射到窗幔中，那些厚重的垂幅与广阔的吊边上，则时时变换其光彩与色泽以至于无穷尽。

我们上已说到那两个坐在火前不动的人物，他们永久是静悄悄的，似乎怕摇动一点就要将这些画图搅乱；又他们好似影里的英雄，恐有一点声音，一点动弹就将这黑幕扯倒一样。至于那个棕色额的主人翁则用同样长的脚步，将黑影与静景切成一段一段，其状有如巫人

---

[1] 今译为伦勃朗。

的舞蹈，专为向他们二人讨好似的。倒是那只长毛母狗有点生人的意味。它得了少年一个有恩意的眼光，即时极感动如受磁电所吸，不觉中微微叫出一个又惊又喜的声音；同时将双脚向少年的肩头翘起，表出一种难描的矫捷与风韵。

"下去，阿灰狸，下去！"[1]

那少年用英国音严重地对这温存的狗下制裁。这兽甚形惭愧懊悔，静静地向丁夫人求保护。可是她梦魂未醒，只任狗头在她抱膝的两只白手上靠下，并未对它有一点抚循。

"这狗竟霸占此厅了！"团长这样说时，暗中喜得了此机会可以发泄一下脾气，"窝去，阿灰狸，出去，向外，蠢畜！"

如有人能靠近观察，则在此普通小事中已可见到丁夫人暗里全生命的痛苦。一缕冷气已经透穿她全身了。她用手将狗颈紧紧勾住不让有丝毫放松。当丁先生执鞭来时，面含威吓之色，狗则伸脚伏地，闭眼咻咻然放出痛苦惊怕的声音。丁夫人到此面更青白，胸膛作不自然的鼓荡，转其大且蓝的眼睛向她丈夫惴惴地说：

"宽恕吧，先生，不要杀它！"

这点话已够打动了团长了，此时他一胸愁气已来代替了先前的愤闷。

"这个，夫人，抱怨，我极明白，"丁团长道，"自从那日在猎时一时的气，杀您那只狗起后。这真大损失吗？那只狗时时站住不肯跑，不肯逐兽，多少麻烦不曾为它？您也于其死后才那样怜惜呢。生前，何曾管它。如今竟对我这样埋怨。……"

"我对您埋怨过吗？"丁夫人极和气道。她这个和气是天生成为她所爱的人而发的。但对于不爱的人，她也一样和气，为的是自己原来就这样和气。

---

[1] 原译本在人物语言和对话中使用破折号，即"——"为标识，但在使用过程中包括其他标点符号并不统一，过于混乱，且不易将人物对话和叙述语言区别开来，今按照现在的标点使用方式标注符号，并对段落等做出相应调整，不另一一注明。下同。

"我并非指此。"丁团长在一半父亲一半丈夫样的声音答道,"但有些女子的泪容比那些女子的咒骂,埋怨得更利害咧。算吧!夫人您知我受不起在旁边哭的人。……"

"您永久不能看见我有一次哭吧,我包管。"

"嘎!我不是常见您眼圈红吗!这更糟透。"

当他们夫妇这样说时,那少年起来将狗拿出去,状甚镇静。回来时,点上一烛放在壁炉的架上后,仍然对丁夫人的面而坐。

这个烛光比炉火当然照得较清亮,当其射到丁夫人时,偶然间使丁团长越见到她满身困疲,全体憔悴,棕色长发散披在其瘦损的颊上,眼皮红晕影射出那失光与生火的眼睛。他转几圈后,突然而问道:

"今日您觉得怎样?印典娜。"他说时的声色甚不好。这种人的性格,常常是表示与心情不相符的。

"如常,谢谢。"她答得甚安闲。

"如常,这不是一种答法。或者是妇人的口气,如纳孟第人[1]的一样,他不说是,不说非,不说好也不说坏。"

"就这样吧,我不觉好也不觉坏。"

"好,"他极粗厉道,"您撒谎;我知您身体不好;您已向这位鲁灰君说,我,说谎吗?说,鲁灰先生,她不曾告诉您吗?"

"她会告诉我。"那个冷淡的人这样答。他此时并未留意丁夫人对他怨望的眼色。

正在此际,忽有第四人来,这是家中总管,前在军中曾任团长的差遣官者。

他向团长极简单地说他疑几夜来有人在此时候入园偷炭,故来讨枪去巡查一周然后关园门。团长听此,认为是一种打战的机会,遂把一支猎枪给吕里,自拿一支要同出去。

---

[1] 今译为诺曼人,原意是"北方人",指定居在法国北部的维京人及其后裔。

"为什么!"丁夫人极骇怕道,"您将偷几包炭的可怜乡民杀却吗?"

"我杀他如杀狗,"丁被问甚愤气道,"凡乘夜入此园内者被我得到都照此办法。如您识法律,夫人,您就知法律是准我杀的。"

"这是残虐的法律。"印典娜生了火气说。

她遂即自压抑这个火气,低下了声音道:

"您那骨节痛呢?您忘记了是雨天,如您今夜出去,明天病得怎样?"

"您只怕服伺老丈夫!"丁突开门而去。

他出去时,口尚喃喃表示不舒服他的年纪与其妻的话。

(二)

在室内这两人——印典娜与鲁灰君,照前如团长在时一样静默与冷淡。那位英人不想讨饶;少妇也知其为好意,不值责备。到后,伊勉强向他温存地埋怨说:

"这不好意思,可爱的鲁灰,我已禁止您不可将我一时被苦痛所迫而说出的话去告诉丁先生,到最末了时,我才想使他知道。"

"我真不晓得您心事,我的亲友,"鲁灰答道,"您有病,自己不调治。只好听您死或通知您丈夫。"

"不错,"丁夫人苦笑,"您只好诉诸武力了。"

"您错,您错,听我话吧,您真无谓反对团长;这个人爱惜名誉,一个好人。"

"谁告诉您相反,鲁灰君?……"

"您自己!竟不知道。您的忧愁,您的病象,如他所观察的,您的红眼圈,显然时时告诉众人您不快乐。……"

"闭口,鲁灰君,您说得太过分,我不准您晓得这样多事。"

"我使您恼,我先知道,但有什么办法!我不能干,不晓得您精细的话头。我与您丈夫一样不知道安慰人的方法。别人在我地位,自能将我才所说的那样笨拙改为极精妙的口舌得您信任;将您心中现在不肯对我说的也能代您说出。这不是头一次,我观察得,尤其在法国,语言比意思更有效力,尤其是对待妇人。……"

"呵!您竟这样鄙视妇人,鲁灰哥,我在此以一人抵抗二,我只好认输了。"

"是我们不好,可爱的表妹,想起你先前那样好身体。快乐,新鲜与活泼;你记得我们在东非洲[1]时,那个胜景,我们儿童的玩笑,我们的友爱从你生时就起始。……"

"我记起我父亲。……"印典娜说得甚忧郁,将手放在鲁灰的手中。

他们深深静默一下子。还是鲁灰先开口道:

"印典娜,一切幸福都在我们,只要伸手便可拿到。你有何不足?家稍富裕,一个极爱你的丈夫,我呢,当可算你一个极忠实的友人。……"

丁夫人轻轻压鲁灰的手后,仍如前状,首垂胸前,眼汪汪呆视残灰。

"你的忧愁便是病根,爱友,"鲁灰继说,"我们二人,谁当愁闷生病?你看比你下的人谁不羡望。人类总是如此,常常希望所未有。……"

看者宽恕我不再往下去写出鲁灰这段枯燥笨重的口舌。此人不傻,但口不称心。他也有好见解与智慧,可是要安慰女人,他也知道不是其力量所能及。他又极少了解别人痛苦的心情,故愈要劝慰愈激起痛苦。他自己也知量,故极少敢为友人献殷勤。此遭为了友谊,所以才敢出其死力如此。

当他见丁夫人不大留意听时,遂不复作声。此际,只闻了炉中柴

---

[1] 东非洲,文中具体指的是波旁岛(留尼汪岛旧称),译文中后面提到的不笨岛,是一座印度洋西部马斯克林群岛中的火山岛。为法国的海外省之一,在非洲毛里求斯以西,马达加斯加岛之东。

声，嘈杂万状；柴块初遇火膨胀时的悲怨，柴皮裂开时的凄怆，柴肉粉碎时放出蓝光的惨淡。门外，时不时，狗叫的音与打门的寒风及刮窗的苦雨夹杂打击而来。这样夜景，其悲哀之状，也算是丁夫人在此间所最难受的一桩了。

而且，这个脑筋灵敏善感的女人，对此别有一种不能说出的感触。凡薄弱者类是生存在恐怖与耽忧之中。丁夫人生为热地法侨[1]，多病，又易受刺激，故有种种迷信；每夜景色与月亮，常常给她一些朕兆。月色给她报告某项悲惨的事情快到。尤其是夜景，在这个梦幻与忧愁的妇人，别有一种语言，极其神秘与古怪，唯有她一人晓得它是什么可怕与痛苦的见告。

"您必定又说我发狂，"她从鲁灰所紧执的掌中抽回自己手时这样说，"但确实有危险的事围住我们，即来袭击。……袭击我，无疑。……然而……鲁灰，这使我觉得我有一个新的命运临头。……我怕，"她又说得极颤动，"我觉得不快。"

她唇与颊同时发白。鲁灰睹此甚惊惶，遂即摇铃求救，但无人到。印典娜已经逐渐失了知觉。鲁灰将她抱到离火稍远的长椅中，走来走去，叫喊家人，等水寻盐，终寻不到。打破铃子，在黑暗中乱撞，绞转其手，焦急得不知怎样好。

到后，他得了主意，将临园那个玻璃门打开，一面叫吕里，一面叫恋，恋乃丁夫人管理房中的女工，乃从非洲带来的法侨。

一会间，恋从暗中一小径奔到，急问丁夫人是否比平常不舒服。

"甚不好。"鲁灰答。

两人同走进厅内救治。男方面虽热心，但笨得白费力。女方面，极乖巧，大见有效验。

恋是丁夫人的乳姐妹；这两位少年，一起养大，彼此极相爱惜。恋，壮大、强健、光辉、活泼、矫捷，得了法侨的充满血液，若论这

---

[1] 热地法侨，意思是指印典娜生长于法国热带地区的殖民地。法侨，即法国殖民地。

个康健的美当然比那丁夫人青白衰弱的形色为优胜；但她们视慈善与相爱的心情为重，并不以此外形的美丽为互相倾轧。

当丁夫人转神时，第一件使她注意是恋的慌张，发乱而湿，与不安静的状态。

"安心吧，可爱的娇娃，"她说得极和善，"我病使你比我更痛苦。去吧，恋！你比我更应休养；你瘦损了，哭得似不要生存；善良的恋，你的前途比我的多么快乐美满！"

恋将丁夫人的手紧紧黏在唇边，表出神乱眼凶的样子道：

"神呵！夫人，您知为什么丁先生在园内吗？"

"为什么？"印典娜一点仅存的光彩又变白色，"待我想，我已记不起了。……你使我怕，有何事情？"

"丁先生，"恋已语不成声道，"说有盗贼在园内，与吕里同巡查，并执枪呢。……"

"原来如此？"印典娜说时，似在等待一件恶消息即到的样子。

"实在如此，夫人，"恋握紧着双手甚恐怖道，"这不是可怕吗，在想他们就要杀一人？……"

"杀人！"娜喊起来，如小娃听及女佣讲故事时那样起信的表示。

"呀！不错，他们定杀人。"恋说到此已哭得不成声。

此时，鲁灰看到这样怪象，怔怔地自己想道："这两个妇人敢是发狂。"又再想道："凡妇人都是如此的。"

"但是，恋，你怎样想，"娜复道，"你想为盗贼吗？"

"呵！什么盗贼！不过几个乡民窃取点柴枝给家生火。"

"是，这真可怕，实在……但恐不尽然。靠近这方丁大树林[1]，他不肯去拿柴，而来此间围得这样紧的墙内吗？……"

"呒！丁先生定遇不到一个人，恋，放心吧。……"

但恋并不如此放心；她一会往窗边，一会儿来娜的长椅上，留心

---

[1] 方丁，今译为枫丹白露。

到一点至微的声息，似乎心里想到丁先生那边去，但外状又不好意思离开此间。

这个怪状激变了鲁灰平常温和的态度，将她腕握得极凶，并喝她道：

"您已全失心神吗？不见主妇已受您傻态惊到这样？"

可是恋并不听；她正在看主妇坐在长椅间似为空气所压迫的神色时，忽闻一响枪声震动厅的玻璃，恋已经双膝一齐跪下。

"可怜的小胆子！"鲁灰看不过这样感动，而叫道，"往后，他们拿一只野兔来笑破你们的肚肠。"

"不是，鲁灰，"娜健步到厅的窗前道，"我敢说必是人血已经流出了。"

恋叫了一声甚尖锐，已倒在地板上。

同时，听见吕里叫喊：

"这个，这个，恰恰好，盗已倒地！……"

鲁灰到此始变动，跟在丁夫人后出去。一会，人扛在走廊内一个满身血、已无气息的人。

"不必这样多声音！这样多号叫！"丁团长看了家人那样围住伤者慌张的状态后，自己照常那样粗硬安详的态度道，"这不过玩意儿[1]，我枪内只装盐粒，或者一粒也未射及，他已惊怕跌下来了。"

"可是这血呢，"丁夫人甚抱怨道，"也是惊怕出来吗？"

"您为何来此，夫人？"丁先生叫道，"来此何干？"

"我来洗除您所做的过失呢，这是我的分内事，先生。"丁夫人冷淡地答道。

她此时竟有出人意外的大勇气，行近伤者之前将灯照其面。见他并不是所料的龌龊相。乃一少年，面貌长得极漂亮，穿一套极时髦的猎装。他只一手微伤。但从其撕破的衣服及失却的知觉看来，可见跌

---

[1] 意为玩笑。

得极利害。

"他从二十尺高跌落呢,"吕里说,"当他正在墙头爬时,团长放枪,铅或盐粒在他手中阻碍扳着,就跌下来了,我亲眼看见的,这个冤鬼!"

"这可信吗?"一个女佣道,"穿这样服装来盗柴?"

"又袋内满是黄金呢!"另一个家人脱下伤者的小褂说。

"这真奇怪,"团长看着这个躺在面前的死人,不免也为之感动道,"如他果死,不是我过。您看他手,夫人,真无一粒铅子。……"

"我相信您。"丁夫人极镇静说。她又极严重按了伤者的脉及喉后,复道,"此人并未死,但须速救治。他不像盗贼,应受了救恤。假其真盗,我辈妇人也不肯这样硬心肠,置之不理。"

于是她命人将伤者抬到打球房内放在褥垫上,与家人合力将伤手包好。鲁灰本晓得外科,也极为之出力施救。

此时,团长觉得不好意思,遂想在家人前表明他的行为不错。他独留在走廊与其家人谈论。忽园丁说他认得这盗贼极似邻右新来的那个有钱人,三日前在那跳舞会中与恋姑娘谈话的。

这个新闻给了团长别个念头。即时在其光滑的额上胀起了一条大青筋,这个表示他将起风波的记号。

"可恼!"他紧握拳头想道,"丁夫人自然应该这样细心救治这个跳墙的风浪人了!"

他来到球场时,面色青白,怒得与抑郁不堪。

(三)

"安心吧,先生,"印典娜向他道,"这个被您所杀的人,在数日内可以复元,虽则现在尚不能说话。"

"不是为此,夫人,"团长言时甚沉痛,"我今要知道的是此人姓名及来意。"

"我全不懂。"丁夫人答得甚骄矜,这个可怕的丈夫也不免一时为之敛肃。

"我定知道,"团长嗫嚅道,"你信我不久必晓得。……"

丁夫人假装看不见他的怒色,只去治疗病人。团长自己也不愿在家人面前吵闹,遂出来寻问园丁道:

"怎样叫,这个无聊?"

"叫作雷孟·拉米耶先生,他是新来买得邻近某先生小屋的。"

"哪等人?贵族,流氓,或正经人?"

"一位正经人,贵族,我想。……"

"当然如此,"团长更不可耐,再诘问道,"雷孟先生!告诉我,鲁意。"他到此轻轻又问道:"你未见这流氓来此探视吗?"

"先生……昨夜……"鲁意答得甚狠狈,"我见到,一定……不知是否流氓,但确是好人样。"

"你曾见到?"

"如您现在一样,在橘子房的窗前。"

"你不将锹柄丢他一下?"

"我也想做,但忽然间一位穿白的妇人从橘子房出来。我想是先生与夫人乘夜玩玩,遂即去睡。今晨听及吕里说有贼迹在园内,我始疑此中必有缘故。"

"你为何不报告?"

"我想世上奇事正多呢!"

"你留意,不好这样荒唐;如你再有一次疏忽,我把你耳朵割掉。我已知道近来不少有小窃来此偷园,所以静静试你如何看法。你须知此间有多橘种甚贵重,夫人所最心赏的,自然有一班人看上,夜间来此窃取;至于昨夜你看见的确是我与夫人。"

丁先生离开时更加痛苦与刺激。而且他也不能骗取园丁相信那班种植家那样傻,为了一枝橘树冒险来尝枪弹呢。

丁先生入球房后，假装全不知道，起手在伤者袋内搜寻。忽然，伤者微声向他道：

"您要知道我吗？先生，现刻在这样状态之下，实在不能告诉，只待我们二人时。"

"这真可惜，"团长辛辣地答道，"我真极少与您表同情。但既如此，只好待后来。现在您愿意我将您移到何地？"

"请移在最近此间的客栈内，如您愿意。"

"可是，先生不是可移动的，"丁夫人兴奋说，"鲁灰，岂不是吗？"

"先生的康健使您太留心了，夫人。"丁团长道。又向其家人说道："你们出去吧，让先生告诉来历。"

"不错，先生，"伤者答道，"我现愿在此的众人均留听我的忏悔。您们当然料不到我此来的目标呆到真可笑。我有兄弟在南边开一工厂恍惚与丁先生在此间的相似，但进行甚不利。闻得丁先生甚得法，又不能来领教，只好暗中来偷看此中机器怎样安排。……先生，我的错误如此，今望您有可使我补过之处，或您不要求，我也自己设法来谢罪。"

"你们都已听到了，"团长到此已一半安心道，"我也报复够了。今请你们出去，容我告诉他工厂得胜利的秘密。"

家人陆续出去，只有他们相信这样的假话。伤者因说多话，再在丁夫人臂中晕去。丁夫人则俯首低眉假看不到其丈夫悻悻的神气。

丁先生当然不必发声，已可看出他一肚火。他拉鲁灰到静处将其指头揉得要碎道：

"朋友，这真是一个大计算！我固然喜这个少年在家人前扯谎，遮盖我家的丑脸，但他对我这样侮辱，受报正多呢。可恨这个疗治他的妇人，竟能假为无事人一样。呀！她们生成这样狡猾！……"

鲁灰默然，只在厅内绕三个弯。在第一个弯，其样子似说："不像"；第二个弯又似说："不可能"；第三个弯则表示了有："凭据"。他即到团长旁，手指着恋。她此际正站在伤者身后，绞手，表出心中无限的抑郁，那双眼光凶狠狠，颊青白，死立如石头，失望、恐惧与彷徨一齐都在她的气色上。

这真是一个大发现，使鲁灰的手指那样坚决，胜于千万的语言，即时使团长相信。在鲁灰，自有切实的把握。他想起当丁夫人失觉时，恋乃从花园来，头发与鞋俱湿，似在雨天蹀躞了许久。又复证出当恋到厅的神气那样慌张，及闻枪时那样号叫。……凡此现象，前为丁夫人病情所乱，今一记起，便觉了然。

在丁先生，不必有这些凭据，只看恋的狼狈，已经明白是她个人的秘史。但他甚不以其妻这样为此浪子而劳神为然。

"印典娜，"他告娜道，"回去吧，夜已深了，您又不大好。恋在此看视，到明天如果好，我们设法送他回家。"

丁夫人当其丈夫怒时，最不肯让。但当他温柔时，又最听话。她听他这样客气声音后，嘱咐恋好好看护，遂归房去。

丁团长如此安排，自有深意。当众人退后，他藏在幔内偷听，确实证明是他们二人的私事。以恋那样美丽，到此地不久，已经招起众人的注意。多少富贵子弟向她倾心。邻地一班少年军官更来逐鹿。但恋贞正自守，这是头一次用爱，头一个人使她欢心者即是雷孟先生。

及至天明，鲁灰证实伤者已愈；雷孟请人移到孟郎去。于其行时，打赏丁家一切用人，请其代守秘密。鲁灰及团长对于恋一字不说破。丁夫人完全不知道。不久，丁家已把这事忘记不提了。

（四）

你们当然不肯相信雷孟先生，少年有思想，有才能，好性质，习惯在大家闺秀得了宠爱，而今能够长永与一个小工业的女佣相好？他固然不是下流与放荡。他有思想，不过全为门阀的判断点所蒙蔽。他有主义，但当欲念来时，主义就归消灭，连回想也不能，良心不肯把持住，做错事不肯认错，今日之我与昨日之我打战。故他的特长不是主义而是欲念。这个欲念，主义不能战胜，社会不能限制，一任他自成特异的人物。然而雷孟自有妙方法，虽做错事不使人恨，虽极怪诞，不使人厌；常常又能使恨他者转而为怜惜。他有的是一副清爽的面孔，语言伶俐，外貌又表示得甚有情感；但凡被他所亲近的才知其轻薄。我们在此不必来先下批评，最好就去看他怎样行事。

雷孟爱恋的只为那双大且黑的眼睛。初则不过如普通人一样，对她看看完事；或者也为消遣消遣。及见成绩甚好，遂再进多一步。到后，她竟那样容易送给身子，这般使他不以为喜，反大惊怕；当其从第一次幽会回家时，他手自打额自道：

"望她以后不爱我就好了！"

这就是得到爱情后而厌弃爱情的男子。他虽懊悔，但已太迟。在待事情的推移以乘机取便与即行决绝而立成薄幸的二者之间，雷孟当然愿择前者。所以他任听恋见爱，借此以表出自己的身价。他来跳墙，不是为爱情，而乃在试试冒险的乐趣。因他笨而跌下，乃得了女主人的救护与怜惜；他由是竟爱其色而忘其恩。

当雷孟好时，丁团长夫妇适到巴黎。鲁灰又归其家宅。只有恋一人借故留在丁家。初冬尚未冷，夜又安静，不用跳墙，已得幽会。他骗恋信了这个情爱定能长久，又称赞她是世间最可爱的美人，以及凡可以欺诳贫穷与易信任的少女的花言巧语色色俱备。可怜的娇娃，不知这样易给男人肉欲满足的，同时即为减短女子精神的幸福。富有诗意的园林景色，霜枝挂住月影，与那神秘的小门，以及晨间偷逃时的趣味，和恋偕行时在雪上遗下的小脚迹，凡此种种情趣，暂时也能使雷孟为之沉醉。况当恋脱下女佣的白衣时，黑发长随，俨然是贵妇，是皇后，是林中仙妃。看她从那半封建式的红砖小堡出来，孟确疑为堡中公主了。在那摆满各外来异花名卉的园亭内，恋所给于孟的种种少年的热情，使孟后日连想起来也不敢。

可是，恋不怕人言，大着胆量竟到雷孟的家。她来时又穿起了女佣的白腰围,戴上了本地通用的软花辫帽。无论如何美丽,她总不离了女佣。女佣而竟美丽,使人更加妒毒造谣了。在恋以为第一次在跳舞会被孟见爱时,乃穿这样的服装,那时,孟不怕在众人注视之下,竭力去争得恋的顾盼。她今日所以特穿同样衣服,专为纪念而来。殊不知,雷孟毫不管到这个情史。故这个纪念在恋觉得温柔,在孟觉得无谓。可怜少女!她以为牺牲名誉,降低身份,可以增厚爱情者,乃竟激起雷孟的鄙贱。这个勇气若出之贵妇自可得到胜利,但这是出之女佣呢!在贵妇则为多情,在女佣则为无聊了。贵妇能引起世人的妒忌,愈可贵重。女佣,只要一个用人说她一点轻佻,就够惹人厌弃。有地位的妇人,哪管有许多情男;女佣,只要有一个丈夫,谁也不去献殷勤了。

世事原来如此的。孟喜欢时髦、高等生活与有诗意的爱情。一个穿上了灰色衣的女工,在他目中,不能算为妇人。恋虽美丽,但太俗化了。这不是孟的罪。他的教育使他趋时,骛高,做贵族。偶因血性的燃烧,降格与这个民女相欢爱,他已尽力讨好了,当情意浓厚时,他也想将其情妇提高与他同等,当然独一为他自己的幸福起见。可是到现在因孟与印典娜已别有一种神合,与恋的情爱渐归消灭,说到婚姻,更成为万不可能了。又须知他不娶伊,正为伊的利益。

如果他真爱伊,则虽将前途、家庭与名誉牺牲,尚可得到爱情的安慰。有了爱情,当然不必婚姻。但他现对伊渐觉冷淡了,那么,为伊前途将如何办?就娶伊来说,使伊见到其丈夫终日不欢,心神懊恼吗?使伊自己不见爱于家人,为用人所鄙薄与为世人所揶揄吗?使伊因此,烦恼与懊悔以终其身而至于死亡吗?

不,这不可能。不能如此浪漫用情,不能如此反抗社会。这个勇气,在孟想来有如冬枝山用矛去挡阻风磨[1],在中世纪为英雄;在现社会则为傻子了。

---

〔1〕 冬枝山,今译为堂·吉诃德。

如此左思右想，孟终于决定将这个可怕的爱情割断。此后，恋又常到他家聚会，更加决定他的逃避。又他的母亲，在巴黎过冬，闻知这件事情以为于其儿子的前途不利，遂致催促雷孟即速到巴黎，他于是离开了乡间。

恋哭得甚多，久待不来，竟至与他写信，可怜少女！不知她信，竟是割断爱情的魔使。这是佣妇的信札呵！虽则她提起丁夫人的彩笔，展开金笺，沥出心头血，但字句怎样用呢？这个生在非洲的法侨，连文法大纲尚不通，又安能知道择字炼句以动听呢。在她自以为同其女主人所写的信札一样好了。及见雷孟终久不来，她自己想：

"我的信，已经写得那样动人了！"

谁知这封信，雷孟无勇气念到完。它固然写得极天真与风韵，满腔热情跃然于纸上，恐微支妮离别故国时与保禄所写的信向不能有这样缠绵[1]。可是，孟快快将它放在火炉，恐怕为她羞惭。有什么法子？这也是教育使然。世人原来重形式而不重内容，重脸面而不重心情的。

好久来，巴黎社交的人物骇异雷孟失了踪。可是他并未厌世。他极喜欢社会，因社会给他种种的便宜、玩耍与友情。他在社交甚有成绩，一因他对付得法；一因他的母亲甚有经验与德行，给他种种好教训，以是她带引到了这二十五岁大尚未有一次不见重于人。

这是在西邦牙[2]大使馆中，为雷孟此遭到巴黎赴跳舞会的头一回。

"这是扫帚星时出时没，"其中一个美妇人道，"好几世纪久未曾听人谈及这美少年。"

"他长得实在好。"又一个妇人含羞说。

"真漂亮！信我吧。"那个意大利老妇人这样表示。

"您们谈及，我敢赌必是，"一个美丽的军官道，"那个电气室的

---

[1] 微支妮，今译作薇吉妮；保禄，今译作保尔。二人分别为法国作家贝纳丹·德·圣比埃尔（1737—1814）的代表作《保尔和薇吉妮》的男女主人公。

[2] 即西班牙。

英雄，棕色的雷孟。"

"这是一个好面貌。"那少妇复道。

"使您更欢喜者，他是一个坏脑袋。"军官道。

"为什么？坏脑袋？"那个外国女子问。

"南方式的情欲，夫人，太阳气太滚热呢。"

二三个美妇人颤动其插花的头，走来靠近军官听他怎样说。

"今年在龙宜乡下跳舞场，"军官继续道，"我们与他闹得不可开交，到底，还是他得胜利。"

"这是一个小白脸了，可惜，"一个少女面带讥讽道，"我不喜欢这样多角的爱。"

那位"超开通"的伯爵夫人用扇轻打这个少女的指道：

"兰只小姐，您不知这位男子对于爱情的志愿怎样大。"

"他们男子志愿大就成功吗？"这个含诮容的长眼小姐反问。

"小姐，"军官一面请她同跳舞，一面说道，"留意美雷孟掳您去呢。"

兰只小姐笑起来；全晚跳舞时，她见雷孟后，已经不能自持，实在不敢再去详论及他了。

（五）

至于雷孟在这样美妇人群中，自然不会厌烦。然而他自有深愁郁结在心中。第一，他懊悔不应做出先头那个不相配的爱情，而坐失了这些灯下美人垂盼的机会。又有比这个的懊悔更实在的，是在想及那妇人正在为他心碎中伤，虽则他怎样薄幸，也不免为之黯然。

此夜舞会，最出色的，乃在此时出现了一个不知姓名的妇人，使全会人为之注目。她的装扮洁净不华，淡扫蛾眉已压倒了那些花枝招展、宝石辉煌的同伴。几点明珠缀在黑发，一围素玉绕于白颈，白丝长袍,衬托了那开得大大方方的白色肩膀,一气浑成了一个白璧的美人。厅中热气恰恰够在她颊上浮泛一缕红粉色,似是"盘谷[1]的玫瑰"在雪中正开蕊时的娇滴鲜妍。这个尤物,娇小玲珑,潇洗如盆中嫩花,好似灯光照得,日光来就受不住了。当她舞时,轻妙难描,恐一吹嘘,就要飞去。可是她虽轻倩,但不活泼与癫狂。坐时,向前弯靠,似身无力气不能支撑,她说话时含笑,面容则甚忧戚。若就此时盛行的故事说,这个少妇恐是仙女,朝光一起,她的倩影有如梦时所见的一样就要逐渐变色以至于消灭了。

他们恐怕她快于消灭,故争先要与她跳舞。

"快些,"一个时髦男子向其同伴道,"鸡要啼了,这个舞女脚已不着地了,我敢赌你执其臂时当觉得如无肉体一样。"

"请看雷孟先生那副棕色面貌吧,"一个有艺术性的女子这样说给其旁边人知道,"你看他那个着实的身材,更越显现出她的娇娜呢。"

"这个少妇,"一个通天晓的妇人道,"乃狂士胶哇惹[2]的女孩,在东非洲生长的,嫁得不称意的丈夫,我想,但其姑母甚得宫内的信任。"

雷孟靠近印典娜时,每一见及即甚为感动。他好似在梦中见及此妇人;实在,这面极热,眼神触及,使他如得一件极美甜的回忆,不愿轻轻放却的。当雷孟这样留意时,少妇觉得更不好意思起来。今夜胜利,在她不以为乐,而反成为不自在了。雷孟转一弯儿,听知这个少妇是丁夫人,遂请她同跳舞。

"您不记起我了,"他向伊道,当二人跳到众人一块的舞围内时,他才开口,"可是我永不忘却您,夫人。我认识您,虽则如在云雾中的模糊,但此一瞬,您对我实在慈善,怜恤之至。……"

丁夫人甚大感动。

---

[1] 今译作孟加拉,原为英属印度的一个省份。
[2] 也译作卡瓦雅尔(或卡尔瓦加),原为西班牙一个名门世族的姓氏,此处指印典娜的父亲。

"呀！不错，"她甚是兴奋道，"是您……我今也想起来了。"

她说时羞红涨颊，似怕失了检点。又看了周围，恐被旁人听及，她的娇怯加上了她的风韵，在孟听来，这些半含半吐的外侨声音，其柔婉似在祈祷与祝福时所用的。

"我甚怕，"他道，"不能得到了机会向您道谢。我不能到您家，您又极少到外间，我想结识丁先生，又恐不得好结果，今晚万幸竟能在此表谢我的积悃！"

"如丁先生在此更使我愉快，"她答，"如您深知其为人，他的心甚善，一如行为的率直。您当原谅他无意的冲犯，他心内比您的更深深印上了伤痕。"

"不必谈丁先生，夫人，我极原谅他了。我对他实在不起，他应如此执行，我只好快将此事忘记就是了。可是您，夫人，您对我的用心那样温存慷慨，我愿终身保存您的善意，纯洁与天使般的和气，又这双手敷我创伤的药的，我尚未和它亲吻。……"

雷孟说时，执了丁夫人的手继续跳去，暗中温柔地将她手压在他手内，即时少妇的心头跳得极凶。

当他引伊归座时，丁夫人的姑母适他去。灯转亮时，孟已坐在丁夫人之旁驰骋其折冲蛊惑的舌锋了。他生来就善于表情。通常男子对女子如果有真爱，必定被激烈的情欲所刺激而至于成为痴狂。但有社交经验的男子，态度必极安静，他不先表示爱情，而唯求得女子的欢心。此次，雷孟对丁夫人，或因那夜治伤的经过，虽比普通已分外感动，但并不因此阻止其流丽的舌头，有如从肺腑中倾泻出来。

他用了惯习的词令，再添上了诚恳的态度，说得使这个不识世故的外侨都信以为真。毫未怀疑这是全为她而捏造的。

大纲上，而且妇人大都知道的，凡对于爱情说得天花乱坠的，则其人必不是有真爱情。但雷孟出此大纲的例外。他有法术去利用情欲而装得极自然与热烈。这不是由心情而使他有口才，乃由他的口才而制造其心情。如他喜欢一女子时，先就用其口才勾引，在引诱的口令中,又表现他实在有真情。这个如律师及演说家的假哭一样,当他们觉得额汗将滴落时,遂利用为眼中的热泪起来了。故须有精细的人始免上他们的当。况且,雷孟又以"热狂"著名。他已上手了一个美女子,又正在勾搭许多美妇人,他为爱而与人决斗,为爱而在大庭广众中比武斗嘴,为爱而跳墙跌昏,为爱而在丁家的用人面前说出一番假话,凡此做来,又不至引起人取笑与咒骂,这个人当然随处可得爱情的胜利了。故假使有智慧的女子也难受雷孟那样"热狂"的进攻。因为"热狂"是极少有的,当其有时,女人们是极欢迎的。

我不知怎样巧计,在引导丁夫人及其姑母上车时,雷孟竟得了印典娜的小手靠贴在他唇上。这双美手呵!在前时永未给予一面相识的男子吻过的,虽则她生在热地,长到十九岁,在东非洲的十九岁又比欧洲有二十五岁大呢。

在这个多愁多病的妇人,这个亲吻,深深地使她不能自持,几要夺口叫喊出来,幸而雷孟此时正扶她入车内,得以遮盖了事。这样善感婀娜的肌体,实在为孟所永未遇到的。恋则那样强壮,至于巴黎女子更不会因吻手而至于昏迷了。

"如我遇她二次,"孟自己想,"必定使她丢失魂魄。"

翌晨,他已将恋完全忘却,只记得她是丁夫人的一家而已。现在他梦魂颠倒中只有憔悴面庞的印典娜。当孟要用爱时,他先装得极热狂,任心情去安排,而故意将理性抹煞,一心只求快乐,无论其如何艰难危险,在他总要达到的。他不能将发生的狂念铲除,也如不能将已熄的情火再燃起,同一样的无能为力。

即日,他打听得丁先生为商业事往比利时,而托其妻于她的姑母。孟在三日内已将丁氏家世探得详悉,而知要见娜,非到其姑母家周旋不可。在跳舞会离开后的第三夜,他已到娜的姑家来。

在客厅中有四五个老贵妇人玩牌,又有三两个民家小孩玩耍。娜坐在墙角,提起其姑母未做完的绣围来续绣,借此手工,以免与厅中人有麻烦的应酬;大概,在她黑发低垂之下,正在纳罕跳舞会的奇逢与等待未来的新命运时,忽闻一声有客到,她无意间放下活计站起来,转眼一看,又闻得一种电气似的音声,不觉再坐下以免于昏倒。

(六)

雷孟不想遇到这样肃静的处所与好奇的人们,他只要一点声音便合全厅闻到,那些老妇人似极喜欢阻止少年谈心的机会;故见雷孟的局促,她们的神色则愈见快乐。可是孟虽碰着这样阻碍,欲望愈高,眼愈生火,瞟得丁夫人更利害,要得她的心愈加亲切。可怜的娇娃,向来未曾受过这样的打击,只好承受他这个热烈的给予,暗中正在窃幸遇到这个多情的男子,一个满腔热血的少年肯来见爱,安有力量与勇气再不肯答应之理。故她愈忸怩,雷孟则愈大胆进攻。到后,其姑自恃有思想,又听及雷孟也甚有思想者,遂放下牌来与他讨论"爱情的问题"。她在论辩中夹上不少西邦牙的风流与德意志的奥妙。孟则随题发挥,意似在答复其姑,而实则为其侄。可怜的少妇,四面受攻而毫无保护,只好低下头默然不作声。其姑不愿她作壁上观,时时挽其加入。她则羞红满面,只可诿说对此问题全不知道而已。孟则暗中看她颊红胸胀,断定他不久就能使她好好学习上了。

印典娜此夜睡得比前更不好。我们已说她尚未用过爱。虽则心情已成熟好久,可惜终未遇着人。自少年生长在奇怪又凶暴的父亲家中,她永未得到温柔的幸福,可是她虽受制于父亲的威权,自己则养成了极忍耐之性情;对待下人虽极宽恕与慈善,但对于一切压制的人则极形其如铁一般强硬的抵抗性。自嫁了丁先生后,她受这个丈夫的压制也如先前在父家一样。她不爱丈夫,独一理由,恐怕就是这个爱情乃出于强迫性。凡一切强迫,她都不喜欢,这已成为她的第二天性与良心的主张了。故人只能使其盲目服从,但不能强迫其发生爱情。

在沙漠,与其严酷的父亲手下养大,她所知道的情感只在向其奴隶们宽容与流泪。她只好自己想："有一日，这个命运全变，我当能为人做了好多善事；有一日，人爱我，我就将全生命交给他。好好静待吧，好好受困苦。保存这个爱情为那个能为我解放的人。"这个解放的人终未到来，印典娜只好等待。可是到今日她更比前无把握了。在龙宜榆杨下，比东非洲的椰树丛里，更有许多阻碍。故当她再想及："有一日……有一日……"她即时将此念践踏到脑里去。只好自叹道："唯有死而已。"

她必死无疑，一个无名的病，将她妙年华剥削与摧残残。她又不能睡眠。医生来诊不出病源。她又实在无病。可是肌体日见瘦弱，官骸日形衰颓，心头烧得极少的热火，眼已失光，身内只有发烧与刺激，不多日子，这个丈夫的俘虏，就要死去了。可是在她绝望中，她仍然要寻求爱情。在此待尽的日子中，她仍然有少年的勇气。幸而现在她面前的还有二人尚算谈吐得来：一是恋有时可以解愁；一为鲁灰，那样深沉可以助勇气。可惜，恋，同她一样薄命，至于和鲁灰，只好去同猎野狐狸。

丁夫人实在是世上最苦命的人。这是头一次在严冷的空气内忽来一个少年热烈的吹嘘；这是头一次她耳中听到这样温柔动人的声音；这是头一次，她的手靠到一个如铁烧红了的热唇边。难怪她到此时不管什么礼教，什么格言与前途；她只好去一行比较先前的惨痛、不情与那些专制的主人，已够决定她的舍就了。她连想及此人会欺骗与轻佻也未曾。一见他，已是心满意足，如她在梦中所思的人一样了。假使雷孟怎样薄幸，也能够骗得上她。

况且对这样美与可爱的女人，谁能不生起爱情？谁家女子能比她天真烂漫？他在别处怎样能寻到这个安稳光明的前程？娜不是生来就情种吗？这个奴隶只待解放者一指点，就打碎了锁枷，跟他走了。上天专为孟生娜似的。这个可怜的女子，生来尚未被爱过，无孟来，她必为情憔悴而死无疑了。

在这个新爱得到满足之下，她又惊怕起来。她想到其夫的阴鸷、精明与喜欢报复之后,她起始惊怕,不是为她,她已习惯这样暴力了,而是为她的情人要受这魔王的死刑。她不大识世故,以世间的通情,必有无限的危险。她不愿其情人陷于危险,故宁可不求爱情,宁可牺牲自己,但终不肯累他人。

这就是她不肯给予情人独一的心事,外面看来,也是她的贞节的德行。故明晚有一巴黎大银行家跳舞会,她知雷孟必到,遂托病不肯与其姑同去。

雷孟到会,得从她姑口中向人说及印典娜有病,遂独自秘密出来,买通门房而入印典娜的住室。

他穿了软鞋,入门轻得毫无声响。此时厅中只烧一烛,光景暗淡。印典娜身背门而向火炉,其状甚似与那夜雷孟跳墙时的同样忧戚。

当他靠近时,见娜在垂泪。娜一回首,见孟已跪在脚下,紧执她手,她已无力抵拒了。而且暗里,她又极深幸此人竟有这样的大胆热情;战胜她的计算,赔偿她的牺牲。娜到此,心中已深祷上天愿情爱顺遂,毫无困难了。

至于雷孟,久已知道她有情意。他不必从伊泪眼中透出喜气后,始知他的大胆已成功。他不讨饶,不待其开口,已易客为主为不客气地先问了:

"印典娜,您哭……为何哭?……我要知道。"

她听及叫起小名,不觉一抖。这个大胆又给她一件幸福。

"为什么问此,"她道,"我不向您说。"

"好吧!我已知道了,印典娜。我已知道您一切历史,一切生命。凡关系您的,我都知道;因为一切是您的,均使我不肯轻易放过。我为打探您的消息,至于跳墙,满身血痕在您脚下,看见您丈夫恼您这样美丽慈善的玉臂扶持我头,又得您香甜的吹嘘。他,妒忌!呵!我也赞成。在他地位,我比他恐更妒忌,印典娜;或者,在他地位,我已自杀了;因为做您丈夫,夫人,得占有您,搂您在胸中,而竟不能与您相配,不能得您的心情,这是世间最可怜与最下等的人类了。"

"呀，天！闭口，"她说时将手掩他嘴，"不必多言，您使我罪过。为何说及他？为何教我恨他？……如他听及！……我，不曾说他坏，我不愿您这样薄嘴！我不恨，而且敬且爱他呢。……"

"说吧，您真怕他到极点了；这个魔王已打破您的心灵，自那日您给他时，惊惧已跟到您的床头。您，印典娜，他的铁腕已压低您头，他的残暴已摧残您生命！可怜的娇娃！这样少年，美貌，这样受苦！……您不能欺骗我，印典娜；我已具一副与众人不同的眼光深深视察了您秘密的命运，您不能对我有丝毫隐藏。众人只见您美，而可怜您如此少年已经憔悴有病就完事了。可是我，全心为您，全个灵魂日日围绕您的愁绪与心情，自然知道您的痛苦之所在。我常念，如上天有灵，将您给我，包管您无病痛；可恨我来得太缓些。印典娜，我敢发誓，我爱您，将难以言语形容，您也将同样爱我，也必深为庆幸这个美满的姻缘。我将您搂在臂中，不用使您走动脚痛，如脚冷时，我将喉内的热气来呵暖；我将您放在心坎上以消解您的忧闷；我将热血补您冷体，如您不能睡眠，我将终夜向您微笑，用了至温柔的语冒您慰藉，使您恢复勇气，减少痛苦；当睡神来袭您的如丝般的眼时，我就轻轻用唇亲吻您的眼皮，使您睡得更酣甜；又将双膝跪在床前，一直看视到天明。我将您房内空气变得更和谐；祷告金光翼的梦神赠送您的花蕊全在空中散下；我将您发一条一条地吻过，我将您鼻息一下一下地算过。当您醒时，印典娜，您见我在您脚下，艳羡得如深情的主人，服伺得如柔顺的奴隶。所有您的第一次微笑，第一次思维，第一次眼神，第一次接吻，均由我全盘深深领受。……"

"够了，够了！"印典娜已觉气接不上来，梦魂已飘飘然，而道，"您使我难受。"

假如世上有人死得极幸福时，必定印典娜在此时了。

"您不要这样说吧，"她继道，"我生就苦命无福享受快乐，不要在地狱说及天堂，我快要死了。"

"死了！"雷孟叫起来将娜搂在臂中，"你，死！印典娜！未曾享过福，就死，未曾爱过！……不，你不死，我决不肯舍你去，我的生命已经与你连在一块了。你是我梦想的人，你的纯洁使我崇拜。魔鬼已逃避，明星已在我前头道：'往前进吧，不要怕苦，上天将遣天使来伴你。'这已注定你是我的主宰，我的灵魂已与你的定婚好久了。印典娜！无情的人类与法律虽能支配你，但上天有知，当使你交还我。假如我能爱你，你能爱我，管什么人类与法律，管什么你在他人臂中，管什么我现在不能娶你！看吧，印典娜，你已属我了，你是我一半的灵魂，我的一半已经好久在天上地下寻求你呢。当你在东非洲梦想友人时，那个梦中的影便是我；当你心志忐未定在寻求得意的郎君时，我便是你的心头人。你不认识我吗？一别不是已经二十年吗？我不是来重认识你吗？我不记忆你将面幕拭干我血，你将手给我已死的心那热气与生命吗？呀！天使，我记得好。当我张眼时，我自己说：'她在此！她就是我梦中所见的人；青白，苦闷，又且慈善，她是我的宝贝，由她，将给我许多未曾想到的幸福。'我的康健，即是你给我头一次幸福的见证。这不是普通，我们的幸福，你看，这不是偶然与侥幸，这是命运，是在死门中求得我们新生命，这是你丈夫，你的主人，于不知不觉中服从这个命运将我满血的身带给你，掷在你的脚下道：'这是给你。'而今以后，谁也不能再拆散我们了。……"

"他，他能拆散我们！"丁夫人兴奋地截断话头道，她此时听得这个情人的妙绪已经醉迷了，"嗳哟！嗳哟！是他！你不知此人不讲宽恕，又极精明，凡事不能瞒骗。雷孟，他将杀你。……"

她将头藏在他胸中已哭起来，雷孟将她搂得几乎失了呼吸。

"由他来，"他叫道，"由他来搅乱我们的幸福吧！我鄙视他！藏吧，印典娜，藏在我胸前，这是你的好逃所与护庇的地方。你能爱我，我就成为无敌的勇士了。你知此人不能杀我，这已试验过了。这是你，你慈爱的天使呵，是你的翼膀遮住在我身保护。不怕，安心吧！我们当能阻止他怒；如今连你，我也不怕此人了。我跟你一起，我久久在此，如他要压制你，我就为你抵拒，必要时，我将你从他无情的法律中救出来。你要我杀他吗？请你告诉你真爱我，则我即时去为凶手，如你已判决他的死刑。……"

"你使我呕心；闭嘴！你如要先杀人，请先杀我；我已生存够了，再不想及后来。……"

"一同死吧，如你说这是幸福。"孟说时将唇紧紧黏在印典娜的唇上。

这样狂风雨，娜那样娇嫩花枝怎禁得住。她将手压在心头已经昏迷去了。

初则，雷孟以为靠他热烈的抚摩可以恢复她的冰冷的感觉。可是任他怎样亲吻，怎样温柔叫她，但终无法使她醒回。这不是一时快乐而致昏迷的可比。丁夫人病根甚长，神经一经刺激，就要昏迷，须要经过几点钟后始能复元。雷孟到此无法，只好摇铃求救。一个佣妇进来，一见雷孟，突然间将她所持的药瓶惊失地上，胸中不觉大叫一声。雷孟计上心来，靠近她耳边这样说：

"不要作声！恋，我知你在此，特为你来。我想你主妇不在此，已经往跳舞场。及入此处，她见我骇怕，至于昏迷。一切应守秘密，我应退去。"

雷孟如此远飏，留给了这两个妇人各人一个秘密。假如她们知道，彼此均应惊魂丧魄。

（七）

翌晨，雷孟醒时，接到恋来信。这回，他不但不即付诸火，而且甚急切地拆开了孜孜看去，以便知道印典娜的消息，果然信中说及。但这个复杂的局面，雷孟怎样对付呢？恋的受孕，不能长久秘密。她的疲惫与惊慌，丁夫人以为普通的病态，尚未去深究底蕴。在恋想来，若将真情告诉，丁夫人当然宽恕。然她怕团长的凶狠反不如怕丁夫人的慈柔为更利害；而且害羞与抑郁更迫住她不敢开口。可是到万

不得已时,假如孟不要娶她,又不为她料理时,她只好全告诉丁夫人。所以,雷孟现最留意的,先在使恋离开其主妇。于是他即复道:

"一切守秘密,务望今夜到龙宜来,我定来晤。"

恋不想得到这样快的复信。她到此以为雷孟不过一时为巴黎女子所蛊惑,今他竟先来相就,可知是前情尚在。

为要转回孟的繁华观念,恋此夜也想以繁丽取胜,希望使其情人从此更加爱她。她于是穿起主妇的全套装束,烧起丁夫人房内的火炉,将花房内所有的花全插在壁炉的架台上,预备极丰盛的水果与美酒以为夜点之需。总之,凡在她力所能为的均做出来。当她在壁镜前照时,她自己以为比花更美丽。

"他常对我说,"恋自念道,"我不用装扮,自然美丽,他说宫廷内许多戴宝石的妇人不及我的一个微笑。可是,他一见这班妇人,即时又迷惑起来了。故我今夜应该装得极荡佚,极活泼,极快乐,或者把他爱妇人的心全移爱在我。"

雷孟放马在树林内的炭屋,遂将钥匙开园门而入来。此回,他不用跳墙,一概用人已均被买通了。

此夜甚冷;厚雾罩盖了园林,使雷孟分别不出是树枝抑是雾气。

他在野径中走来走去,到后始寻得那个引入屋路的凉亭,恋已在此间久待。她穿了丁夫人的斗篷,斗篷顶也盖在她头上。

"我们不能在此,"她道,"天甚冷。跟我走,不要出声。"

雷孟虽觉得到丁夫人家乃为其女佣而来,心中不大好意思,但也无别法,只好忍受。恋在前引导,脚步行得极轻,但心中又觉得极重似的。

她带他过前庭的广地,使狗勿吠,开门无声。她执了男人手,静默地走过暗廊,卒之,搂他入了一间环形的极漂亮而清幽的房内,满室橘花香扑鼻而来,明烛已在灯台上高烧。

恋,将"盘古的玫瑰"花瓣散放在地板上,又将丁香花铺满了坐垫,温软的热气一缕一缕透入了极细微的毛孔内。桌上玻璃盆从水果中射出紫金色,花篮上的茸草又正在吐射其绿光。

从黑暗的外边而突进光明的世界,雷孟未免一时目为之眩。然不久,他已明白此间之所在。屋内装置清洁有趣;爱情小说与旅行书籍堆满在乌木的书架;努力与幽闷的活计;古琴的弦上似尚有拨动的余音;壁上所挂的有牧童牧女的爱情画,又有东非洲的高山与其海滨;最使人神往的是那张半遮罗帐的小睡床,一种白色与清致,似专为处女用的,床头所雕的乃是非洲的棕树;这一切均足代表丁夫人的存在。他一时疑惑起来,以为那个穿斗篷带他来的妇人也是印典娜本身。这个尤其相似的在镜内看那妇人放下白色与美丽的斗篷,好似那夜丁夫人赴舞会时的形状。可是,这个误会不能持久下去。印典娜比较此妇人为更遮藏。她的盈盈小乳头,固然隐约可见,但尚藏在软丝透明的胸衣内;她头上固愿簪上了茶花,但其如头发终不敢这样烂漫散披在额上;她也将小足禁在绣鞋里,但她的裙终不肯这样高高翘起让人看到其可爱的小腿儿。

恋比她主妇较大且壮,她虽穿得美,但尚未妙化。她固然风韵,然不是高贵的风度;她美如妇人,可不是美如天仙;她能使人快乐而终不能使人迷醉。

雷孟死怔怔在镜内看恋一下后,尤使他注神的是此间丁夫人的属物,如乐具、图画及那张小床的清净各种的返影。他已醉倒了这个圣地的香芬了。又在凝想若得与丁夫人亲尝,不知又怎样销魂。此时,恋则叉手背他而立,痴呆地看到孟的沉梦,以为她的工作生了效果。

还是孟不耐静默,先开口道:

"我感谢您这样操心,尤感谢您带到此房来。但我已领赏够了。我们应出此地。这不是我们的地方,因为虽丁夫人不在,我们也应对她敬重。"

"这真残忍,"恋,不知孟意所在,但观其神色冷淡不悦,遂道,"这真伤心,看您不接受我的殷勤,而更推却。"

"不,可爱的恋,我并未推却。我来此特与您谈论要事,并为您尽点服务。我固领谢您的美意，但您勿这样假装，而保存少年及自然风韵，我更喜悦。"

恋只晓得一半，不觉哭诉出来。

"我真可怜，"她道，"我恨不能得您欢心。……我应料到您不能长爱，我，这个穷女而又无教育，我不埋怨。我知您不能娶我，但您若能长见爱，我虽怎样牺牲无怨，怎样颠连不敢悲哀。惨！我命已完，名誉全失！……我被驱逐未定。我将生了一个比我更可怜的小孩，谁也不来管我。……谁也有权力来践蹋。……好吧，这些我均极快乐承受，如您尚肯爱我。"

恋的话说不尽，她或者不是用这样句法。但意思却相同，而且本意比作者所说的更好百倍。谁能比从情感及怨愤中说出的更好？到此时，无论说得怎样啰嗦总是动人；怎样无教育的子女，比有教育而假装的总说得凄楚感动。

雷孟见了这样对他热情的妇人，未免自己骄夸，又未免天良发现，一时间，爱情也竟凑集起来。

恋哭得已不成声，她将发上的插花抓落，许多长发同时堕下在她广大光润的肩上。若说丁夫人以痛苦的形骸见怜，此时的恋比她尤胜。雷孟对此怎不动情？遂挽她坐在身旁的长椅，并为她倒了一杯橘子汁。这样宽慰法比许多空话更有效力。恋拭眼泪后，跪在孟的脚前，极狂热亲吻他膝道：

"再爱我吧，告诉我您尚爱我，我就无病，我就得救。亲吻我如前那样热烈，我也就宽慰了为你数日的快乐而至于牺牲一生。"

恋一面说，一面用她的红色鲜明的腕围绕了孟周身并为他摩挲；她的长发盖住他的半体；那双大黑眼，死盯住他，发出一道热光，这样热血，这样东方式的销魂摄魄，任他怎样铁石心肠，也被融化了。雷孟到此，忘记一切，忘记他的决断，他的新爱，连这是什么地方也被忘却。他对恋，又不免重新狂疯起来。他又将烈酒放在给恋的杯中，二人共同大饮后，更使他格外癫狂。

朦胧中，印典娜的倩影又复发现于孟的脑中。在两个相对面的镜中将恋的影照得有千万的化身中，孟就想在这个最末了的幻相上，认出一个腰肢巧妙娇小的恋变成为依稀仿佛的印典娜。

恋也在醉中，所以不能察出孟此时的狂态不是爱她而乃在爱别人。孟将恋所借穿印典娜的腰带与彩条深深吻了，将其衣中的香味，醺醺吸了，将其胸上的遮纱，也热烈地摩挲过了，在恋以为爱她，在孟则表示乃爱印典娜的物件。当他亲吻恋的头发时，在他以为娜的发。当恋伸手去点蜡烛时，在他以为娜的手。他于恋在罗帐微笑时，见到娜的小齿嫣然。最后，在醉与爱中，将恋压倒在那个洁净的床上，孟仍然想为是与娜一同在天上逍遥。

当雷孟醒时，日光高高从窗栅射入，他尚在床中好久迷梦他所理想的人恐就是昨宵在此地相逢。因恋一早起来，已经如女佣一样将花扫去，把小点挪开；器具已照常摆好，一切已安排得齐齐整整，昨宵的"阳台"那样烂漫，已恢复为平常印典娜的净洁卧室了。

孟羞惭满面，他起床后要出去，但门已锁住，窗又高悬在平地三十尺之上，只好懊悔地藏在房中。

他于是跪下，面不敢向床，他已极惭愧将其玷污了。

"呀，印典娜！"他喊道，两手揉搓到无可奈何似的，"我侮辱你吗？肯为我宽宥吗？纵你肯，我也不肯自宽呢。拒绝我吧，温柔诚信的印典娜呵；你不知你要托付的人是怎样下等与禽兽！推我，践踏我，我，这个人已污秽你的神圣处所了！我已如用人一样与你女佣同饮你的酒！我已在别人胸前亲吻你的彩条；我已在深夜里，将你丈夫也该敬重的床帏做下了那淫荡的事情。从今后，你寝也不安，窗幔中预防我在此藏避；你梦也不净，我已将你的床布弄脏。从今后，你如小孩天真的睡态，谁来保护？我已将你床头的天使驱走而将魔鬼引进来了！我不曾连你的灵魂也卖却吗？呀！可怕！犯罪与无良的我！此耻绵绵，用尽我血特恐洗不清净了！"

雷孟一面说，一面泪簌簌堕下。

恋穿上女佣的装束来时，见孟跪地，认作在祈祷，遂静待他祝完。

雷孟举头见她来甚形怆惶，但已无勇气去埋怨，他只好问道：

"为什么关闭我？你知现已大日头，我出去恐受您连累。"

"您不必出去，"恋答得极温柔，"屋子无人，谁也不来麻烦您。园丁永不来此，这是我自己管，您为我再留一天；您已为我俘虏了。"

这样安排，雷孟更加失望，未免由此对恋多添一层讨厌，但他也无法子，只好听从，而且别有一种秘密的要求，使孟也乐于再住一天。

当恋去拿早餐时，他始终观察印典娜的一切凭证。他开其书籍，又恐侵犯妇人的秘密，遂即闭好。他起来行时，见对着丁夫人睡床前有一雕架放有一张相，相圈装潢甚美丽，用了两重绸遮好。

这恐是印典娜的像。雷孟一心在鉴赏，遂忘记了顾忌，站在一椅上，将绸上的簪拔去，忽极骇异地见出一张美少年的全身像。

（八）

"似曾与此人相识。"雷孟装得平常的样子问恋道。

"呸！先生，"那少女将食物放在桌上说，"不应该探求主妇的秘密。"

"秘密？"雷孟听此句话已变青白，不觉叫道，"恋，你是她的信任人，知道她的秘密，竟带我来此，未免罪上加罪了。""呀！这不是秘密，"恋笑道，"这是丁先生自己将鲁灰爵士的相挂在此处。难道夫人和这样善妒的丈夫能有秘密吗？"

"鲁灰君，鲁灰爵士，您说，他是谁？"

"他是夫人表兄，少时的伴侣，或也是我的益友，他真好人。"

雷孟焦急起来，视察这相片。

这是猎时的装束，表现得甚漂亮，他看后自己想道：

"究竟，这个少年英国人，果有在此最秘密的地方的优先权了！他的骄傲眼光,长时在此看到丁夫人最有趣的行为!夜间,看她睡,她发梦;晨上,看她醒,她的赤裸美脚踝;当穿衣服时,自己痴迷痴想时,当她放下窗遮,连日光也不肯放入内时,只有这个人在此眈眈!"

往后,他即开口道:

"这层绸常盖吗?"

"常常,"她答道,"当夫人不在时。"

"恋,你为何不向夫人说这相片的容貌甚讨厌?……若我为丁先生,定将这片的双眼剜去后,始许放在此。……粗心的妒丈夫!他只会猜忌而不懂事实。"

"您为何反对此好人?"恋在理床时说道,"初时我也不喜他,因为听及夫人常说他是自私自利;可是,自从那日起,他救治您那样热心。……"

"不错,"孟截断话头说,"他料理我,但我想他乃因丁夫人的请求而后如此。……"

"说及她,真是善良,我女主人,"恋道,"靠近她,谁能不变成为同她一样善良呢?"

当恋说及丁夫人时,孟听得滋滋有味。一日,这样过去。到晚,孟想应设法使这个为他不能再爱与阻碍耳目的女子远去,遂颤动地向她说明此意。

恋听此,头发飞扬,大哭之下,若非孟的阻住,她已将头撞死。孟只好花言巧语向她解释:劝她远离,不是弃绝,乃为她的生产。

"这是我的责任,"他道,"应将遗产给予这个小孩,故您如不保护他,未免罪过。"

恋到此又安静了,遂拭眼泪道:

"既如能,您能爱我,一切我均可答应。但您这样爱子,为何不兼爱其母呢?我不敢苛求,只用我为佣,服伺您母亲,如此,我虽不见爱于您,尚可长时见面,我敢包您母亲必定喜欢我。"

"这不可能,可爱的恋,您肚已大,不能再做事,且我也不肯骗我母亲。故最好就往南方去，如里昂、波铎〔1〕等地，一切费用，我均使充足。生产后，您要到我相识的友家做工也可。但要与我一起。……在一间屋同住，这是不可能的。……"

"不可能！"恋合上了手极痛苦道，"可见您鄙贱我，您见我害羞。……既然如此，不，我不别处去。我不到异乡，独自一人，受欺负，死得您不知道。我不管名誉损失！这是您的爱情，我要在此地好好保存呢。……"

"恋，如您恐被我骗，就与我一路到了您所喜住的地方，除巴黎及我母亲的地方外，我都愿同您去，为您服侍。……"

"不错，将我放下后，明天您就一去不复返了，"恋苦笑道，"不，先生，不能，我愿在此。我不愿一切均丢弃，我不愿抛弃一个在您未相识前的好人。到必要时，我就跪在丁夫人脚下，告诉她一切，她必宽恕，我知道，她是好人，又极爱我。我们差不多同时生，她是我乳姊妹。我们自来未曾相离，她不肯我他去，必定同我一起悲哭，疗治我，必定爱我小孩，这个可怜的小孩！谁料到？她无福气做母亲，安知不认我儿为她小孩！……我才是发狂去离开她呢；世界上唯有她一人怜悯我！……"

这个决定，将雷孟打击得昏天黑地。忽然间，院前来有车声，恋，甚惊惶，走到窗边。

"这是丁夫人，"她唤道，"逃！"

旁门钥匙，一时仓忙找不着，恋携孟手带到走廊。但走未一半，闻得丁夫人已迎面而来，不十步远，一家人执烛前导，光线已迫射到他们面上，恋只好带孟回到先前寝室中。

一间便所，本可藏避一下，但关闭不来，而且怕丁夫人要用。恋只好将孟藏在丁夫人睡床底处的窗幔内。希望她不即睡，可以设法使他避开。

---

〔1〕 今译为波尔多。

印典娜来得匆匆，将帽放在睡床后，即姊妹样亲吻恋颊，因烛光不明亮，所以未曾见出恋惊惶之色。

"你竟等待我？"她靠近火时道，"怎样知道我来？"不待答话，她复道：

"丁先生明天在此。得到他信，我即赶来，我有一种心事不愿在巴黎等他，待后才与你说。但你样子不如平时见我那样兴头。这为什么？"

"我极不快，"恋说时为娜脱鞋，"也待后来与您说吧，今请到客厅来。"

"神明保佑！你真好意思！那边冷得要命。"

"那边有好火。"

"你发梦！我正由那边穿过。"

"可是晚餐那边待。"

"我不用晚餐，而且也未齐备，请到门外，车内，取我头巾吧。"

"待一会儿。"

"为何不即时？去，去吧！"

这样说时，她轻狂地将恋推去。恋想一时离开也不要紧，并且借此以免启主妇之疑。当她才出时，印典娜到窗间挪开幔布，忽见一个人头影在墙上晃漾。

她惊得大叫，正要走到炉架寻铃叫救。雷孟此时不愿做了第二次盗贼，只好顶撞出来阻止摇铃。但又恐恋听及，故极微音向她道：

"是我，印典娜，认我及谅恕吧，印典娜，宽恕这个可怜人为您癫狂，想在您丈夫未来之前，再在此处见您一面。"

说时，他执娜手，半在用情动她心，半在阻止其震铃。可是恋已来打门，其势甚形焦急；印典娜脱开手走去开门，回来，跌倒在椅中。

恋此时比娜更青白，倚在门后，阻止用人进来，膝极颤动，静待死刑的宣告。

雷孟想用灵妙的手段，以为还可欺骗这两个妇人在一块。他遂向丁夫人脚前跪下道：

"我此来对您不住，夫人，我跪求您恕罪。请答应我几分钟与您个人解释。……"

"闭嘴，先生，请速离开此地，"丁夫人极骄贵的表示而叫道，"在众人之前走出去。恋，往开门，让先生出去，使家人均看见，再羞辱他一番。"

恋误为己事发觉，也在雷孟的旁边跪下，娜不出声，见此状甚惊愕。

雷孟仍想执她手，但被娜所严拒。她一时更发怒，自己站起来，指那门道：

"出去，我说，出去！出去！您的行为太坏。您惯使用这样方法吗！您，先生，如盗贼般藏我房内，这就是您入人家时的惯习了！这就是您前晚对我宣誓的纯洁的爱情！这就是您所说的愿为我保护，尊敬与牺牲性命！原来您给我的敬礼如此！您见了一个妇人忍受其丈夫的怒，为您救护；您就乘机利用，欺负她的慈善诚实，与她认识，向她宣誓真实爱她，而乃在黑夜中到她房来，急促满足您的不知何等鄙贱的欲望。您买通她的女佣，藏在房内如已得手的情人一样，您这样贿通用人，其心更不堪问。……快，先生，我说，不能多一刻在此站住！……至于您，可怜的女子，您这样侮辱主妇，请受我的驱逐。出此门吧，我命令您。……"

恋，惊骇与失望如半死一样，死怔怔看雷孟如望他能够解释这个离奇的新闻。及一会，她，狂疯似的，满身震动，爬到印典娜旁边，使力紧握她手，大叫道：

"您说什么？"她说时气得牙齿作战，"此人对您有爱情？"

"嗄！您可想而知，"丁夫人推辞恋手极鄙视道，"一个男子藏在女子房内，当然对她有情。"她见恋那样失望，复道："呀！恋，此人太无聊，我想您断不会上他当，您竟忘我平日对您的好意，将我卖掉。……"

丁夫人哭起来甚凄楚,她那样悲愤的状态,雷孟看得比平常更加美丽。可是他不敢正视,这个骄贵而理直气壮的女子迫他不能不低眉。而且恋的冤气又压住他不能开口;这个女子的愤怒与仇恨,实在不让孟再有勇气对印典娜表示其柔情。

一下打门声,用人来说鲁灰先生来见。丁夫人请他在客厅等,遂向雷孟道:

"我表兄来,避免我再与您为难。此人有道德,保护我极真挚,但我不愿他向您这样人斗生命。恋既能带您来,当能带您去。离开吧!"

"我们再见,"雷孟答得甚自然,"虽是我错,但您当懊悔这样的严厉。"

"我希望,先生,彼此再见无期。"她冷然道。

她挺直身子,倚在门槛,极骄傲地看孟及其可怜的女伴出去。

在黑暗的圈内,雷孟静待恋的埋怨,但她一语未发。及她带到出园的铁栅,孟要执她手时,她已经溜去不知何在了。孟低声叫,意在要知她此后的行踪,但绝未听及一点回音。只有园丁来向他道:

"出去吧,先生,夫人已来,恐怕她撞见。"

雷孟出门时,头上如负死刑,但他不是为恋,而乃因为得罪了丁夫人。他一路打算怎样能挽回丁夫人。这个人生性就喜难厌易;故愈有阻碍及失望的爱情,他愈想去得到。

及晚,丁夫人与鲁灰晚餐后,回到房中,恋并无如平时一样来为她卸衣。她摇起铃,也不见恋来。她想这是一时的故意抵抗,遂关起门来就睡。一夜,她睡得极恶劣。日正出,她下到花园,身已发烧,需要冷空气打退她胸中的热闷。昨日此时,她正在沉醉这个新取得的爱情。只有二十四点钟的隔离,已经变到这样地步,第一,她丈夫赶快了几日预定的归程,使她捉摸不定。这几日来,正为她一生中快乐的生活,如今又要受主人的困缚。她不愿在巴黎等他,恐怕他遇着雷孟来,欺瞒不得。其次,这个雷孟,乃为昨日她所崇拜的天神,而今竟是侮辱她的魔鬼。末了，这个少年的恋，为她爱惜的人，忽然变到不可信任如此。

丁夫人如此思思想想，一夜尽是哭。今则坐在晨露尚白的青草地上，正是那引入花园的小溪斜坡。这为三月末天气，自然正在醒觉，朝气虽冷，但极风韵醉人；坛坛黑雾睡在水面，好似衣带的一条一条缥缈。百鸟刚在试喉，叫出它们向春光求爱的娇声。

印典娜领赏此种风光后，心中积闷为之一消，忽然觉有一种宗教的观念来朝。

"这是神明要如此的，"她自想道，"神光照出我的幸福。使这个人的奸计得售，我必定堕落。今他卑贱的人格被我发现，他以后对我不能施用其技了。今后，我努力爱我丈夫，至少，我服从他而不反抗。凡可使他欢喜的，我就做去。凡可使人妒忌的，我都避免。一切说得太好听的男子，均是欺骗女子的花子，我以后都应防备。如此失却恋爱，虽极痛苦，但蒙上天怜悯，或减少我的痛苦，或使我快死更为快乐。……"

丁先生的工厂风磨站在对岸叫声。小溪藏水的堨正在放栅，水比前猛涨，一阵一阵汹汹而来。丁夫人举起愁眼与波追逐间，忽见茅苇中有衣服者被水力卷转而下。她起身视察，见是女人的服装，似又极为她所认识的。一阵惊惶吓得她呆立不动。可是水流不停，竭力从水草中滚出一个女尸，向丁夫人所站的斜坡浩荡奔到。

丁夫人一阵破胆的叫声，喊出许多工人来。她已昏倒在地上。恋的尸体在她面前的水上，半浮半沉一动一摆地而来。

# 第二章

（九）

二个月光阴就这样流去，龙宜并不觉有什么变动，只有比冬天时加上了春的花枝与墙上屋顶点缀了黄色的小茵。至于丁氏一家人甚见安逸。丁先生在阶缘执了鸟枪练习打在天飞的燕子。印典娜坐在厅的窗前做活计，时不时甚忧戚地看她丈夫做此暴虐的消遣。"阿灰狸"跳跃叫嗥，表示不应做这样无聊的打猎法。鲁灰君呢，将马放在院前，吸了雪茄，完全如平常一样，不管人们忧喜悲乐，他总用了那副硬板的面孔一例看去。

"印典娜！"团长放下枪叫起来，"放下活计吧，似乎你在计时算工那样忙。"

"尚是日头高高呢。"丁夫人答。

"不管，来窗边，我有事告诉你。"

印典娜服从，团长移身到窗旁，作了老丈夫妒忌戏谑的脸色向她道：

"既然你今日这样用工，又这样正经，我要告诉你一件喜事。"

丁夫人勉作微笑，如团长聪明些可以见出这个笑中带苦。

"你知吗？"他复道，"为要你免烦闷，明天，我请了一位你所崇拜的人来午餐。你料是谁？小滑头！你有一打的爱人，嗄！"

"老教士吗？"丁夫人问道。她的容愈戚，每当丁团长表示愈快乐的时候。

"呀！全不是。"

"或是西意[1]的县官？或是封丁[2]的典史？"

"狡猾的妇人！你明知不是这班人。来，鲁灰，告诉那个人的姓名，他已在夫人唇上，可是她偏不肯自己说出来。"

"不必这样作态，告诉她吧，"鲁灰丢了雪茄，徐徐道，"这个人究竟与她毫不相干的。"

丁夫人觉得面热，假装在厅中寻求物件，又复到窗边甚镇静道："这是哄我玩的。"她说时四肢觉颤动。

"这是极实在，那你明天十一点钟就知道。"

"为什么？这人来盗你秘密，几被人打死，而今你们竟能和好？"

"这是你给我的榜样，你不曾已在你姑家接待过他吗？"

印典娜闻此，面变白色。

"我不看重此种应酬，"她极感动道，"在你地位，我不接待此人。"

"这会子你又来假惺惺，先前你与他跳了整夜舞。"

"人哄你。"

"你姑亲说呢！但我并不反对。这也并非坏事。这全由你姑代我们介绍的。好久日子，雷孟先生设法与我亲近。他对我商务上又帮助许多。因我不是你所想的那样粗暴，又不愿白得人便宜，所以我想对他图报。"

"怎样？"

"与他成为朋友。今晨，我与鲁灰同去见他。遇着他的好母亲，又见他也是好少孩，所以我就请他明午聚餐，并告诉他我们工厂的利益，使他兄弟仿效。"

---

[1] 西意，或译为夏伊，是塞纳—马恩省的一个镇，在枫丹白露森林边上。
[2] 封丁，即为上文所说的方丁，枫丹白露镇。

当团长与鲁灰二人在争辩谁是自私自利时，印典娜回到房中，独自寻思怎样对待此意外的事件。

她此时万念攒集。今仅就对于恋自尽的一事从各方面来说及她。

恋死，当然是这个可怜人因失望而至于跳水自尽。这是一时刺激所生出来的短见。可是，当她送雷孟出园后，未曾回堡，又未曾遇一人，所以她死的秘密竟无事实去证明，

此中二个人知道最亲切的，一为园丁，但因惧罪而不敢说。一为雷孟，然名誉与懊悔迫住他更不敢开口。至外间的人，虽有时见到恋一早往雷孟家去那条路走，但终未见了他们二人在一块。所以，他们说恋死，或因偶然在夜间深雾失足落水之所致。鲁灰最料得对，但他不愿使雷孟太痛苦，又恐提起来增加丁夫人的悲伤，所以她与丁先生，永未在丁夫人面前说及此事。

丁夫人自己只料及一部分真理。她想那夜对恋的不情，使她受不起而至于轻生。自这事后，她受打击更大，身体更坏，面色更憔悴，不愿调治，只自暗祝快些死亡。当她听起雷孟要来，独自在房中喊道：

"不幸！不幸的我，竟遇这个灾殃的人！他来此，不是使人失望，便使人死亡。神明呵！你竟使这个人来主宰我，使他这样有把握说：'此妇已属我了，任我扰乱她的理性与侵害她的生命。她如反抗吗？我就使她死亡，懊悔，悲愁，恐慌。'神呵，你为何对我这样磨折。"

她这样痛哭起来。因她想起雷孟，又联及想起恋，她更加悲痛道：

"可怜的恋，我的小伴侣，我的乡人，我的独一的爱友！他是你的凶手。可怜的小娃！他使你苦命又使我悲惨。你，恋，唯你真爱我。你的天生成的温柔解慰我多少愁闷与痛苦。不幸的我竟与你相失！费了多少心力从远方带你来，竟受此人欺骗。我太严厉对你，恋！严厉到变成凶暴，致你失望，使你死！苦命的妇人！你何不稍待几分钟，俟我怒消后，你来在我面前痛哭，向我解释道：'我错，但我知道我实在爱你敬你呢。'如此，我当即抱你一同痛哭，你终于不

致死。今竟死了！死得这样少年，这样美丽，这样活泼，死在十九岁，又死得这样惨！"

既哭其女佣的悲惨，印典娜又复哭念那三日的幸福。这是她一生中最快乐的三日，可算是她独有地尝了人生意外的日子。她在此三日爱雷孟的热烈程度，连雷孟自己也不知道那样高。因其爱他太亲切，所以怨怼他的轻狂更利害。在她这样人的第一次爱情确是纯洁与细腻的。

可是印典娜那回对雷孟，不过出于一时的害羞与骄矜，并非真心恨他。若使那时，雷孟有机会定能挽回她的心。不幸孟在恋前，不能展其口才，而使娜抱恨到今日。

（十）

至于雷孟此时要得丁夫人的情爱，不是为自己爱情，也不是为向他人的骄夸，独一原因乃因得她愈不可能，而愈使他进行得有兴奋与趣味。他生来就是喜欢搅事与刺激。又是喜欢社会的法律与制裁，为的就在有竞争与冒险的乐趣。普通机会为他所唾弃，乃因得到太容易，而其快乐也不热烈。

他于恋的自尽，初时也极感动与懊悔，曾持起手枪想向脑打碎。但他想及其母亲靠他为命，视他如宝贝，因为要想做孝子，所以就变为无情、薄幸及懦夫了。

雷孟虽这样轻佻，但仍是社会上高等的分子。他的言谈文笔，均极来得。在巴黎社会混熟了，他想做官为社会上最高等的事业，所以对于政治学说上，长时看见他的发表。他想为社会高等人物，不必在德行实践上见长；只要文笔说得来，言论骗得去就好了。雷孟对此道上已经揣摩有得，自以为前途官运亨通；他看了爱情不过是人生点缀品，政治作用才是大范围。又可以说，他看爱情也不过是在社会上的一种活动，政治的一种作用，思想的一种试验而已。

自与丁夫人决裂之后，他以为要挽回她的欢心，应该从其丈夫入手以为制伏之地。这个思想不算新奇，可是极打得准。凡忌毒的丈夫，尤愈易使用此计。

他只用了十五日手段，居然买通其丈夫，竟在龙宜路上走去赴宴。我们在此不必说他用什么巧计，只要说出丁团长什么人格就得了。

你知在乡下所谓"正经人"是哪样？这是不要践踏人田园，不拖欠人分文，当人行礼时不要忘记脱帽，不要在大路上强奸少女，不要在人家草堆放火，不要在暗路打劫。总之，能敬重他人的生命与钱袋，别的都不算重要。他可以打妻，苛虐用人，摧残子女，这些与他人都不相干。社会只罚于社会有妨害者；至于私人的事情，不是他管得着。

这就是丁团长为己及待人的道德，他的社会大纲是"各自为己"。他无教育，无天资，无精细的官能，不晓得幼腻巧妙的情绪与领略妇人的心理；但他在乡下更比别人得了好名誉。他的肩膀宽大，手腕有力，打得好剑术。他疑心最大，又喜妒忌，不够聪明辨别他人对他是玩笑是恶意，常常疑人讥刺，口才不能对付，只会威吓使人闭口。他最喜弄的是他的手棍，常在他手中舞转。因此，他竟被乡下人称为"英雄"。因为军界的英雄，全靠有大肩膀，多胡子，动不动就发咒宣誓，为一点小事就要挥拳动武的。

我们当然不敢说，凡是军界出身的便是这样人格。但须知要具有极好的天性，始能不为军中残暴及盲从的毒菌所传染。如你当过军人，始能知道为什么一入此间，人性全失，几乎变成兽类去了。他们平时则过那无聊的生活，临阵时则如豺狼般吼叫。但退伍后，在和平的社会，他们仍然一样的咆吼，一样保存军中机械的习惯，残酷的生活。他们开口就说捍御仇敌，保护国家。可是全不知道他们也是闹到国破家散的罪人呢。

丁团长便是传染了军界毒菌的一人。他有时天真到似小孩子，但极自私自利。他的良心便是法律。他的行为，便是格式。他不向人借求，也不给人便利。他宁可饿死不愿偷王家一片树皮；但别人如盗他一枝草，他就要将其打死。他只求自己有益，但也不肯妨害他人。世事一概不管，恐怕费神伤财。可是，他极重然诺，一经答应之后，则如中古骑士一样的热诚去实践。信任时如小孩子的输心，怀疑时则如魔王的恶毒。相信别人的假誓；而鄙视亲友的推诚。一切均如军队一样重视形式与舆论而忽略了精神与理性。当其一事决定时，他极固执应如此做，别人无论如何是一点不能动摇的。

这个完全与丁夫人的性格相反，心情又不相容，思想更不相合。她只勉强服从，但心中则以此人为残虐。实则丁团长粗鄙不堪，但尚不至于苛暴。他天性还好，一种怜悯与感动的本能时时发现。这是军队造成他这样严厉武断的。若使一个妇人有手段，不如印典娜的温和，当然能驾驭他如驯服狮子。可是娜已极厌世，自然不肯用工夫将她丈夫好好地训练了。

（十一）

在院中下车时，雷孟回想前事，不觉难以为情。他心旌摇摇几乎不能自持，悔恨与羞愧阻止他眼前的欲望发生。他固想镇定，但良心已在心内起咆吼。

第一个接待他的是鲁灰。第二个是团长。彼此谈到午餐时候。终未见印典娜出来。

"实在，丁夫人不下来吗？"丁团长对管家者埋怨问道。

"夫人不好睡觉，娘姨说她已躺下。"管家答道。

"可是我才见她在窗下。娘姨说得不实在。往告夫人说午餐已备。……或，鲁灰君，去吧，看看她是否有病？"

鲁灰去后，一下子回来，说她实在不舒服。雷孟自己当然明白丁夫人托故不肯见他的意思。当他们食后，一同到工厂视察。彼此谈到溪塭的蓄水量时，一个工人在旁听到团长说塭水最高时可到十五尺，遂插口道：

"今年已达到十七尺。"

"何时？你错吧！"团长问道。

"未错，先生，当你从比国[1]回来那一天前；最易记是那夜恋姑娘的失足，她的尸浮出那堤外到那边先生站的地方。"

他说时，手指着雷孟所站的地方。可怜这个少年，即时面变白如死人。他留神看他脚下的水势，似是尸首尚在漂流，不觉眼一昏，若非鲁灰撑住，也已跌落水中去了。

团长与工人正在谈话，自然未注意到雷孟此时的样子。及一转眼，他问二人为何这样。鲁灰佯说是脚踏在雷孟的足盘，彼此敷衍一下，而谈及别事。

雷孟在此几点钟，虽未晤见丁夫人，但对丁先生拍得了好马屁。当分离时，团长自己想道：

"这个人断不至对我妻有苟且。……"

他又回想幸而得交这个"有兴趣的小孩"。

雷孟从龙宜回去，即向其母夸奖丁夫人的风韵与好心灵，意思虽未说破，但暗示她去会晤。

"应该，"她道，"邻右人，唯她尚未会过。因我新来，照例我应先去。我们于下星期一同去吧。"

此日已到。

"她此遭不能避我了。"雷孟心中想。

究竟，丁夫人见到来者是这样老媪，又是第一次会见，于理于情均不能不接待。她尚迎到阶下去呢。及见雷孟偕来，明知是他欺哄其母为傀儡，她于不悦中仍然保存其骄贵与安静的态度。对待老

---

[1] 指比利时。

媪则极恭敬与温柔，但对雷孟则极冷淡。孟也知机应变，借口去看丁先生而出。

谈论之间，印典娜见得此媪甚具风韵与性灵，其人格又极高等与慷爽。同气相求，慈良的印典娜早已被其催眠去了。娜自少失母，虽有姑母，但非其类。今见此媪，娜几要认为其母了。

当孟回时，见印典娜与其母上车时，深深吻其手道别。可怜的娜，需要一个爱情来安慰。凡能安慰她者，即时就受她热烈的报答。她又望此媪能阻其子不至对她有过分的举动。

"我将挽住这好媪之臂，"她自己这样想，"如必要时，我告诉她一切。求她阻其子勿向我癫狂。她的智慧可救我又可救他。"

至于雷孟方面完全不这样想。他一路上，自在心中计算道：

"我的好母亲，她的风韵与慈善，自能这样奏效。她已给我教育，又在社会上代为吹嘘得了好名声。若她能再把印典娜的心交给我，我的幸福又为满足了。"

你看，雷孟爱母亲，因为要仰仗她的帮助与利益，凡小孩爱母亲的类是如此。

几日后，雷孟得到鲁灰请往自己田地名"壁里"者打猎。雷孟本不喜猎与鲁灰，但一想及丁夫人也必到，遂欣然应命。

鲁灰看印典娜瘦损到这样，自然不想她加入猎队。可是丁团长的脾气，凡遇印典娜喜欢的，他偏不肯答应，及她不愿为时，他又偏要。因此事，他对她说：

"你不要使全方人疑我将你锁在房内吧。你总看我是一个妒忌的老丈夫，这个怪丑的丑脸，我决定不肯长扮演的。你不去怎样对待你表兄的情意。我们工厂自成立到兴盛，全靠他一人力量，今他为打猎一点小事，家无主妇，你竟一点不肯帮忙。凡我不喜欢的人，因你要，我就全拿到你面前。只是我喜欢的事，你总一点不同意。而且你对待鲁灰也太对不住。"

"这埋怨未免落空，"丁夫人答道，"我爱表兄如兄弟一样，这个爱情已快老了,当你与我尚未起头呢。[1]为这点小事,去不去,他总不会误会我。"

"不错,不错,话说得好听。我知你不喜欢鲁灰,因为你说他自私自利,因为他不肯看小说与狗死不肯哭。不要说他,即雷孟,这个可爱的小孩,先前你在姑母家与他跳了一夜舞,与他怎样相好;但到我喜欢时,请他来,你竟去睡了。你看我总是一个腐朽的人吗?我希望那些老历史快念完了,你也如别个妇人一样好好做人。"

若论雷孟对待丁夫人,尚不想如丁先生那样急切。他想有意无意间最易使妇人上当。当猎已开始而丁夫人尚未到时,雷孟已安排了极好的计策。

他想此回有三日的时候。那么第一日在使她感动,第二日使她相信,第三日当然鱼水得和谐了。他一面想,一面抽出表来校准时刻呢。

(十二)

已经是二点钟,在客厅上,雷孟才听见丁夫人娇滴与半吞吐的声音。他此时预备怎样在接待她的样子,好似戏台上的演员,装做到那副神气使人看不出是真还假。

看及她的样子又更不如前了!忧愁与病魔已改变了她的笑颜,使她不成为美人的可羡而成为病人的可叹了。这一见使雷孟不觉也为之凄怆。

他又转念,他的计策定可获售,因为在这样衰弱的身子,安能有坚毅的心灵呢。

---

[1] 这句话的意思是:我爱表兄就像我的亲哥哥一样,我俩的感情在你我尚未认识之前就已经开始好久了。

他又想到，第一当使她喜欢听其话。这个应从她自己的利益说起，使她感动，然后缓缓引入第二层。他于是装出极镇定与凄惨的样子向她道：

"印典娜！我竟能在此见到您？许多凄惨的时候迅速过去，可恨我终不能为您宽慰一点。"

丁夫人想不到听及这样话。她以为雷孟必先自怨责忏悔，又请她赦罪宽谅等话头。而今他竟为她宽慰。那么她实在病得可怜了，不然，为何这个应受她宽恕的人竟为她宽恕起来呢。

一个法国生的女子，自能对付有方。可惜印典娜不会取巧，只会说实话。她闻及雷孟说后，觉得自己实在憔悴了，不觉泪已满眦道：

"我实在病到此地，"说时甚形怏怏坐在雷孟所献给的椅上，"我觉得真烦闷，今在您前，先生，我实在怨您呢。"

雷孟不想这样容易打动。他遂因利乘便，执了她的干冷的手道：

"印典娜，不要说此吧，不要说我是使您痛苦的人，您也使我够痛苦与快悦了。"

"快说！"她睁开了那双大且蓝色的忧愁与骇异的眼睛看他道，"有何快说？快说！"

"我应改说为希望呢。如我是致您苦痛的人，我极希望为您消解。"他说时就跪在丁夫人脚下，复道，"您要我的血，我的生命吗？我全为您……"

"呀！闭口！"印典娜拖回其手极表狠狠的样子说，"您太靠不住。先补偿您的过失，再来说话。"

"我愿补偿，我必做到。"他说时又想执印典娜的手。

"这不是时候了！"她道，"赔偿我的友伴，我的姊妹，我的恋，我的独一的女友！"

一种死人的冷气即时浸入雷孟的血脉。此回，不是假装，他确已面色变白而全身颤动起来了。他自己想：

"她已全知了，要来审判我了。"

这个从洁净的印典娜口中的埋怨与眼中的热泪，比恋自己说自己哭的，使雷孟更难于忍受。

"实在，先生，"娜将眼泪抬开道，"这是您的原因……"

正说到此，她已看到孟的青白脸，无限柔情已不觉油然而生。

"赦罪，对不住，"她说得甚惊惶，"我使您苦了，我心实在不安。请坐吧，我们谈别事。"

这个意外的温柔与安慰，雷孟为之感动至于呜咽，他同时将娜手拿到唇去亲吻时已经将泪湿透她手了。这是第一次，自恋死后，孟为印典娜之故而始哭泣，将心灵的伤痕初始破裂出来给人看。

"呀！您已哭了，"她道，"您竟为这个素不相识的死者哭泣，那么，我当宽恕您先前对我不起的地方了。我与您一同为她哭吗？先生，使她在天之灵宽恕我辈。"

一道冷汗又复发泄在雷孟的额上，当他听及"您竟为这个素不相识的死者"这句话，为他卸了极烦虑的重担。但当娜说及恋在天之灵时，他又起始惊怕起来，遂无精打采地到那窗间吸气。印典娜静静地观察他，甚为感动，她见雷孟哭得如小孩，摧残得如女子，暗中已极满足，遂这样想道：

"他实在好人！他爱我，又极热烈与多情。他固然有错，但已经认过了，我应该早些为他宽宥。"

她甚温柔对他看，到此，她已全心给予了。她误把这个罪人的懊悔为爱人的认过。

"不要哭了，"她起来行近他旁道，"这是我杀她，是我一人的罪过。这个使我终身抱恨。因一时的怒气，我对她太摧残。我将应反对您的，反移去惩罚她。我对她实在太凶。……"

"对我呢？"雷孟忽转问。他此时已将往事放下了，一心只在兜取眼前的便宜。

印典娜被问，不免脸红起来，一会儿，她道：

"我固然不埋怨您是使我迫恋死的罪人，但我不能忘您对我的鲁莽。只要一点不规矩，我就容不下。……我想您已爱我了，谁知您对我那样不尊敬。……"

雷孟到此，所有勇气、毅力、爱情与希望一齐均恢复起来。他遂极兴奋道：

"不错，这是一种罪过，但您如爱我，这又算什么罪过。说，印典娜，您爱我吗？"

"您配吗？"她答。

"配！我竭力爱您如神明一样。……"

"听，"印典娜将被孟所执的手缩回时说道，同时用了那双热湿而放暗光的眼睛死向他盯住，"听吧。你知道怎样爱一个妇人如我吗？不，您尚未知道。您所想的不过为一日的快乐吧。您以为我也如落花流水专为一时玩意儿吗？您不知道？我心尚未爱过人，断不愿将我处女与整个的心情去交换一个已经堕落衰败的心情；断不肯将我热烈的爱去交换冷淡的爱，将我全个生命去交换一时的光阴呢！"

"夫人，"雷孟道，"我爱您如发狂。我爱您的心情已极丰富与热烈。如这个尚不配，恐怕世界无一人能上您选了。我知道怎样爱您，已经好久呢。我不知您身世吗？您在跳舞时不曾告诉我吗？您那第一次向我迫射的眼睛，不曾全告我您的整个心情吗？我爱您什么？单为美色吗？呀！不错，您的美色已够使人发狂了。但我在您美色中，在您娇娜与温柔中尚找得了一个纯洁与天仙似的心灵。这是天上的神焰在您身内焚烧，我见您不但是世上最美的妇人，而且是上天中最高等的天使。"

"我知您会颂扬，"她道，"但我不喜欢这个，而喜欢有情感。要爱我，当专诚，全个心，无取偿与不畏怯。应该牺牲一切：财产、名誉、责任、事务、主义、家庭，以及一切，先生，因为我也愿将所有的一切报他。您看，您不能这样爱我的。"

这也不是雷孟第一次遇了这样多情与多要求的妇人。他想无妨一切佯为允许她。因为他知道为爱情而答应后不履行，社会上素不苛求的。况且,长时是女子方面先行破约呢。故他对娜这回的要求,也不认为苛刻;又在这样美妇人的面前,也不能容他不肯答应。他于是跪下道:

"我敢发誓,愿把身体与灵魂一齐交你,全生命为你服务,血液与志愿均给你使用,拿我所有的为你驱策,我的财产、名誉、良心、思想,以及一切的生命均是你的。"

"闭口,"印典娜甚兴奋说,"我的表兄已到。"

鲁灰进来时,总是保存他平常镇静的态度。他骇异其表妹来,并感谢她的盛意后,向准她一个深深的亲吻以表示他的知情。

雷孟看他亲娜的嘴时,又妒又羡。当鲁灰去后,他也要向印典娜照样做,但被她所拒绝。她向孟道:

"您对我尚须用多大工夫补偿您先前的过失后,我才能相信您。"

到晚,在客厅聚会中,雷孟大肆其舌锋,引得众人倾耳而听。印典娜心内也曾怀疑此人这样多机变,大词令,恐怕不能对她有实在的爱情的。故当他照客气的习惯擎臂引她出客厅门,又向她说几句爱情的妙语时,致她极忧思答道:

"你的心灵太多呢!"

雷孟明白这个抱怨的意思。故当明日众人出猎,他独自一人跪于夫人前,此时不敢多说话,而唯择其可以使她相信者随时撩动其心坎而已。然在娜看来,虽觉一半可以相信,但已觉得一半是太过于繁文粉饰了。

你们生在法国的妇人呵,不知外边回来的法侨,怎样易受人欺骗。这当然不是你们肯这样容易信任人与上当呢!

(十三)

当鲁灰从猎时回来时,照常为印典娜按脉,按脉后,又看看雷孟。雷孟见他的眼神甚惊愕又甚喜乐似的。从此对他们二人的举动，鲁灰乃极为注意。

忽然间，雷孟从丁夫人的椅背后听及鲁灰低声道：

"这于你有益，表妹，明天去骑马。"

"你知我此时无马。"她答。

"我们为你寻一只，并跟随我们打猎吧。"

丁夫人言词中有意规避。雷孟知她愿留此与他密谈，但恐因此推辞，更易起了鲁灰的疑心。所以他来搀入道：

"如你愿打猎，这必然提起我勇气，夫人，我固不大喜猎，但极愿为你马前卒，学学一点驰骋呢。"

"如此，我去。"印典娜极癫狂说道。

她说时，向雷孟示意，虽眼角丢得极短促，但已不能逃却鲁灰的监察。故全晚间，雷孟若一视及丁夫人，总不免同时又遇及了鲁灰的眼线；凡与她说话时，同时又碰到鲁灰的耳朵。他实在忍不住这个人的监视，故极想找得一个机会向他出气一下。可是鲁灰待他极尽主人礼，骄贵与严重使他无一点得到漏隙的机会。

明晨一早，鲁灰不摇铃而已入雷孟的室。雷孟以为他来侵衅。殊知是来与雷孟买马。因为他知雷孟放在他马房那只马有意卖出的。在五分钟间价钱已说好，鲁灰从袋内拿金钱在炉架上一个一个算过，其状极为古怪。及后他将出门时向雷孟道：

"这只马从今日起，我就要用的。"

雷孟以为他买他马去，故意在妨碍其出猎，遂极冷淡向鲁灰说他无马不能步行出猎之歉意。

"先生，"鲁灰稍形和爱之色向他道，"我太知主人礼，总不会使来客无马骑呢。"

下到走廊，雷孟见丁夫人已穿起骑马的装束，正在将精细的手巾给"阿灰狸"咬，她与爱狗已玩耍得不可开交了。他见她颜色已有一点红晕，眼中也恢复已经失去的一些光彩。她又要复返为美人了。一绺一绺的黑发从小帽下缘垂出,更显得面貌娇羞。其长袍从上到下一列长长的细纽扣,又表现得出她的精致与婀娜的身材。生在热地的法侨,依我看,全在其娇小玲珑,故常能保存其幼稚的气质。今观印典娜的笑中带媚恰似只有十四岁的少女呢。

雷孟见她这样改变,心中已料到他的计策已成功了,遂极诚实地为她赞扬一番。

"您以我的健康为虑,"她低声向他道,"您不见我现在已有生人气吗?"

说时,鲁灰牵马来。

"怎样,"丁夫人见到所牵的是昨日雷孟所试骑的马,不免骇异问道,"雷孟先生竟这样客气吗?"

"您昨日不曾羡这马美丽与温柔吗?"鲁灰道,"从此时起,它已属您了,我恨不能早些这样做。"

"不必这样造作,表兄,"丁夫人道,"究竟我应谢谁?"

"应谢表兄。"雷孟代答道。

"真的吗?好人鲁灰。"丁夫人一面说,一面抚摩其马如小孩初得装扮时一样快乐。

"这不是说好吗?我将此马交换您为我做了许多家具上的装饰。"

印典娜即刻跳到鲁灰的颈上亲了一个热吻,随后,彼此二人在院前试骑。

雷孟见此亲热的样子,心中甚见妒恨。忽听印典娜叫他到马旁。

"我真乐,"她道,"似乎鲁灰明白我们的心理。您,雷孟,不见您的马已变为我的吗?呀!这不是好兆头吗?这马叫什么名?我要照您所叫的保存呢。"

"有人快乐,"雷孟答道,"但不是我,乃是您表兄,他给您马又受了您的亲吻。"

"真是您,"她道,"妒忌这样友谊式的亲吻吗?"

"妒忌,不错,印典娜!我真不能忍受,当我见到这个紫铜色的少年将他的唇紧黏在您唇时,又当他扶起您臂上马时,我真受苦。不,夫人,我见此马被他特意为您买,真不高兴。他故意这样侮辱我,我也没法子报复。"

"呀!呸,不要这样无聊。我们家人里的亲热,怎样使您眼馋。我对您,已别具一种亲热的方法了。我实在看不起您这样阴沉沉的。雷孟,您必是具了一种自私自利的见解来反对我表兄。您愿意我在公众中冷淡而暗静中对他亲热吗?"

"赦罪,赦罪!印典娜,我知错了。我实在配不上您这样天使似的温柔与慈善。但我实在承受不起这个人似乎来侵夺我应得的权利。"

"侵夺!他?雷孟,您不知我们怎样的关系?您不知他的母亲便是我母姊妹行?我们一地生,同处长,他为我少时的保护人。他无一处不紧跟我,弃了他的故乡跟我到此地来。世上只有他一人爱我,留心我性命。"

"这更糟了,凡您所说的,证明这英国人实在爱您了。但您知我怎样爱您吗?我!"

"呀!不要比较。若您们爱我的同一样情,当然我喜欢旧的。但不要害怕,雷孟,我终不要您爱我如他那样。"

"他怎样爱您呢,解释我听,谁能透入这个石人的心肠呢。"

"我怎样能描写此人的好处呢,"她微笑道,"我太爱他了,恐说出来未免偏私,还是请您代说吧。"

"他的脸孔(恕我唐突贵亲戚了)表示一团傻气,语言无味,一副严重的神气,三分像人七分像鬼。"

"您说得太过分了。他生性尚好,天资也高,只欠缺点高等教育。自少,他被父母所不欢,而偏爱他的哥哥,以致养成了这样惨淡的样子,实则心里极是好人呢。他在少年时因为不见爱于家庭曾想去跳海,忽见我与保姆到海岸玩,那时我才五岁,听说极活泼可爱,他见我后就不想死了。以后,他说愿生存在世为我服务,一直到今,我们就永远未曾离开。这个小孩故事,或者使您厌闻,还是我们一同纵马去打猎吧。"

"您已忘情了。……"雷孟说时,拉着她的马缰不让走。

"那么,您愿我再续呢。他的哥哥不久死了,他的母亲又因此忧闷死了。他的父亲实在无以安慰。但鲁灰因自少被迫成为惊怯,对于父亲的忧愁不敢开口劝慰,而由此愈使其父亲恨恶他为薄情的人。故他于哥哥死后,更加惨苦。"

"我真不能为他表同情,虽您说他怎样好,"雷孟截断她的话头道,"但我最不解的为什么他不娶您?"

"我告诉您这个道理吧,"她答道,"当我及笄之年,鲁灰已经结婚,因他大我十岁,在这样热地,十岁相差是不能彼此结婚的。人是极容易老的了。"

"鲁灰君是鳏夫吗?我怎样永不听及他的妻。"

"不要向他说及此事吧。她极年少,又富又美丽,但爱其哥哥,因为家庭关系,强迫了嫁给鲁灰后[1],她对他实在不好,故鲁灰娶妻后,比前又更加惨苦。他们夫妻曾回到英国去。及他妻死后,他再来东非洲时,我已嫁人了。及我来此,他跟来,因为现在,我是他在世上独一的安慰人呢。他到我家中,向我丈夫说得真特别。他道:'先生,我爱您妻,她是我养大的。我看她如我小妹子,如我的小女孩。她是我独一亲戚中为我所怜惜的,请让我住您家,我们三人生活一气。外人都说您极妒,又说你极爱惜名誉与忠直。我今敢对您发誓:永不对您妻用爱情,您不用怀疑,只望对我如您妻的亲兄弟一样,这可以吗?先生?'丁先生习惯了军人简直的生活,听此话也相信。但他又须试验了几个月,然后放心。到今日他心已安静与鲁灰的同一样了。"

"您真信,印典娜,鲁灰君不会背约吗?"

"相信的,他已老了。"

---

[1] 鲁灰娶的是他哥哥的恋人。

"二十九岁？"

"不要取笑，他面虽少年，但心已经老朽了，他不想再爱人以讨忧愁。"

"对您也不？"

"对我也不。他对我不过是寻常的友谊。先前他任保护及教育我时，甚见热烈，我此时爱他也如他现在爱我一样，因为我需要他的帮助，与今日他需要我解闷似的。他今日对我不管我怎样忧愁痛苦，只求我不死就好。丁先生也爱他。他不敢与丁先生作对，为我抱不平，恐怕扰乱他的安宁。他心已经枯槁了，而今因静居之故，竟成为灰烬了。他怕为别人的热情所搅动，所以离开世人远远的，他的生命已成死水了，一味只求了安静平定的生活，一切非干己事均不愿管。总说一句，鲁灰是自私自利的。"

"这样，更好，"雷孟道，"我不怕他了。如您愿意，我也可爱他。"

"应该的，爱他吧，雷孟，他当感激的。我总想：我们不必管人'为什么'爱我们，只管其能'怎样'爱我们就好了。有幸福的人才被见爱，不管人怎样爱法。"

"您所说的，"雷孟此时握着她的小腰道，"乃因您的悲观为立点。但我对您，要您知道'为什么'及'怎样'一气爱您，尤其是'为什么'来爱您。"

"为我的幸福，不是吗？"她答时眼表现得极忧愁与热情。

"为把我的生命给您呢！"孟已将唇靠在她的垂发上。

此时喇叭声吹叫他们就班。鲁灰装作似看见看不见的样子打马掠他们面前而过。

（十四）

正当纵马打猎时，雷孟极惊异地看到印典娜的眼睛及颊上发出了兴奋的光彩，鼻孔翕动表示又惊又爱的神情，忽然离开他，去跟随鲁灰；他到此始知她与鲁灰对于打猎有同样的嗜好。他总不明白这样衰弱的女子竟有这样的男子气概。他实不知道女子不过身体柔软罢了，心神上因其受了摧残与痛苦，比男子更喜欢冒险呢。娜的娇娜精致与任苦确与这个打猎的矫捷、计谋和忍耐的情操甚相宜，又与解除幽闷的生活更相合；她的兴奋与乐趣乃是一年来所藏蓄的力量全拿出来使用的表示呢。

故雷孟不免纳罕，在见印典娜的那样驰骋奔逸，那样拨开树枝，跳越深沟，那样勇猛从坑陷软地中去追逐野猪。这样神情，使孟心中甚惊。他总喜女子柔弱始能听他驱策，今见娜的勇气，觉得与恋的愿沉水不愿生存之为人不相同了。他自思道：

"在她这样温柔与风趣之下而又有这样的勇气与毅力，她对爱情的求得也当如对此野猪的猎取同一样聚精会神。这样人，社会对她是无法阻止，法律与威权均失其效力，只好我的运命如此完了，将我的前途在她的面前牺牲。"

雷孟正在这样左思右想时，忽闻凄惨动人的声音从丁夫人那边传来，他拍马循声而去，鲁灰也来问他是否听到此种音息。

二人正在前走，已有猎夫前来报丁夫人被野猪撞倒，请他们速速去救护。最后一人来说：

"已无用了！无希望了，您们来得太迟了。"

在此惨淡的消息之下，雷孟的眼光遇到鲁灰青白如死人的面色，不叫喊，不吐沫，不颤动，只见他抽出猎刀向其咽喉刺去，极勇猛地毫无恐惧，似要一刀就割断一样；忽被雷孟所阻住，将刀拿开，抱他如飞的到叫喊的地方来。

鲁灰好似梦醒一样，见到丁夫人挨近而来，地下已倒了一个气无息的丁团长。不多时，见到他尚未死，只折断了一腿，人遂扛其到鲁灰的房子去。

在这样混乱中，或者人误报为丁夫人，或者他们二人心中常有此名字以至于误听,但此遭儿,愈使雷孟见到鲁灰爱他表妹的真挚。因为嫉妒,所以他永未向丁夫人谈到鲁灰愿自尽这桩事。

丁团长一连六个月不能行走。丁夫人尽心服侍,虽受病人种种的脾气也未曾抱怨。雷孟当然是日日来问病,底里为的是再与丁夫人表情。

在这样烦闷中,印典娜身体日加康健,幸福已深深印在她心头。[1]雷孟爱她,她又真爱雷孟。他每日来,不辞劳苦,不怕丁团长的脾气,不嫌鲁灰的冷淡。在她呢,只要见他一面,已够终日快乐,已够遮掩终身的痛苦了。她的心灵已满足,少年的热情已完全恢复了,这点希望的勇气就是她最好的补养品。

逐渐地团长也爱上雷孟,他以为其日日来视病乃出其中心[2]的敬意。雷孟母亲也常来,印典娜爱此媪尤为备至。

不觉中,雷孟与鲁灰也形成了亲密的关系。他们相呼时总说为:"我的爱友。"晚间,早晨,总是握手道安。

外貌虽如此客气,实则,他们二人完全不相爱。彼此意见差得太远。又因同爱丁夫人之故,更使他们合不来。他们喜欢互相攻击,礼貌仍然存在,但其中含了不少的仇恨。

尤其是晚间谈及政治时,雷孟拥护现有的制度,鲁灰则竭力反对。这也是他们生活反射的影子。鲁灰的人生是悲惨的,所以梦想一切重新改造而倾向于共和。雷孟自少就得到顺遂,所以乐于保守而倾向于君王。丁团长初则以鲁灰为然,但终不能避却雷孟伶俐的口舌所诱惑而变成为他一边的人,鲁灰的笨拙,归根总是完全失败的。他们三人如此自朝到暮到夜间关在一处辩论政治刺刺不曾休停。

―――――――――

[1] 这句话准确意思是:不管这样的生活有多烦闷,印典娜的身体却日加康健,因为幸福已深深印在了她的心头。

[2] 中心,即心中。

（十五）

虽则家里男人们这样嘈闹，丁夫人则静静中享受了无穷的幸福。这是她一生中第一次遇见一个人爱了她。当雷孟向她说他永未爱一人比爱她这样诚实，实在不虚假的，他一生中实在未曾爱过纯洁与长久。他又极骇异见到了这女子的心情与性格完全不相同；性格那样刚强，竟有了那样温柔的心情。初时，他不过希望能满足其偷香窃玉的心事就算了；但后被印典娜逐渐提高其心情。他见娜对其丈夫及鲁灰的监视那样忍受的神气，也为之学起对她忍受的态度。她在暗中的丢眼与其微笑，使他觉得此中表情的领受比肉体的快乐为尤高。因为雷孟也有精细的感觉与受过高等教育的。

在这个纯洁而多情的妇人，心中并无邪念，只望能够彼此热烈干净地爱下去就好了。故当她独自和雷孟时，颊上更不形出那样娇羞，眼睛更不是那样回避。不，她，秋水似的又镇静的眼神，对孟只有充分的鉴赏。天仙似的微笑，永未离开她唇边，她的天真烂漫，有如十岁女小孩，初出母亲手中尚未知世事，看她情人在膝下跪求，直不想有不可言的隐衷。这样形状，雷孟对之，自己就不敢以常人自居，恐怕失却了她的爱宠。故为自利起见，雷孟也不得不努力如她一样的纯洁。

印典娜生于非洲，自少受鲁灰的教育，所得极见浅薄，故对他们三人政治上的辩论有许多不懂。她当然与鲁灰同意，但听及雷孟的攻击又觉得他有理。时不时，她借问了一些小孩子样的问题，雷孟喜得为之解释，以为由此可以输进他的思想与主张。可是她见雷孟的胜利中总是如律师的以口舌取胜并非能以真理屈服人。还是鲁灰的主张为对，虽然是被人所打败。

当然此时最可怜的是鲁灰。他见团长、丁夫人与自己均被这个狡猾的外头人所争服，他心中着实恨他。若他愿意，他出一言就足够驱逐雷孟于门外，但他不肯。因为他也有一种信仰，这不是教堂、君主、社会，也不是名誉、法律，这是给他勇气与牺牲精神的良心。

他独居太久了，以致不能深知别人，但极深知自己。别人事，他想既不能去管，故最好就不管他。这样习惯于内生活，由外面去他是自私自利的，实则他不过是自尊自敬。

恰如有些人一样，因为要做得太好，卒之竟做得不好。鲁灰太过于矜持，不肯将恋致死的因由早早告知丁夫人，以致陷害她不浅。及他想告诉，已经太迟了。

一件意外的事来致定丁夫人的命运。丁先生因在比国的商业破产，不能不去亲自料理，留下了丁夫人一人在家。雷孟以为有机会可乘。但鲁灰管得比团长自己更严。他朝来暮去，常常晚间跟雷孟出了丁夫人之门，然后各归其临近的家中。雷孟受不起这样拘束，又听及丁团长不久回来，竟耐不得起来，遂于一早晨从丁夫人手中暗处上了下头的信札。

> 印典娜！您真不爱我如我爱您一样吗？我的天使！我的痛苦，您终不能谅解。我为您前途忧愁，但不是为我。无论到何处，我总愿跟您同生死，然而我耽念您的贫穷，可怜的娇娃，衰弱如您，怎能受饥寒的困迫！您有富豪的表兄，您丈夫或者愿受他的救济。鲁灰如此能与您献殷勤，但是我一点不能为力，如何如何。
>
> 您想吧，好好想吧，我的爱友！怎样使我不痛苦？您是豪放人，嬉笑自若，不愿我有忧闷。呀！我真需要您的温柔的眼睛与言辞来安慰，但不幸种种限制，阻碍我的积悃一点也不能向您表出。
>
> 今求您一句话，印典娜，准我得在您脚前跪哭一点钟倾泻我的痛苦，只要得您一句话，我就得了勇气与安慰。
>
> 又，印典娜，我有点小孩脾气，情人脾气吧，我要到您的房内去。呀！不要惊怕，温柔的天使，我前在这房内使您那样气

急，虽我怎样大胆也不敢抬头，今所以愿特到此地，跪在您前，受您欢迎与接纳您的幸福；如天之幸，我手得放在您心前为它抚摩，如它跳太利害为它缓和，邀得您的回心转意看我尚配您看得起的人。呀！不错，我望现在配得起您了，我已深知您了，我已尊敬您的纯洁与神圣比小女孩的敬重圣母还超过呢。我今望您不再怕我了，望您敬重我也如我敬爱您一样。呀！不错，一点钟靠在您的心头享受了天上的幸福。说吧，印典娜，您愿吗？一点钟，这是头一次，或者也是最末次呢。

这是我辩白时候了，印典娜，也是应该求您对我起信仰的日子。你不喜欢我吗？说吧，我不是六个月来静默地伏在你椅后，无限沉醉中在看你俯首作工的雪颈云发，与深深呼吸你的香芬的味息吗？这样长久的忍耐尚不值得一回亲吻吗？一个兄妹般的亲吻，如你愿，只在你额前表示敬礼。我当守这个信约，我敢发誓，不敢多求。……天呵！残忍的人，如你不肯答应？你终久是这样惊怕我吗？

丁夫人上她房内拆开读后，即写复信，并于给函时暗中给他园门的钥匙。她的信文这样写：

我，怕你？雷孟，呵！不，现在不了。我已深知你爱我，为你的爱已经使我许多销魂了。来吧，我对自己也不怕了，如我不大爱你，当然竟不能自己这样镇定；但我爱你程度之高，料你也不能知道。……今晚早些出去，以免鲁灰疑心。到半夜来，此把钥匙备用，你已识花园路径，开门后随手关好。

这样信任，竟把雷孟自己弄得不好意思。他极盼望今夜冒险与得到机会的乐趣，但他想：假如丁夫人心中有主，他就规矩守约；如她冲动呢，他就得到把握了，总之，能够一夜在此房内向丁夫人深密誓，既可以抹洗前日被辱之耻，又可以暗中揶揄鲁灰的监视，这已足使雷孟心满了。

（十六）

可是，这晚，鲁灰真是扰人，他比平常更加傻气、淡漠与烦闷；又且说话不着边际，到夜已深尚未肯去，钟已十一点响过了，丁夫人着实焦躁，但鲁灰不动，呆视炉火，直不知旁有她在一样。

然而他在镇静中也有无限的刺激。此人富于观察力，一件也不能瞒过。他不为雷孟的早去所愚，也不为丁夫人的焦急所惑，他心中打算的比他更痛苦。他想不说出，听其表妹被骗吗？或使她觉悟？卒之，救她的心比一切为重要，他遂挣扎起来，极自然地向她说道：

"这使我记起一事，恰好一年了，你与我同坐此炉旁，如眼前一样，那时钟点也差不多到此时刻，天黑与冷也如今夜。……你那时甚痛苦，甚悲哀，这使我觉得有不好的先兆。"

"从何处说起？"丁夫人极不安地看她表兄后，自己这样沉思。

"你记得，印典娜，"他续道，"那夜比平常更不舒服？我则全记得，连你的话尚记得在耳朵里如现在所闻的。你这样说：'你必定又说我发狂，但确实有险事包围我们，即来袭击。……袭击我，无疑。……'你复道：'我想似有新命运来临。我怕。……'这就是你亲口所说的，印典娜。"

"我也不知那时有病了，"她答道，说时面色变白如鲁灰一样，"我已不相信这种无谓的恐慌了。"

"我，尚极信，"他道，"因为那夜，你真是预言家，印典娜，一个极危险的事威吓我们，一件不好消息包围我们这个和平的处所。……"

"神呵！我不明白你的意思！……"

"你后来就明白,可怜的爱友!这是同这样夜,雷孟进来。……你当记得在什么状态。……"

鲁灰说到此,不敢抬头看印典娜。但等了一会,她尚无答话,他只好续道:

"我将他生命救回,为你快乐及我良心的安慰。可是,实在,印典娜,真是不幸,我竟保存此人生命!这真是我为一切的祸根。"

"我不知是哪种祸根?"她只答得极冷淡。

但她也料到他有一种不好的消息来报告。

"我要说到可怜的恋自尽那件事,"鲁灰道,"无雷孟,她不会致死;无他的欺骗,这个好女子尚在你旁。……"

"够了。"她起身而道。

鲁灰并不如此停止。便道:

"我极骇异是你终未料到雷孟跳墙的底蕴。"

忽然间,印典娜起了一阵疑念,两膝震动到迫她坐下。

到此,鲁灰见到已将烂疮将利刃戳破,而尚见得无效,他于是想及多使所爱的印典娜加上一层疑虑与痛苦,未免心为之碎,此时,他如有泪当痛哭出来了。可惜此人已经连哭也不能,只表现了那副枯燥的面孔,愈使娜误会他是造谣的刽子手。

"这是头一次我听见你用了不配你的人格的手段来反对雷孟先生。又我最不解的你为何提起这个为我所最痛惜的死者以伤我心。我今也不必多求,只求原谅我不能与你多谈了。"

她起身而去,留下鲁灰在发昏与心碎。

鲁灰本已料到丁夫人不能听,但为良心所驱遣,遂出此笨拙的口舌。但他也极知其药方来得太迟之缘故。

他离开龙宜如丧魂魄,怅怅然在树枝中奔驰。

这时适夜半,雷孟已到花园门。他开入后,头上觉得甚沉重,他想起来此何干?又一想及先前的行径与其悲惨的结果,他不免自骗自,以为来此不过是一种友谊的会晤,道德的行为而已。他实在要这样正经想头,才有胆量踏入这花园来。

十月末的天气,巴黎附近都是雾气湿人,尤其是在夜间与水边的处所。又极偶然碰到此夜景色;白雾与黑云渗透得与前春那夜和恋相会时无异。雷孟挂心吊胆穿过那雨气的树林,正到那凉亭前,里头藏了许多风吕花,依稀隐约间似有人等待,也将如前时恋披斗篷开门而相迎。雷孟镇定了神后,始笑自己的胆怯。于是继续前进。然而冷气步步跟他甚利害;到了溪边,已直扑其心坎而来。

应过此溪后,才到屋前的广庭。溪中只有木做的小桥,两边长出蓬蓬的茅草,此时雾气越重,雷孟只好扶桥栅而行。月色正在穿重雾而上升,月影照得被风与水所颤动的树枝更震抖。飕飕中恍似听得有呜咽悲哭的声音。忽然间,在他的左右,觉得从茅苇中来了一阵的涕泣,这是一只鹭鸶正从他身旁掠过。这水鸟的叫声,恰如被杀婴儿啼哭,当其到塭中飞落时,又像弃妇的沉水,你们到此,见了这个大胆的雷孟也不免一阵冷汗透背,牙齿打战,几乎跌倒了。但不久,他仍见到是一种幻想,遂复归于镇定。

行到桥中间,见了一个人影在那边桥头,似在等待他过。雷孟到此真实不能自主,脑已昏乱,转回身子走在树下藏闭,遥看那个人影与那些风枝水草的颤动迷离中分不出是真是假。正在假设或者是树枝与水草的影儿,已见那人扑面而来。

若此时,雷孟的脚尚服从他的命令时,早已逃到天涯去了,无奈他全身成为麻木,只好紧紧抱住榆杨的身子以为屏障。他直待了这个魔影行到三步前,始知是鲁灰穿了浅白的外套向他的来路而去。

"无聊的侦探!"雷孟见他正在寻路时,自己这样想道,"我已避开你恶毒的监视了,当你在此踟蹰时,我已在那边鱼水相和谐了。"

他身轻如鸟,度过桥后,已恢复了情人大胆的态度。恋已不在他眼前现影了,印典娜正在那边等待,他想及鲁灰不觉暗笑道:

"好好巡视吧,好人鲁灰!半官式的友人,幸福的保护者,劳你看更了。如狗子要吠,家人不安,请你向他们说:'是我鲁灰在此巡夜,你们好好睡吧。'"

雷孟到此,不用顾虑与懊悔,及管什么道德,一心只望他的幸福时候已快到了。他先前四肢的冷血已归回到脑内成为癫狂的热潮。他先前死人与墓地已变成为眼前的爱人与情场了。雷孟此时如经过一夜噩梦已到晨上梦醒时的人,又复变为大胆与有朝气的少年了。

当他入暗道的阶缘时,矫捷与勇气俱至。他自思道:

"可怜的鲁灰!这是你愿意如此的!"

第三章

（十七）

离开鲁灰后，丁夫人关在自己房内，万种思念一时涌至。先前，她对雷孟与恋之间，也觉得有些蹊跷：每当丁先生笑谈孟跳墙的武士道时，话中总不免露出一点消息；及她与园丁谈时，更觉得此中有些含糊不清。又有一事最使她怀疑者，在恋未死之前不久，其指上戴了一个极美丽的指环，据说是拾得的；自她死后，丁夫人永未离开此指环以为纪念，然每觉孟亲吻其手时，面色为之变白。曾有一次，雷孟恳求娜以后永勿再提及恋，为的是她因他之故而致死。孟说时，语气间使人不能不信他们别有一种秘密。凡此种种，忽然间使娜此时觉得有互相关系之所在，然而她尚不愿太过去参透此中的关节。

她开了窗，见夜景沉沉，月光淡淡，在银色的水汽中映出天空的迷蒙。她想雷孟快到了，或则已在花园前进了；想及这个幽会神秘的爱情，未免心醉，私庆幸福已在面前等待；到此，她愈恨鲁灰，因他一句话，扫除去了多少的快乐与兴趣。

偶然间，一件奇异的计策来到她的脑中，凡怀疑及苦命的人，极多有此种想头的。她正在预备这个手续，已听及雷孟上了暗阶的脚步声。即时她极迅速去开门锁后，回来坐在椅中，感动得几至于昏迷，但心极了了，判断力尚完全保存。

当雷孟推门时，心极忐忑，还在疑梦之中，及见灯光，始知来到现实的世界。他见印典娜背门而坐，穿了皮斗篷，恰是恋在最末次与他幽会时所穿的。读者当记得那时孟误认她为娜呢。此时，他在门槛，呆视灯影惨淡之下，同样房中坐了一位忧闷的妇人，举凡从前的情事，重新涌现，由懊悔而生起恐惧，恍似眼前所见的即是先前那个沉死的幻影。

印典娜当然不知她的装束能够发生这样效果。并且，她的头发用了印度绸包好，打结处甚觉烂漫，这是东非洲法侨的打扮，也是恋所常装者，如此，更使孟疑为死鬼的显灵，一时中心无主，几于跌倒下去。及见了丁夫人的面，那个旧人的影始行渐次模糊而代现了一个新情人的面貌。他急步行去，就她，但丁夫人表现极沉重与深思，对待来人淡淡地毫未表出十分的欢迎。

雷孟以为这是少妇偷情时的含羞常态，遂跪在她脚前，说：

"我的爱人，您还怕我吗？"

一面说时，一面见印典娜手中极郑重地拿有物件，及他迫真看去，见是一大束的黑头发，参差不齐，似是匆忙中剪下者。

同时，印典娜睁开透亮的眼睛，射出了一道深沉的光线向他极奇异问道：

"您认识此吗？"

雷孟迟疑半晌，视她的头巾后，自忖必是这般，遂将头发拉在手中，说：

"作恶的少娃！为何剪去？留在更美呢，我多少回为之颠倒。"

"您昨夜要的，所以我就牺牲了。"印典娜答时，别有一种神气。

"呀！印典娜，"雷孟叫道，"你剪发后更美了。给我此发吧，我并不恨它离开你额呢。先前我极艰难始能鉴赏的物，今可任我自由亲吻了；给我吧，使我与它永久勿离开。……"

但当他在手内揉搓时，觉得这些发枯槁，与印典娜的柔软不相同。一触此，他的神经不知怎样冰冷不快，似碰着已经长久割下的死物一般。及他睁开眼睛切近看去，始见其色泽又完全与印典娜的不相像。

印典娜的一双清邃的眼光向雷孟注视，引带他不觉中也移眼去看那小匣内，尚有垂出的许多发根。

"这不是你的！"他说时将娜头巾扯下来。

娜的美盛头发，完全存在，一绺一绺地一时全放下，而垂在肩前。但娜推他手，仍然指那断发，说：

"您终未认出吗？并未向她鉴赏抚摩吗？一夜癫狂，不是已将其香泽消失呢？您今不想念，永不为那个戴此戒指的妇人流泪吗？"

雷孟到此，不觉中将恋的发从手内丢落，全身力量全行消失。这是一个急性的人，血流得快，神经刺激得甚猛，他全身从头至脚已经冰冷，一滚已昏迷在地板上。

当他醒时，见丁夫人跪在他前满面泪痕向他求饶，可是雷孟对她已无情愫了。

"您使我太痛苦，"他道，"这个痛苦不是您所能赔偿的了。从今后，我恐不能对您如前时的信仰了。您给我这样恶毒的报复使我永久不能忘。可怜的恋，不幸的少女！我对她实在不住，但不是对您。唯有她，能这样报复，可是她不肯做。她自杀，为我前途的幸福；牺牲生命为我的安宁。您，夫人，当然不肯如此的。……给我这发吧，它是我的，它属我的，这是一个真爱我的人所留给我的独一物件。……痛苦的恋！您值得一个特别的爱情！这是您，夫人，因您而致她速死，因爱您，而使我忘记她，而使我受了无限的懊悔；因为要得您的一吻，而使我穿过此溪，此桥，此花园，发现了种种罪恶在我前，在我后，在我左右旁边追逐袭击。及您见我真爱您时，您竟用了尖锐的妇人指甲刺入我心中将最后的一滴血也沥出来给您！呀！我一想及自己为假情而舍弃真爱时，不但觉得是傻子而且是世界的大罪人。"

丁夫人闭口无言，静立不动，面青白而发散乱，合上了死怔的眼神，使雷孟观此，不免怜惜之心油然而生，遂拿她手，道：

"虽则我对您怎样盲爱,您对我怎样错误,凡此均可勿问,如您尚肯爱我。"

因印典娜的懊丧,又激起了雷孟的欲望。他见这妇人闻及他爱别人时的失望摧残,在他面前的谦恭自责,正可因以为己利的。在一时癫狂之下,他不管娜怎样哭泣推辞,伸手而用硬力将这个跪在他面前无力抵抗的妇人搂到胸前,一任他狂吻乱摸,她已好像死人了。

忽然间,印典娜似从梦中惊醒,推开他手,跑到房角边挂有鲁灰像之下处,如去向他求保护一般。她的神情表现得极惊惶。但在雷孟以为她是为情感动的。即时,他赶来,拿她出来,并为她这样解说:

"我现在不是你的奴隶,也不是你的客人了。我今爱你,不愿你如先前的凶狠调皮,而乃极服从、温柔与热狂。你昨日的温和静穆,使我当然愿守誓约,只求得你温存的亲吻就够了。可是,你现在太把我的意念搅乱,将我弄成为惨痛、惊怯、疾病、癫狂、失望的人。故你今应给我些幸福,否则,我不能再爱你敬仰你了。赦罪!印典娜,赦罪!如我冲冒你,乃是你的过,你使我太痛苦,已将我的理性全打去了。"

印典娜四肢颤动,料定要抵抗而不可能,这不是为爱,而乃为惊怕以致失身了。但她仍想脱险,微微地推开雷孟的腕,同时极凄凉道:

"您竟能用武力强迫我吗?"

雷孟对此道德的制裁比武力的抵抗更难架住,遂放下手,叫道:

"不肯!宁死,不愿做此,除非出你本意。"

他于是跪下,把所有的口才与心灵尽用出来作有诗意的请求。但见印典娜终久不动,他只好用了一个刺激女子最有效力的方法,即在埋怨她对他无真情意。

娜听到此,未免心一动,忽又想起一事来,遂问道:

"雷孟,那个爱你极真挚,那个我们才所说的妇人。……当然她永未辞推你?"

"永未!"雷孟说时甚难为情。复道:"你为何常提起这个旧情使我不堪回首。"

印典娜沉下脸子如有所思的样子复道：

"听，再请你提起点勇气，容我再来问你：那夜我在此房碰到你，如今想来，我那时的愤怒是误会。现请你说实话，你来为谁，为她抑为我？……"

雷孟迟疑一下，心中计算此事迟早总要水落石出，还不如直说为好，遂答说：

"为她。"

"甚好。我情愿如此，"印典娜说时甚形忧郁，"我愿你向她用爱，不愿对我这样冲犯。再说实话吧，你何时来此房？鲁灰恐或知道你的行径。如你不说，我也可去问他。"

"不必牵及鲁灰，夫人，我在一日前已进此房来。"

"你已在此过夜了？……你不必说，我已明白。"

两人静默了一晌儿。印典娜正想再开口时，忽然听到一个极枯槁的叩门声，两人血为之停，鹄立不敢动，连呼吸也不能。

一片纸条从门缝透入，写上了极模糊的字迹如下：

您丈夫已到此。
鲁灰

（十八）

当鲁灰脚步渐远时，雷孟向印典娜说：

"这是一种故意捣乱的假消息。鲁灰君如此荒唐，须给他一下教训。"

"我不准你对他难为，"娜说得极冷淡又极坚决，"我丈夫必回来，鲁灰永未撒过谎。我们生命如此完了。可是前时我极怀惧，而今完全不以为意了。"

雷孟极癫狂搂她在臂中，说：

"既然我们都要死了，那么，你应给我！一切俱望宽恕。在此最末了的时候，你唯将爱情交换我的幸福。"

"在恐惧时而提起勇气，本为最有趣味的事，但是你已使我够受了。"

一阵在院前的车声与一下粗硬急促的摇铃声，印典娜静听后，极镇定，道：

"我认识这个摇铃法，鲁灰报告不错，你尚有时候；走吧！……月影尚未出，树叶可遮蔽，你从园中去，想无妨碍。"

当雷孟回家时，想及此夜的遭逢，离奇古怪，难以捉摸，好似发了恶梦，故当其就床时全身已发热病。

丁夫人照常与其丈夫及表兄早餐，状极安详。她对于前途毫不顾虑，只听命运的推移。丁团长满心在商务的失败，于情感上完全说不及。

一日如此流去，到晚，夜气阴阴，雷孟热病稍退，才恢复了一点对于印典娜的爱情。他想须命人去打听消息，始合男子对待女人的身份。及其用人回来时，竟带来了印典娜下头的信札：

我想昨夜必将我的理性与生命俱失；不幸而两者俱尚保存。然我并不以此为悔恨。薄命人固应受此摧折。而且危险的生活于本性相合，自然不肯对此有所退怯的。恋的死事，我不知是否你的罪。前时已谈及太多了，使我们彼此俱感不快；今誓在此再说一回，以后永勿提起了。

你说出一句话，使我听了乐中带苦。——可怜的恋！赦我罪吧，你已不痛苦，不用爱了，必定能原谅我的苦衷。你说，雷孟，你牺牲这个苦命人，因为你爱我比她多。……呀！不要否认此话。言出你口，已入我心，我实在需要这句话的安慰。昨夜，你的行为使我骇怕；这是一时癫狂，固然可以原谅，但你今已能好好回想了；说吧，你以后不这样爱我吧。我爱你出于诚心，意望你也同样纯洁以相报。因你的怂恿，搅乱到我心慌，因一时冲动，而致终身的名誉几被丧失。可是以后不能如此了。恋的前例，可为寒心！呀！恐我尚不如她呢！我极疑惧！……她不比我美吗？她实在美，为何你偏爱我呢？当然你爱我别有所在了。……我今要问你是：你愿爱我不如爱恋那样吗？若能如此，我尚能敬重你相信你的忏悔，你的诚实与爱情。不然，请勿想我吧，你永久不能再见我了。我死算了，但终不愿降格为你的情妇。

雷孟对此信极难答复。这样骄贵的气概，实在阻止他的取胜。他想一个妇人在他臂中能够解脱，又能与他讲道理，必定对他无爱情。

雷孟对印典娜不能再爱下去了。这有许多缘故的。第一，他固喜冒险而得爱情，但不愿麻烦；而要得娜，又非种种的麻烦手续不可，她的那副枯槁的心情与骄傲的性格不是容易入手的。其次，在昨夜他所希望的胜利与快乐之下，究竟被她打脱得干干净净，于他的脸面上未免下不去。故在此时说，雷孟看她尚不及恋好；可怜的娜，尚望要超过她呢。实则，娜的真情与温柔，不是孟所能领悉的，无怪他不能继续用爱了。

可是他不肯放下，势必用计取得，以为报复其冷淡的待遇。他对娜不望再得其幸福，而在惩罚其挣扎；不想得其欢心而一味在摧残。他势必做她的主人翁后，把她弃置，使她在脚下乞怜。

初则，他写了这样回信：

你要我答应……狂妇，你想吗？我当然答应一切，因对你只有服从；但如我失约，我对天对你均无愧怍。如你真爱我，印典娜，你不必以誓约相胁，不必食言之罪害我，不必以为我的情妇为羞。……可是你不愿在我臂中……

雷孟看写得太辣，遂即撕去，一行回思之后，再这样写道：

你说昨夜几将理性抛失，但我的已经完全失却了。我的罪过吗？……不，请宽恕我一时的狂暴，而今已安静如恒了。自问终能配得你的顾盼了。……祝福，天使，感谢你救我，感激你告诉我怎样爱你的方法，从今后，印典娜，命令我吧，你知我是你的奴隶。我愿牺牲终身，求得在你臂上一点钟的快乐，你的一点微笑已够安慰我一生的苦闷。只要为你朋友，兄弟，不愿他求。我宁可受苦，总不使你知。在你面前，诚然使我血液沸腾，胸中压迫；碰到你手，即刻一阵黑云在我眼前乱晃，你的一下子温柔的亲吻，就足燃烧我额了；可是我誓今后压制血管，把住脑袋，保守洁净的嘴唇向你致敬，我终久对你温驯与服从，只望你肯见爱，你能快乐，其余一切，我均可忍受。呀！说吧，给我点信任及快乐，请告诉我们何时再会。丁先生不太难为吗？鲁灰能守秘密吗？如必要时，我愿为你牺牲；为你，我可舍弃慈母，为你，我不辞犯罪。呀！如你知道我的爱情，印典娜！……

写到此时，他已困得眼睛睁不开，又阅一遍，即命用人送去，他极喜狡计得售，自然睡得极香甜，可怜印典娜，读此信后，高兴到全夜未睡。即写回信答道：

谢谢，雷孟，谢你给我的勇气与生命。现在我能抵抗一切，战胜一切了。你能爱我，一切困难当然也不会使你怕了。不错，我们即日相会，共同对付一切。鲁灰方面，不管其能否代守秘密，但你能爱我，我也不怕丈夫了。

你要知道我们事情吗？——前信偶然忘及，这与我的前途确有关系。我们完全破产了。现拟将此地的产业卖去，又想再去东非洲谋生。要之，无论如何，我全不管，只求我们彼此永不相离。……你已对我宣誓,雷孟,我信你的答应,你就信我的勇气吧。一切均使我不怕,不退怯,我已决定在你膀下奋斗了,唯有死的一途使我分开你。

雷孟看此信后,即把它撕碎,心中想道:

"发狂的妇人。烂漫与危险的计划宜于她的幻想,好似酸苦的食物合于病人的口胃一般。我当战胜她。当其狂想来时,我更要抓得紧,癫狂的妇人呀!常常想那不可能的事情;平白无谓而就牺牲了前途!她想亲了吻就算情人,抚摩一下,就引为可靠的人了!"

即时,他到龙宜见丁团长。团长向他说已破产,拟将工厂及住家卖出还债,并拟到东非洲去经营商业。

雷孟暗笑这个老人的勇气,但表面装为甚表同情,遂问道:

"我极赞扬您不受逆境所困;您的英气与刚毅,尤为佩服。可是丁夫人情愿这样离开故国吗?"

"我正以此为虑,但女子只有服从,不能出主意。我尚未向印典娜说破,恐届时必有一番为难,您是她的好友,能代我劝解吗?我实在怕见她流泪。"

雷孟答应明日向印典娜解释。

"您如此费心,助我不少,"丁团长道,"明日,我将鲁灰带开,让您好好向她说。"

"这真好丈夫!"

雷孟一路行去,心中如此想得真快乐。

(十九)

丁团长的计划完全与雷孟相合。孟想如印典娜不去,则必生出种种不便,最好是趁她癫狂之时,临时取乐,随后就放她远去以免受其埋怨。

翌日，他到龙宜去，预备了一番好口舌以打动娜心。当见娜时，他道：

"印典娜，你知你丈夫叫我来的任务吗？这真奇怪的使命，真的！他要我劝你到非洲去，劝你离开我，铲灭我对你的心情与我自己的性命。你想他选得好律师吗？"

"你为何说及此，"她答道，"你怕我变心吗？怕我不服从吗？放心，雷孟，我的主意已定；我用了两夜工夫思维了又思维；我知怎样冒险，怎样抵抗，怎样牺牲，怎样取胜；我已决定跳过这个旧命运的防线了。你不是要帮助我、引导我吗？"

雷孟见她这样镇定，心中惊怕起来，遂用了种种的口令，一面表示其心中热烈的爱情，一面劝娜暂行服从其丈夫，至少须暂时离开龙宜，以免与丁团长冲突，致引起了家中用人的羞笑。[1]

卒之，龙宜与工厂俱已卖去。丁夫人只好到巴黎住，冬天如此过得甚寂寞。雷孟固然在巴黎，而且日日来，不过坐谈不上一点钟就去。他别有社会可以消遣。而且他自有道德的大纲。因为丁团长信任他，看他为彼夫妇的调停人，所以他也顾惜自己的名誉起来。假惺惺作态，对了丁夫人不好意思再挑引了。我们请看他保守此道德有几时。

印典娜不知此中底蕴，见了雷孟的放松，心中甚为凄楚，但她尚希望爱情不至如此中断。这个可怜人，现实的世界总给予他苦恼，还是生存于希望中较能得到安慰。此时，因商务破产，丁团长脾气更坏，印典娜更觉与他合不来，家庭生活愈觉比前痛苦，她想既不能爱丈夫，而又假装为有爱情，其罪更不可恕；所以她屡次想向丁团长说明她已爱上雷孟，只怕雷孟食了亏，所以不敢说出来。在社会，丁团长表示得似一个有勇气去奋斗的人；但到家来，他就变成为容易生

---

[1] 译文以下略有删节。省略部分大意是：鲁灰虽然贡献出了他全部的财产来帮助丁团长，但被丁团长拒绝了。于是他出租了自己的庄园，跟随丁团长夫妇一起去巴黎，等待他们启程去东非洲波旁岛。

气，严酷与无聊。印典娜对他愈比前时讨厌。她又不肯用手段笼络，只愿长久钳口不作声，盲目地服从他的命令。丁团长当然是一家之主了，事无大小任他指挥，印典娜不管，不驳，如傀儡一般，毫无心灵生机，以致所做事极坏。遇到丁团长见到事情不好，责问她时，娜则回说这是全依他的命令而做的。丁团长只好自己自怨。如此一个专制的魔王与一个充分顺从的奴隶，家事愈弄愈糟，而感情也日见不好。若在野蛮的远地方，丁团长必定将其妻杀掉了。

可是，里头，他极爱这个衰弱顺从的稚妻。这个爱中当然含了不少的怜悯。当他晨间入到其妻的睡房将要责骂时，见她尚梦魂悠悠，这样娇弱的身材，颊白而容惨淡，在稳定不言的神气中表示出了坚忍不磨的决心。他见此状，又埋怨，又忏悔，又恼又怕起来；自己只好静静退出，心中未免惭愧如此铁血的人竟被这个蒲柳的弱质所征服。

这个小孩样的妻子使这个老头的丈夫确实悲惨。他常想其妻实在不对，应嘱咐她如此如此做的。但印典娜对他未曾有一次讨过饶，也永久不敢与其丈夫匹敌。由是使丁团长的勇气用不出，用出去，也无人肯为接受，所以他觉得更痛苦，他有时要想用手力将娜勒死，但见其娇娜可怜未免于心不忍，其状如小孩玩耍小鸟一般实在不甘使它死去。他只好暗中哭泣，这个铁石心肠竟哭得如小孩，而且不敢被其妻看见以长她的威风。我们局外人看来，究竟他们夫妻谁属可怜，实在难以决定。但我们所敢说的：印典娜从道德以生出暴虐，丁团长从衰怯以表示善良；女则擅长于忍受中而表示抵抗；她在善中见出恶，至于团长，则在恶中见出善。

两人性质已经参差，加以友人亲戚的挑拨：有的说男子应当振起夫纲，有的说女人不可过于示弱，以是弄到这对夫妻更加不和睦。

唯有鲁灰完全守中立。他不说男不好，也不说女不是。对于雷孟也如前一样淡淡地，不曾有丝毫芥蒂。印典娜对他这样代守秘密，心中着实感激，极想得便向他道谢。但每当略略将要谈及时，鲁灰总避去而谈及别事。

印典娜视鲁灰这样态度，直认是出于自利主义的。她心内想道：

"这可见他蔑视女子，视女子们不过是家畜，只可管家与烹调做茶食。他不愿与女子讨论，只求家中饭菜勿差，不管女人好坏，于他都是一样。总之，鲁灰对我是无同情心的；只要我肯为他做点心，弹弹琴，就好了。至于我爱惜他人，做秘密事，受了痛苦的压制，于他均不相干，我仅是他的女佣，他并未视我比此更高呢。"

（二十）

印典娜既恨丁团长与鲁灰，独一希望可以倚靠的只有雷孟。她想如雷孟对她如对恋一般，她也只有跳水以了此生。

往东非洲去的日子渐迫。丁团长逐日预备行装，逐日理清债务，他不想其妻能逆命令。印典娜也曾向其姑母表示不愿离开法国。其姑甚知娜已与雷孟有情，这个正合老妇人喜欢代人牵线的脾气，故极鼓励其侄女勿随其夫同往殖民地。印典娜因此更加大胆。

一晨上，雷孟从跳舞场回家，见丁夫人已在他的房内。她半夜来此，已坐等了五个大钟头。这是最冷的年头，房内无火，冻得印典娜只好将头靠伏在两手中静待运命的来临。当她见雷孟入时，始举起头来，雷孟一见其为惊惶。因见她的面色全白，不敢即时表示不满与埋怨。

"我在此等您，"她说得极和气，"因您三日未来，家中发生许多事情，所以我昨夜出来，特行告诉您知道。"

"这是无聊的行径，"雷孟说时，留心将门关好，"我的家人已知您来！他们已先告诉我。"

"我并未隐藏呢，"她极冷淡答道，"您说的话，未免太过分吧。"

"我只说'无聊'，应说为'癫狂'更对。"

"在我呢，我则认为'勇气'，可是，不必作无谓之争；现请您听是丁先生在三日内即启程往殖民地。您曾答应我如他虐待我时愿任保护。今他已对我不客气,昨夜我仅说一句不愿去的话,他就将我锁闭在房内,我从窗口逃出;您看,我双手全是血。现时,人们或者在搜寻,但鲁灰已回其家园,他人恐未料到我来此,我现决定藏闭到丁先生离弃我为止,您肯代寻一藏闭之处否?好久未与您密谈,不知您意思如何。先前你总埋怨我们无机会可以长谈。今我特信任您而来,说吧,时机已到,您肯为我牺牲吗?"

雷孟听此如受焦雷所轰击,无法阻止他心中的失望与愤怨不发出来。最使他难过是自己竟受前时宣誓的大当,一时在他粗气之下,他坐下椅中喊起来道:

"您是狂妇!从何处发梦爱情?从哪本下流的小说里您研究得这样社交?请吧。"

说到此,他觉得话头太凶辣,正在细想转用别种较和平的口气使她出去以免冲突。

但印典娜表示极镇定,将手放在心头,虽则逐渐觉心跳得利害,但口尚向他道:

"继续说下去吧,必定尚有许多好教训呢。"

雷孟心想这又是一幕爱情剧,需要以口舌取胜,遂立起来极兴奋道:

"我断不肯接受你这个牺牲。永久不肯。当我前向你答应有力量为你服务,印典娜,乃我一时的夸口,一时的谎话吧;因为谁肯将所爱的人牺牲呢。你不知世故,不知这样行为关系的重大,至于我,在一时爱你癫狂之中,并未回想到……"

"您今回想得好了!"娜说时,抽回手,不肯为孟所拿。

"印典娜,"他接道,"你不见假如我从你意,便当丢却名誉吗?我为你保存纯洁的爱情,你竟责备起我了,你肯再爱我吗,如我牺牲你生命为我的快乐,丢失你名誉为我的利益?思想简单的妇人呀!"

"您说的都是矛盾,"印典娜道,"如我在你旁,你说可以得到幸福,那么,又怕什么舆论,您以舆论比我为重吗?"

"嗄！不是为我自己的，印典娜……"

"为我的了？我知您幼细[1]，免您受责，所以我先出于自动；这不是您来离拆我们家庭的，我并未在事前向您说及。事已做到如此，您良心上可无惭愧了。到了现在，我的名誉已污。半夜来此，已受了极大的嫌疑。今虽清白如旧，但有谁肯原谅。昨日虽为世所敬重的妇人，到今朝已成为鄙贱的人了。我在未做之前，都曾预备及此。"

雷孟听到这样预先决定的计划更为心虚，深思怎样排脱这个危险的妇人，遂假装甚和气与父亲样的声音说道：

"您顾虑太多。不，好朋友，一时错误，并非全不可救。我嘱咐家中用人必要代守秘密就是。……"

"我的家人呢？怎样使他们秘密，他们此时必定四出寻访了。他愿收留我在您房过了一夜的人？您教训我到他脚下跪求赦罪，请他套上锁链把我一生的运命听他摧残吗？您今竟毫无懊悔将您所爱的人，将您臂上的人，将这个愿为您情死的妇人再送给别人酷待了！您将送给那暴君听他打杀这个妇人而心不起一点怜悯骇怕吗？"

一下电光打动他脑，他想正好用了这个机会降服这个骄傲的妇人。这是她自己送上门的，机会确不可失。虽然他不愿夺其友人丁团长之妻，但一时的玩耍，本是可以允许的。他想到此，心花怒放，把不住狂态全露，向她说道：

"你说得是，我的爱，你使我明白起来，高兴起来。刚才为你危险之故使我魂不附体，一切冲冒，请你宽恕，你知底里是全为你，疼爱你的。你的柔声涌起我的热血，你的热喉焚烧我的心火。请宽恕我是这样傻子不能即时承受你的爱情，接受你的幸福，解除你的患难。现在让我在你脚下沉醉吧。让我所有的血倾倒在你面前。他敢来吗？这个粗暴无聊的丈夫！请他来看我们的快乐吧！请他来夺你去吧！从今后，你不属他了，你是我的情人，伴侣，主妇。……"

---

[1] 幼细，译本如此。原文中此处是有所顾虑、担心的意思。

雷孟最善于这样愈说愈妙而愈热烈的演说术，专会播弄口舌而从言谈中装出他心中似有真实的感情。这个有势力的小说式的蛊惑，于印典娜实在危险的。

并且，他最喜欢是，在危险的状态之下去偷情。此时门外每一回的声音，似是报告丁团长的逻骑已到，但因此也愈激起他的兴奋与乐趣。门外声音愈紧凑，雷孟的心中愈着急而也愈快乐。这样约有半点钟，他确实真爱上了印典娜。听他那样引诱的口令，爱情的表示，在他确成了一种艺术；声音、语气、姿势与表情均是做到了恰恰好处，不止别人受骗，连他自己也支持不住了。可怜的妇人，愿意诚心上他当了；她觉得满足，她重新生了希望与快乐；她原谅一切，她几于接受一切。

独一失败是雷孟太过于急性。若他能好好延长到一日久，以印典娜现在所处地位的危险说，必定委身于他了。可是此际天边起了光红的日头，射入了大且亮的光线到他们的房内，外边声音更加嘈闹，雷孟的精神不免为之纷驰起来，他看钟上已到七点。

"这到时候了，"他想道，"时时，丁团长可来，还不如快快上手后，好好请她回去。"

他更急性起来，然温柔比前大不如；由他唇的干燥可见其心内的烦恼，在亲吻中又深深表出了一种不可说的刺激与愤怒。印典娜起始惊惧。如天使被凶神所掳掠一般，她此时如梦初醒，扎挣抵抗不被此人再骗下去。她道：

"放饶我吧，我愿给爱情于所爱与有恩义的人，但不愿失身于一时的冲动。您不必再求我有所表示，我亲身来此，便是对您亲爱的最好凭证，请待后来去证实吧。现在让我保存充分的能力和您一同向外抵抗；我实在要勇气与镇定。"

雷孟并未听话。甚以她的矜持为恨，遂狠狠道：

"您说什么？"

他此时被欲火焚身烧得甚苦，将印典娜推开后，面呈赤光，在房内踱着消遣；继则他拿起小瓶，饮了一大杯冷水后，即时狂气全消，爱情冰冷。他看娜一眼，极诙谐样向她道：

"走吧，夫人，这是时候了。"

一线明光引导印典娜看出雷孟的真实心灵。她道：

"您说的是。"

她向门而出。

"拿了您的外衣及颈围吧。"雷孟阻她出门时道。

"应该，"她答说，"这些一点痕迹都足使您麻烦。"

雷孟装出可笑的状态为娜穿上外衣，同时说：

"您真是小孩，明知我爱您，您就这样摧残我变成为疯狂才休。请待，我去叫马车。或则我引到您家，但怕因此更使您食亏。"

印典娜惨容道：

"我到此尚不食亏吗？"

"不，我爱，"雷孟答道，"别人不知您来此，如今尚无人来寻便可知了。他们必到您相识的人家寻您，到我家必在最末了。我想您最好到您姑家求助，这是最好的方法；她是和事佬的；论理，您可到她家过夜最妥当……"

印典娜不屑听此种不关痛痒的话，只是呆视那大且红的太阳在屋顶上荡漾。雷孟要再和她说话时，见她怔怔地看他似不相识。她的颊已变青色，两片干枯的唇，动也未曾动一下。

雷孟见此甚惊惶。一时记起了恋跳水而死的往事，他恐惧为第二遭的罪人。但他知自己已失信用，无法再哄转这个被骗的妇人，遂装温柔的样子请她坐在椅中，锁上门后，即速到他母亲的房内来。

（二十一）

雷孟的母已经起身，见其儿子慌张的状态便知又有不妙的事情。

这不是头一遭，得了这个深识世故的母亲，不但将雷孟从难围中救出，而且常常讨回不知多少便宜呢。

她听及雷孟告诉此事经过后，即速穿大衣，自己到雷孟的房内。

一见印典娜娇贵及镇定的神气，雷孟母亲未免不好意思；在她儿子私室见到这个少妇，似乎在偷窃他们的秘密一般。

印典娜素来钦仰这位妇人的善心，因向她伸手后，大哭起来。两位妇人彼此相抱而泣了好久。

当雷孟母亲要开口时，印典娜拭泪后阻止她道：

"不必说，夫人，您所说的必定都使我难过。您的关心及温存已足表示对我的情愫，我对此已极安慰。现在，我应出去；我自然知道我今后应做的事情。"

"我来不是驱逐而为安慰您的。"

"我已无法自慰了，"印典娜亲吻她后道，"爱我吧，这是独一安慰我的方法；但不必向我开口。再见，夫人；您是信仰天主的，请常为我祝告。"

"您不能自己独行！"雷孟母亲喊道，"我引您回去，为您解说，辩护与求直。"

"侠义的妇人！"印典娜说时将她搂到心头，"您是做不到的。只您一人不知雷孟的秘密。全巴黎今晚必宣扬，您已无法子救护了。让我自己担待吧；我受此苦也不会长久了。"

"您说什么？您要犯罪伤害您生命吗？好孩子！您，也是信仰天主的[1]。"

"不错，夫人，我三日后往东非洲去。"

"来在我臂亲一亲吧，我的宝贝，来，我为您祝福。天主赏赐您的前途光明。……"

---

[1] 基督教教义认为，人是上帝创造的，人的生命是上帝赐予的，因而任何人都没有权利杀人或自杀，上帝在十条诫命中第六诫就命定"不可杀人"，因为自杀也是犯了杀人罪。

"我希望如此。"印典娜说时眼看天上。

雷孟的母必要去雇一马车；但印典娜至死不愿，只愿自己静静回家。不论她怎样说娜柔弱不堪长行，娜总答道：

"我已有力气了，这是雷孟一句话提起我的。"

她穿起外衣，戴上面幕，雷孟的母带她从暗道出门。刚到路上，她觉足沉重不能举起；似又她的丈夫用那粗手狠狠摔她落水中一般。随后，路上的嘈杂声音，来往的人们掠她面前而过，与及晨上的寒气，一齐迫住她不能不冷静，但是为死气的冷静，好似在预备起风波前之海面，黑沉沉的比狂飙时更可怕。她顺着巴黎河沿一直行去，如痴似梦，毫无思想与目的，信足而行不知所往。

她已行到河流之旁边，冰块将她足湿透，自己尚不知道。她又极喜欢这样冰冷世界的。自来已习惯这些严酷的思想，所以她觉得这个不怕怯而反快乐起来。好久来，她在悲惨时总想及恋的死法为最痛快的解脱；自尽一事，在她已视为极乐的事情了。不过宗教观念禁阻她不敢去做；但在此时说，她的困乏的头脑已不能好好从整个去思想。不论天主或雷孟，她并未想到他们的存在；她只从水边行去，服从她的悲苦惨痛的命运。

当她觉得水已入鞋内时，始如从梦中醒来一般，睁眼一看，巴黎已在背后，赛纳河[1]正在脚下流去，在水光中反射出白色的屋宇与灰蓝的苍天。水夹两岸永久一样流下去，但在她的神经昏乱中好似水不动而岸地是流转的。一时间，眼前一阵黑，她误会水面是半地，涌身就要下去……可是，在她身旁一只狗吠得甚厉害，向她身上跳踯，这个使她暂时一乐，故尚未实现她的计划。忽一人循狗叫的方向而奔至，拿了印典娜的身子，拖她到岸上的老船中。她见此人若不相识。此人解其所穿的大衣，围住印典娜的脚腿，拿她的手揉搓生热，继续呼叫她名。但她极衰弱不能答应，从四十八点钟以来，她一点都未入

---

[1] 也译为塞纳河。

口呢。

一会儿，热气已到她的冷腿，她认得鲁灰跪在脚下，执她手在静待其消息，遂问他道：

"您遇到恋吗？"

她复说：

"我见她从此路去。（她手指那河面）我要跟她走，但她行得太快，我无气力和她一块。这真是一场噩梦。"

鲁灰对此甚为苦痛。他已心碎神昏了。

"往吧，"她模糊说道，"但应先寻得我脚，似乎放在石子中。"

鲁灰触到她脚全湿，而且冻得已僵。他只好抱到邻近人家疗治，并请人带信给丁团长知道。此时丁团长已向外间四出寻觅。

当印典娜恢复知觉时，连她自己也不知怎样到此。但鲁灰甚明白，不必她的解释，而执她手，极温存又痛快道：

"表妹，我极望您答应我一件事，这是最末了我所望您的情谊。"

"说吧，"她答道，"您的要求，乃给我的幸福呢。"

"如此，向我宣誓，"鲁灰说，"以后在自杀之前应先告诉我。我也誓言不反对您的所为。只要您告知就好了，并且，您也知道我也常有这个思念。……"

"为什么您说我自杀？"印典娜道，"我永未想轻生。我怕天主呵；若无他！……"

"刚才，印典娜，当我拿紧您手时，当这只可爱的狗（他抚摩阿灰狸）咬紧您衣服时，您已忘却了天主、世界，忘记您的表兄及一切人。……"

一排热泪已在印典娜眼中流出。她握紧鲁灰手，极悲惨地向他道：

"为何您阻止我？我此时或者已在天主怀中了，我是无罪过的，因为我做此并非有心。……"

"我也见及此。但我愿思想好后才去死。我们对此问题待后再谈吧。"

印典娜听此后甚为震动。不多时，他们坐车回家。她连上阶也无

气力,全靠鲁灰抱她入房,并为她细心调理。忽一声粗暴的门铃,印典娜知她丈夫回来,一时又怕又恨,她骤执其表兄的手腕道:

"请您,鲁灰,如您真心为我,就勿使此人看到我这样状态。我不希望他的怜悯,我宁可他生怒不愿他爱惜……不要开门,或请他退出,向他说我并无在此。……"

她说时,唇头,两手紧紧抓住鲁灰不放。鲁灰到此甚难调停。丁团长拉铃越急。几将铃打碎,丁夫人坐在椅中已如死人。

卒之,鲁灰说道:

"您只想他的怒气,但并未想到他的痛苦、焦急。你以为他永久恨您……如您看到他今早的悲惨!……"

印典娜无可奈何中放开了手,鲁灰去开门。

丁团长一行进来,一行咆哮说:

"她已在此?恶煞星!我走了多少路去寻她:这是一件极感谢的差务!天呀放纵她。我不愿见她,见她面我恐要杀她。……"

鲁灰低声向他道:

"您不想她久已在此待您。她极憔悴,不能接受刺激,请您温存点吧。"

"千万的孽债!"团长狠狠道,"我比她更困乏。谁处未寻到?是谁更憔悴,是她抑是我?最可恨在她姑家又受了一肚气。"

说时,他坐在客厅的椅中,拭干满面的大粒汗,虽则天气甚冷。他埋怨自己疲倦、焦急与痛苦;他问了许多事情。幸而他尚未听到鲁灰的答话,因为此人不会说谎,也不会劝慰,只好直说。外面看去,鲁灰坐在一桌上,极形镇定,似不以他们二人的苦恼为意,实则他心中比他们更悲惨呢。

印典娜听此,较前安心起来。她宁可受其丈夫埋怨,于良心上较为清快。故当听他走近前时,她提起所有的精神以为对付。丁团长见她可怜的状态之后,也想安静忍耐如她一般,可是不能成功。

"劳您驾,夫人,"丁团长问道,"为我说明今晨,或者昨夜,往何处去？"

这"或者"二字，给了印典娜一点勇气想他不知她何时出去，遂答道：

"不能，我无意告知您。"

丁团长甚为诧异愤怒，唇极颤动说道：

"实在，您要瞒骗我了？"

她冷然答道：

"我并不想欺骗。但情理上，您无权力考问我此种问题。"

"我无权力？反了反了！谁是此间的主人，您，或我？谁穿上裙及应做针线？您能将我唇上须子消除去吗？您说得太大胆，小妇人！"

"我知道我是奴隶，您是主人。此地法律准您辖制我的。你有权力缚我身，束我手，限制我行动。您有一切的威权，社会准许您这样做。可是对住我志愿呢，先生，您毫无能为力，唯有天主能屈服与铲灭。想寻得一法律、监狱，或刑罚来压迫我的志愿，无异等于对空挥拳向气打架！"

"闭口，呆蠢！您的小说句法使我讨厌。"

"您能阻止我说话，但不能阻止我思想。"

"无聊的骄傲，死虫的放肆！您太不知怜惜了。必要使人恼起来，您又抵不住。"

"我望您不做此，只使您烦恼而无益于事。"

他伸了大指与食指将印典娜的手死拧，一面叫道：

"您对吗？"

"我极对。"印典娜对此并未变色道。

鲁灰踏上二步，把他铁硬的手拉开团长的腕，似在扯开一枝草那样轻易，同时极和平向他说：

"我请您勿动及此妇一根发。"

丁团长想与鲁灰为难，但转念确是自己错，只好向他道：

"您管我们事吗？"

他转头向其妻说,但双手紧靠在胸前,如此自己阻止免致于因一时之气动手。

"这样,夫人,您公然反对我了,您反对与我一同往非洲去。您要分离?好,妖精!我也……"

"我不想分离了。昨晚确想到,但不是今日。昨晚您凶狠到把我关闭,我从窗中跳出,表明您不能压服妇人的志愿以羞您。我过了几点钟的自由生活,脱离您的专制,使您觉悟您不是我道德上的主人,使您知道在此世上唯有我一人能够宰制我。在游行时,我回思责任与良心的驱遣,还是回来受您保护为好。这是我自己愿意。表兄不过跟随我,并非他强迫我回家的。如我不愿意,他无法能制服我,您是知道的。事到如今,先生,不必徒费时候与我辩论;您不能压服我,当您要用权力时,您对我无一事做得行。办理行装吧,我决帮助与跟随,这不是服从您的志愿乃是服从我的意见。您纵能惩罚我,但我只能服从自己。"

丁团长耸起两肩,说:

"我可怜您的癫狂。"

他到房内整理文件,心中甚快乐丁夫人能这样转念,他相信这个妇人的答应永不翻覆的,虽然她的思想素来为他所不取。

(二十二)

雷孟于印典娜去后,又极勉强地而与来寻她的鲁灰略谈数语后,即极香甜就睡。及其醒时,他心中甚乐此事能这样收束。近来,他十分骇怕这个妇人的烂漫性,自己已好好预备对付。今幸印典娜不大哭泣与为难;她竟具有许多理性;能够明白他意,即时回转过来。

雷孟也极相信命运的。他想自己是命运的骄子,无论如何妨害他人专求自己利益,归根总是得胜利,天主善于宽佑的,雷孟不怕为非作歹,神对他永不会来责罚。

在极疲倦的起身中，他的母亲入来向他说她往见印典娜的姑母，见她待其侄女甚无情谊，并且其姑决定以后不与来往。看此，娜，实在举目无亲了。其母言时甚为扼腕，但雷孟全不以为意。

可是孟母究竟放心不下，特意坐车到印典娜住的那条街。她在街尾等车，叫一用人去请鲁灰君来。不多时，他来相见。

唯有孟母还算知道鲁灰之为人。只谈几句话，她即知此人诚实。鲁灰告诉她晨间印典娜的行动后，心中极怀疑夜间的经过。孟母努力为之申明以释其疑。

鲁灰也矫作镇定，口中嗫嚅说：

"您说，夫人，她不是在您宅中过夜吗？"

"过了一个孤单与困闷的夜，无疑。雷孟事前并未知道，晨间六点钟始进门，七点，已来请我下去劝解这个可怜的妇人。……"

鲁灰眼不转睛，心中极愤懑说道：

"她要离开丈夫！愿意牺牲名誉！她竟爱上了这个与她不相配的人！……"

鲁灰说时已忘却她是雷孟的母亲了。他继道：

"我已疑虑此事好久，可恨我不预先防范！我应先将她杀却。"

这个镇静决断的神气，孟母为之实在惊怕起来，遂极凄惶道：

"可怜！您也这样残忍？放弃她如她姑母一样吗？您们全是无悯惜及宽恕之心不成？她经过多少痛苦，只做了一回反动，就受友人们这样不谅解？"

鲁灰答道：

"我方面，您不用怕，夫人；六个月以来，我都全知，但都未曾说出。我碰见他们第一次的亲吻，并不因此将雷孟丢落下马下。我在林中每看及他们的会晤，终未去用马鞭打断一回。我见雷孟从桥过，深夜中，我力量比他四倍大：然不因此而把他打落溪中；及他到屋里私会时，我且告诉丁团长回家的消息，救了他们的性命与名誉。凡此均可证明，夫人，我的怜悯之心。今晨，我到雷孟那边去寻印典娜，虽然不能确切断定是他的引诱，但他那样无情及可恶的状态已够使我骂他一番。可是我忍受这个傲慢，好好放他安睡下去，只去寻求在河边寻死的印典娜。您看，夫人，我对于可恨的人已算忍耐，而对于可爱者已算宽恕了。"

雷孟的母亲听此甚为诧异。及到鲁灰向她说及雷孟也是害死恋的凶手时，更为震动。她看着鲁灰似是发狂，他确是刺激得利害。这是他一生中第一次受了这样感动：离了狂疯只一步，他已经是在暴躁之中；虽然他的愤怒总未形于辞色，中心尚极镇定，但由外人看来，这样坚决不露的神情，更比什么都为可怕。

雷孟的母亲执他手，甚温存向他说：

"您，甚可怜，鲁灰先生。但我比您更可怜。您知所说的人便是我的儿子；他的错误使我怎样伤心。"

鲁灰起始醒悟，遂即亲吻她手，以表示他深刻的友谊，并道：

"赦罪，夫人，您说得是，我应该尊敬您。请您不要记念刚才我所说的话；我的怀恨是不能长久存留的。"

孟母听此稍为宽心，但极怕此人对他儿子的深恨未解，正想竭力向鲁灰讨饶及申辩时，已被鲁灰打断话头，道：

"我已明白您意，夫人，可是不用怕，我与雷孟先生本不常时碰见。至于我表妹，谢谢您顾念。但假如世界放弃她，至少尚有我，一个友人，为她，我敢宣誓。"

孟母到晚才回家，见到其子极安闲地穿了温软的呢鞋，正在饮热茶解解他的已经平息的刺激。他此时又正在深思前途的福利呢。

他心中想：

"为什么我得了妇人同情后就即讨厌起来？当我一想已上她们的当时，必须与其断绝后始能安心。但又为什么这样快于牺牲！这两个外侨纠缠我真麻烦，证明我是宜于与巴黎的轻佻女子一块的……这些时髦的女子，与我比较合得来，还是与她们结婚为好。……"

他正在深思时，忽见他母亲进来，面带困容，道：

"她甚康健，一切均好好过去，我望她这样安静下去。"

雷孟从梦想中跳起来，问说：

"谁？"

翌日，他又打算使用了一个巧妙的手段；虽不能转回印典娜的爱情，但至少可得点赞誉。他不愿这个妇人能够这样容易离开；他要表示此回的事还是他的理性及慷爽所取胜。总之，他一面推开，一面又吸引她来。他于是决定向娜写了下头这封书信：

  我不想求您，朋友，宽恕我在迷乱时得罪您的一二句话。这不是在发热时能够说、应该说的话的。如我不是天主，如我亲近您时，头脑便昏迷变成狂人，这当然不是我的罪过，反而言之，我也可抱怨您的见面乃致成我癫狂的人，但这也不是您的罪过。您不是生来与我们这样粗俗的人相配的。我常向您说及，印典娜，您不是女子，在我神志醒豁时，我总认为您是天仙的化身。我心中敬您如神明。但可恨是近您身旁，我即时又变成为另一个人。常常，只要一闻及您从唇上发出的香气，一种热烈的欲火便来焚烧我全身；常常，靠近您身、我的发碰到您发时，即时一种醺醉就麻木我全身的血管，使我忘记您是天上人物，梦中福神，从天主来的仙妃引带我到天堂去的天使。为什么，你，纯洁的灵魂，降附在诱人的魔体？为什么，光明的天使，竟放射了地狱的鬼焰？常常我觉得搂在胸中的不是你的声容而乃你的德行，给我许多鉴赏的幸福。

  赦罪，朋友；我自恨形秽不能与你相配，如你能降格与我一样，或者我们较能得到一气的快乐。可惜我的贱格使你看不上，而你的骄贵，又恨我受不来，因是你痛苦，我也悲哀。

  我知你已原谅我，无疑，因你的贵格当然宽恕一切。让我高叫起来向你感谢，向你祝福。感谢你呀！……呵！不，我的人生已完了，我心比你的更碎了。一想及你的勇气，在我臂中尚能解脱的勇气呵。我真赞扬你，崇拜到两眼垂泪，五体投地。真的，我的印典娜，这个勇敢的牺牲，唯你一人始能做得到的。这个虽把我的心身两行摧残，眼前与后来的幸福均抛失；但我并不敢以此为恨；因为我的幸福甚不重要，你的，才是天下的无价宝贝。我可千万次牺牲我的幸福，但你的若有一点遗漏便使我觉得无穷的痛苦。呀！不，我不愿你有这样牺牲。无论我怎样癫狂，无论你如何慷慨，我不愿占有你，致起我良心的不安而受舆论的督责。呀！天主！我冲犯你了，我秽亵你的天使了，因是，我极警惕，不敢对你有点邪心以干天怒。我死罢了，但我失你，将何以为慰，印典娜，我真天下至可怜的人了！

　　行吧，我最爱的人；往到别一个世界采摘那善行之果。天主当报答我们这样努力，天主是慈善的。他将引导我们到极快乐的命运中，或者……这个想头已含上了罪过；可是我并不以此失望！……别了，印典娜，别了，你已知道我们的爱情是这样苦楚！……嗳哟！我心已碎了，哪里再有勇气与你道别！

　　雷孟亲带这信到丁家去，但印典娜推辞不会，他只好买嘱女佣代致，并深深与丁团长道别。当他出门下阶时，觉得身子爽快；他心内想着充分的自由又取得了，快乐的时候与美丽的妇人们正在等他，这是他一个可纪念的幸福日子。

　　印典娜将此信放在箱内，并未开读，到了东非洲，她始有勇气打开一看。

（二十三）

印典娜的复信：

我本已决定不劳您记起我了；但到此读贵函后，觉得尚有复信的必要。在一时的癫狂，误认您为可靠，今知罪矣。今在容我认您是"人"，虽则不是"情人"之前，略吐一些胸臆。

赦罪，雷孟，在那晨上，我视您如魔鬼。您的一句话、一眼神，已够将我对您的信仰与及我的希望完全打却。我知是薄命，但不愿您鄙薄我，更使我无以自慰。

真的，我先前确是看您为无聊，为最下等的自私自利。我鄙贱您。东非洲尚不够远以避您；我宁可饿死天涯，不愿与您在一个地方。

自读您信后，此情稍转，我对您虽无贪恋，但已不怀恨，并祝您勿以我为念，转增我的罪戾。善自愉快，不用挂虑；我尚康健，或者我长久如此生存下去也未可定。

按事实说，您并无罪，这是我看不彻底。您心并非枯硬，不过关闭起来。您并未欺骗，不过我太失于信任。您不是失信也不是寡情，只是您不爱我而已。

呀！神呵！您已不爱我了！怎样我能爱您？……我并不以此埋怨，并不愿因此扰乱您的安宁；以不望您为我宽慰。明知您也有不得已的苦衷，即此已够对你宽赦了。

我无工夫与你辩驳，这本不是难事；我也不想与您讨论我的德行问题，我自己极为了然，永久未曾犯过失德败行之事。不必说，我已知道他人对我鄙视的缘故，因我做错事，做错一件与社会不能相容的事情。可是，我独一错误是在信您能够收容我这个为世所弃的人；而最怕的是一行委身之后即被捐弃；谁知您不以此举为然，拒绝收留，任我永久漂泊。

现在我已来到此地，孤苦自处，世人批评固然不能临加，只求我再振起勇气奋斗而已。我固极羞惭于自荐，我实癫狂，诚如你所说，我不知从哪些下流小说套取来的爱情，而自为可以应用。

我固有过，但您岂能无罪！我诚套取那轻狂的情爱，然非您平日的示意，断不会引起我临时的主张。可是你竟无勇气对付此种困难。聪明如您，能否为我解释此中退怯之理由？

在我，以为这个勇气，便是爱情。在您，平常说对我有爱情，而事到头则竟弃我如遗。神明呀！您真只会善于幻想者，可恨您不早见告呢。

为什么我今来抱怨？怨您不诚实吗？不永久爱我吗？不，我不抱怨，我唯恨不能使您长欢喜耳。您辈男子，喜欢自由无牵累，我爱您，在您必视为重担难负，如此决定您的离弃了！

从此后，我再不累您了，好好享受您充分的自由吧！可惜我不能先知；不然，以免牺牲到此种地步。

最后一句话，只祝您多多快乐，不必向我谈及天主，不必，雷孟，你不知什么是正直的天主呵。您，诚如鲁灰所说的，根本就毫无信仰。最多，您不过信仰传统的老观念罢了。至于我，确信仰它，但不是社会及教士所信的那个天主可比。我的天主是抑强扶弱，剥富济贫；不是您们的天主，见了一个可怜的妇人，不但不救援，而且向她掷石呢。

别矣！雷孟，您既能离我而快乐，我也可以自宽了。时常为我问候令慈，她真是一个好妇人。我对你，并不怨恨；若有时不免苦闷，乃因想起先前的情愫耳。

印典娜书于东非洲的不笨岛[1]

印典娜在此信中虽说得怎样风凉话，但心中未曾不饮泣吞声。虽则经验过雷孟不情的待遇，轻佻的引诱，无礼的欺弄，但她尚痴心满望雷孟对她有真情。梦魂依依，春愁脉脉，远望法国，尚有秋水伊人之情思。

女人总是如此呆蠢的。自然虽给她们精微的感觉，但同时又给上

---

[1] 即波旁岛。

了虚荣与易受人骗的性格。她们最喜欢人谄媚欺哄。凡能操此内媚的术者，虽最下流的男人都能得到其宠爱。否则，虽才高德厚的人，也为她们所鄙薄。

我们说印典娜固然与普通妇人不相同，但她也有女子的薄弱点。她对雷孟，总是看不彻底，到死总不觉悟。然我要问世间多少妇人不曾十年守身如玉而一朝极易失足吗？不曾对有些男子则贞节自励，而对于一些人则盲目毫无回想就任他践踏吗？

（二十四）

在东非洲的不笨岛，丁家生活觉得甚安静。此地山水甚美，印典娜日唯登山远望巴黎隐隐在云端；或时看地中海与印度洋寄情于烟波渺渺之间，鲁灰则独自散步于深林大泽，冷静凭眺，与世无争。只有丁团长营营碌碌日与商人为偶，晚间，或夫妻偶有争执，尤其当团长发怒时，当赖鲁灰为调停人。

第四章

（二十五）

在此时候，法国政局大变。雷孟本是王党，但王家日来所做太专制，人民大失所望，革命已在酝酿中。雷孟见此甚形忧惧，加以工作过度，遂致罹了四肢瘫痪之症。

他的母亲伺候病人过劳，又染上大病。举目无亲朋，只靠几个雇佣服侍，雷孟起始想及印典娜的忍耐温存，与及为他老丈夫调治的热忱，若她在此，于孟当然更加尽心调护。他想：

"如我承受她的牺牲，她的名誉固然损失；但于我的现状有何不利？我今独自一人，见弃于轻薄的友人；如她在，她虽不见重于社会，但对我的爱情诚实就足了。如她在，她怜我病苦，慰我寂寞。为什么我竟弃她使其远去？她深爱我，我不应正因世人不直她，而愈当爱她以补其损失吗？"

雷孟想于病好时即行娶妻。在他厚重的眼皮中，见了许多轻情的女子，穿了极时髦的装束，一个一个如蝴蝶般地轻舞曼歌。但一醒豁之后，他又想念这样妇人能够为他侍病食苦么？雷孟究竟不愧是聪明家，他娶妻的标准，不要时髦，不要自私自利，不要她有政治的意见。

他正在梦思痴想间，印典娜寄他的信恰好送到。雷孟看后甚为感动。他自忖度：

"我竟料错，她实在爱我在前，到如今尚念念未忘；我先以为此去不复返了，谁知现在只靠我去吸引即可从远方招来。如肯做去，一年半载定可成功，我何不去进行！"

他想及此，心清神怡而睡去，忽闻隔房嘈杂之声，其母病得已经去死不远。他披衣去见，其母已知病在垂危，遂向他道：

"你已丢失了好友，希望上天给你一个好伴侣，但望你，雷孟，应留意寻觅，不可随便。我不知别个妇人能比她好。听我话吧，小孩，丁先生已到衰老，谁能料得他多久生存。敬重他妻，一直到他未咽气之时。万一，他有不幸，你当记起世上尚有此妇人如你母亲一样的真实爱你。"

到晚，其母亲已在雷孟腕上死去，他此时悲惨难状。其母于他实在有种种利益；今一旦失去，在他真如丧失头脑无法指挥一般。既伤家内无主妇，愈想印典娜的可贵。雷孟于是为印典娜写一封极简练的信，大意在叙述其困苦颠连以邀印典娜的怜悯。他固然不敢说出要娜回法国，只将其母临终之言见告而已。然信中隐约间挑动娜之处甚多：他一面自怨前日为道德所束缚以至于幸福在前而不能享受；一面又怂惠娜今后应实践其前此的顾恋以表现她的情谊诚实到底未曾变动。在最末了，他续写是：

> 不要再提起您对我的前情，我已悔恨前日的薄弱，与为道学观念所拖累了。告诉我您眼前的幸福吧，告诉我您已忘记我了，唯此可以阻止我对您的妄想，阻止我破坏您们姻缘的锁链。……

总之，他陈诉自己的苦痛，底里的意义，则在表示等待印典娜来救助。

（二十六）

在此信达到时需要经过三个月的光阴中，印典娜的命运，又受了一个极大的变动。她近来新染上了一个习惯，喜欢在夜里将日间的烦恼生活写成日记。这些日记假设给雷孟看的，中间不免杂写些情感的表示。这些日记及雷孟前时给她的信均藏在箱中，竟为丁团长所搜得。在他一怒之下，自己把持不住，心跳手颤，急待印典娜散步回来。如她不快回，如经过几分钟后，则这个可怜人的愤气必平；可惜，二人即时撞面：丁团长连话也说不出，揪了娜的头发，掀翻她在地下，提起鞋跟向她额上乱踢。

即时，用凶之后，他回房去，关起门拿了手枪要自杀；正拟向头上打击间，忽在窗眼看到娜已起身，甚安静地拭干满面的血。初时，他以为将其打死；今见复活，始极宽慰，继又发怒说：

"这不过是微伤，论理，你罪该万死！不，我不自杀，使你得与情人快乐。我不愿这样让你们得意，我愿生存，看你烦闷，痛苦，缓缓熬煎，以报你待我的恶行。"

此时，鲁灰行近娜身旁，甚为惊异。本来，当团长行凶时，鲁灰相去不远。但因娜忍受打击，默不作声，似是她不愿生存，祝望假手于团长代为结束其悲哀的残生一般。所以鲁灰并未知道有此事发生。今见此等情形，遂极震栗问道：

"印典娜！谁伤害您？"

她作苦笑答说：

"您问此？谁又有权力出此，除非你所谓的'友人'？"

鲁灰放下手棍，只凭他两只硬手已够将团长勒死；耸身两跳已入团长的房内。但见团长跌倒在地上，面变紫色，喉咙膨肿，已受了脑血拥塞之病患。

他看见满地板上的纸，认是雷孟的笔迹，恍然明白此事之经过。

他即速将所有纸张归集,拉给印典娜快烧,料定丁团长尚未完全看过。

他并请印典娜归房,自己则与佣人调治丁团长。

可是,印典娜不肯归房,也不肯烧这种凭据。她极骄矜道:

"不,我不愿烧去!此人前已不顾我的脸面,直向我姑说出我逃走之罪恶;我今要他去宣布我的失德的凭证。他既愿意揭破人的私行,我又何必代为隐秘呢。"

当团长醒回时,鲁灰向他大责其过失,狠狠之色,本不是他所常有的。丁团长也知自己过失。凡凭一时意气冲动之人,其反动也极卑鄙,不大方。他哭得如小孩,即时愿求其妻见面,与她谢罪。但鲁灰知这样无益有损,竭力阻止。他知娜对他丈夫如此暴戾不是轻易于宽恕的。

从此后,印典娜更讨厌其丈夫,这是当然的事。丁团长虽懊悔请罪,但丝毫不能转动其妻的恶感。而且,他岂有真心爱娜而宽赦其不正之罪,不过,他知年老而且多病,非她护侍无以解痛消愁,所以不咎已往的败行,而唯图望其未来的相安。

在印典娜方面,也有一种想头。她恨社会的法律不公道,故决心与这个专制压迫的社会竞争到底,以冀得到自由之前途。主意已定,所以她不顾舆论的制裁,不怕社会的非难,一心一意,只做她良心所要求的事与实践她个人所梦想的希望。

在此时说,她对于家道与为妻的责任,竟行完全不顾及。她心所希冀的,在东非洲寻一荒山,或于印度洋求一荒地,俾得自己托身其间,日唯鉴赏大自然的美丽,享受山水禽鸟相亲的幸福,并由此与世人离开,与这个造作的社会断绝,而去与那些天真未泯的初民共同生活。

这个小说式的想头正在酝酿实行时,她忽得到雷孟的信。即时她决定回法国与其情人同居。她此时愿牺牲生命以求雷孟的一笑。凡妇人的热情都是如此癫狂的。

现所难者是在瞒骗团长及鲁灰的监视而偷逃。适有一船于明晚开往法国，经过种种的情动与利诱，而得船长的允许，于夜间在约定海岸命二个水手划一小艇以迎她下船。

（二十七）

启行之日，在印典娜看来，真是等于发梦；她怕其终不能实现，殊不知时间过得甚速，转瞬即到。田居幽静，悄悄沉沉的环境，愈更加上娜心内的惆怅。她藏在房内收拾行装后，一件一件藏在衣内移到海边的箱子。此日海涌甚粗，兴波作浪，所乘的船已在口外寄碇，依稀间，遥见其白色樯尖，在风中支撑。娜睹此，极为高兴。然当其归来时，看见肃静的郊原，吸到山中空气的清香，落日的金光，又助以虫蛩的鸣声，她对此未免有恋恋不舍之意。

到晚，风已静止。晚餐后，丁团长觉得不舒服。印典娜恐怕病人如此终夜闹乱，自己不能不留此服侍，于是就难实行其离开的计划了。到了十点，他已告愈，又极温和地感谢其妻，并请她好好休息不准夜间到他房去看视。这是他一生中第一次这样客气，娜对此更难为情。若他照常一样的粗猛暴戾，她觉得今夜逃走，于良心上较安。十一点间，四处肃静，娜跪在地下痛哭祝祷上帝宽佑后，她入其丈夫房间，静静看其面色如常，呼吸也好。在要出时，见鲁灰坐在椅中，假睡，以备团长万一的病再发，可以临时照应。她心中想：

"可怜的鲁灰，我对此更难讨饶了！"

她一时懊悔心起，就想叫他醒，在他面前认罪，但她又想起雷孟来，自己想道：

"又是一个牺牲，而最对不住的是我的责任未尽。"

爱情，乃妇人的生命。为爱，而她可以犯过；为爱，而她可以为非作歹毫不懊悔。为爱，使妇人们觉得愈犯罪而愈见得是出于真诚。

她于是将其颈所挂的金链乃其母的纪念物者，解下来，轻轻放在鲁灰的颈上以表示深厚的友谊。到后，她再提灯照其丈夫的面，觉得无病可惧，但闻他在梦呓中说出：

"留心此人，他使你堕落……"

印典娜全身颤动，即速回归自己房。她自搓其手，为状极痛苦；但忽然想起这不是为她而乃为雷孟；不是回法国去求自己的幸福而乃为雷孟的快乐；但求其情人有所慰藉，则她虽怎样被世所辱骂也愿了。一想到此，主意已定，踏着大步掉头出门而行，连回头也不敢。

小艇在岸静待印典娜，下船后冲浪而去。那两个水手老不客气，竟视娜为船主的情妇，以是粗言丑语影射而至。其中一个说：

"海狼鱼牙齿嶙嶙，真是利害，今夜他有美味可以果腹不至搅乱了，嗄！"

一个又说：

"什么海狼，不过是一只小母狗缠得人心头热！"

他们一面说话，一面手提起了楫要向水面打去时，印典娜在愁闷与含泪的眼中，看出是爱狗"阿灰狸"跟迹而来。当他们提起楫打下时，适一阵浪把狗冲开，离得艇尚远远；可怜的母狗，一面抵挡浪头，一面叫出悲惨待救的声音。印典娜百般哀求他们救援。他们假装同意；但当狗正要泅到艇旁时，这两个水手已将其脑袋打碎，同时一阵笑声，在这个兽尸的旁边冲破空气而出。印典娜只得叹气，呆看这只比雷孟更疼她的生物不多时被了狂风浪卷入旋涡而去。

这两个水手继续他们的隐语，大意都是暗指船长有艳福的话。印典娜想到此更为悲痛。二三次中，她已预备向海中跳去，继则勇气——伟大的勇气不觉而至，当她这样想时：

"这是为他，为雷孟，我受这些痛苦的。我应该生存，不管怎样受人侮辱！"

她将手压在心头，觉得晨上所藏的利剑又在。这是一把西邦牙的短小名剑，乃铸于一千三百年，不知饮饱了多少人之血，原为其父的遗物，印典娜得此，以为到必要时，用此自戕，总不愿受人玷污。她想到此，勇气又来，藏入舱内以待船的启行。

卒之，日光已上，船已启碇。船长为免受指摘，故意惊问印典娜从何而来及责骂水手混载而至，他于是写上折子以为万一涉讼的凭证。

这个船长虽粗陋，但人尚正直。一经知道印典娜的苦衷后，他表示得极同情。一路上虽人言啧啧，但他只有尽其友谊的照应，毫未涉及于邪念。可是一路风波，娜又怕浪，况且思念故人，希望前途与及种种苦闷，难以尽述。在印典娜，因其出于本意，故一切甘愿承受而也不怨恨了。

（二十八）

信只寄去东非洲三日后，雷孟已经忘却有此信，当然忘却信中所说是什么话。他此时病渐好，与其邻右自然有多少往来。龙宜小堡及园囿，已被丁团长卖去，接手者为一个富而好善的许柄先生。雷孟到来谒谈，为的在追维恋的前情及印典娜的往迹。可是物是人非，而新人又比旧人为胜了。

坐在客厅中，前为印典娜用工之地，而今已易为一个高大精致的少年女郎，从她两只长眼中见出温柔，谐谑，装妖娆而喜讥刺的人。她正在对旧墙壁的水彩，描画成为一幅鲁意十五宫内行乐图，人物的神情极呈乖巧，而其意趣也横生。在其幅下，她签字为"仿摹"。

一见雷孟，女郎的眼神表示了一种娇羞，不即不离的样子，而其中又含了不少的狡狯态度。他们初时所谈的乃是画的问题。少女手指那门壁上的爱神像说道：

"岂不是吗？先生，一个时代的风俗都可由画中看出。您看这些绵羊竟不是如今日的绵羊一样走法，一样睡与一样食草法？这些自然物的幻造，百瓣多的玫瑰花，由今看来似是一围刺篱了；许多家禽，到现在的种子已消灭；这些女人的纱裙，其上的蔷薇色，永不为日光所剥蚀，凡此都不是表出一种诗意，温柔的思想与无限的艳福吗？不是反射他们在此时代的温存、旖旎与和平的生活吗？"

许柄先生让这两少年去深谈。他们继又谈到丁夫人的问题。少女遂问：

"您与此间旧主人那样相好，今日不是为他们的遗迹而来吗？闻说丁夫人甚出色，我们继她后者，在您前，当然免不了受亏了。"

雷孟装得不相干而答道：

"丁夫人实在大方，其夫也极严正。……"

少女也极幽闲说：

"丁夫人不止大方，我记得她的风韵极高尚与有诗意。在二年前，在西邦牙公使馆跳舞会中，我曾见她一面。她真是天仙，这日啦，您尚记得吗？"

雷孟不免一怔，在想起此夜为第一次与印典娜谈话的日子。同时，他又想得那夜这个现时谈话的女子也在场，她的情容与俏眼最使人不忘的。可是他不敢深问此少女的底蕴。

当其出门向许柄先生夸奖此少女时，然后闻及他道出她的名字。

许先生道：

"我哪得有幸福为她的父亲。她是贵族的兰只小姐，我前偶然买得其家的产业；他父亲甚穷困，当其死时，遗下这个可怜的少女孩只有七岁，我就抚养为己女。因我一无所出，产业又多，得她的孝养，又希望得了一好女婿，如此，在我老年有所倚靠，于愿就算满足了。"

雷孟听及此，自思这个机会不可错失，若能娶她，岂不立成富豪。于是竭力讨好。他本是有好手段，最易得人欢心的。不上几时，许柄先生已经爱他。至于兰只小姐比雷孟更狡猾。她不答应，又不推却，把雷孟勾得又惊又爱。待到男的一切均低首下心，然后女的始肯答应。她早已料到雷孟不是爱情而乃为利益娶她；这也是此时的风俗使然。她并不以此为怨。可是她也不能爱雷孟，不过看婚姻是一种社会的制度,借此过渡,以便再去别求爱情罢了。她极知道以她二百万元的奁资,断然得不到真爱情的夫婿。在她看来,人生不过是一种利益的计较,爱情不过是面包的问题而已。

当雷孟已得富妻之时,正印典娜身踏法地之日。她见革命军已将帝制推倒[1],心中更为雷孟着急,在忽忙中,她受种种困苦,几至于乞食,而后始能达到巴黎。

即晚,她往问雷孟的门房。他答道:

"先生甚好,他现住龙宜。"

"您不说错吗?"

"不会错,他已是此间的主人。"

印典娜自念:

"好人雷孟,他竟买此地为我隐居以免受世人攻击。他已料知我回来了!……"

她一时如狂的兴奋,过了一夜的好梦,天刚一明,她就起床,留心装扮以投雷孟平素喜欢装饰之所好。当她要整发时,始恨前时长且美的青丝,已在病时被看护妇剪去了,而今只好将短蓬蓬的发压贴在白且愁闷的额上,和上了一顶英国式的小帽,烘出她娇柔的面庞,在腰带中又缀上一蕊为雷孟所素爱的香花,顾影自怜,满心冀得其情人的欢悦;她仍是前时雷孟第一次所见的憔悴与青白的形容,大病初愈之后,越显出其一搦的身材,令人爱怜。

到晚九点时光,她始赶到龙宜的园囿,回想旧居以往的痛苦历史,不免为之凄然。一切状态如故。只有那板桥改造与那溪流易了方向,总之,凡关于恋的死迹都已铲灭。

印典娜心中如此想:

"他必是不肯留此以免我伤心。他虑得太过了;我实愿留此以为忏悔之地,这不是一种好纪念吗?我的丈夫也恐被我恼死了。只要雷

---

[1] 当指法国"七月革命",1830年7月27日,巴黎人民发动起义,推翻了复辟的波旁王朝。

孟肯把我收留，缓缓在此地洗涤这些罪恶吧。"

越过桥后将到台基，她已心跳得太利害，不能不停足休息。一举眼，见到她的旧卧房的窗，挂上了蓝色的窗幔，灯光闪耀而透出；她想雷孟必正在支颐遥望他的天涯爱人。

上阶缘时，她又迫得时时站住以免咽气，她真受不起这样喜气，而比忧愁更难支撑的。她为要雷孟惊喜，偷偷从暗道走进，急迫从房门的锁缝看去，见雷孟一人正在看书。这确是他，确是生机富足的雷孟；一似他未曾为爱情及政治的翻乱所忧伤者；他神情十分安泰，那双白手扶住额前与他的黑发相映射。

印典娜冲门而入，跪在他的足下，将头靠在他胸前，叫道：

"你正在待我！待多少日子了！我并未忘约而来。……你叫我，我现已来，现已来；我今得死所了！"

她说时，脑极含混，不知口所说的是什么。停一会，她连口也开不来，话不但说不出，而且连思想也不知何处去。

过了一停的静默，她开眼见雷孟死怔怔一言不发，不动，不会有一点表示；她在狂喜之下，向他唇上黏紧起来，不知亲吻了多少次，并向他喊说：

"认识我吧，这是我，是你的印典娜，是你的奴隶，听你命，从三千里的远路特来爱你，服侍你；这是你所选就的伴侣，为你之故，她受了许多危险牺牲，专心为你的快乐而来。你现已欢喜，快悦她吗？说，我等你答话；一句话，一个亲吻，已够使我幸福了。"

但雷孟一言未发。他的灵魂早已飞出脑壳。在他脚前跪下的妇人的影子，已兜起他无限的惊惧、懊悔与恐怖。他用两手抱头，愿意即时钻入地下而死去。

印典娜将雷孟的双膝搂在胸前，喊道：

"神呀！神呀！你不说话，不亲吻我，不与我谈！你不要我吗？幸福是苦痛的；它有时尚伤害人，我极知道；我来得太骤，你受惊，咽不了气！呀！试向我看看吧；看我这样青白，衰老，我受苦真多！

但全是为你,你当更加爱我!向我开口吧,只要一句话,雷孟。"

"我要哭了。"

雷孟说时已不成声。

她满将雷孟的手亲吻过了,接说道:

"我正要如此。呀!不错,哭是好的,伏在我怀里哭吧。我将嘴亲吻干你的泪;我来独一为你的幸福,为你的伴侣、奴隶、主妇,都是愿意。先前,我对你太苛刻,癫狂,自私,给你痛苦,使你受不起。过后,我好好思维:在你既不管舆论,我又怕什么牺牲。占有我吧,取我血与生命去吧;我将肉体与心灵都交你。我从远途来卖给你;我敢向你说:取我吧,我是你的物,你是我的主人。"

此时,雷孟忽现了极奇怪的印象,他放开手,伸出头,睁开眼睛,作鬼脸看印典娜,唇上作勉强的微笑,眼睛睒睒发电闪,看了娜的美丽尚足动他的。他于是起身说:

"应先将你藏起来。"

她即答道:

"为何把我藏起?你无权力收留我,保护我吗?我只有你在世上可靠,无你,则我当沦为乞丐。如今,世人是不能议论你的,这是我自己负责来就你。……这是我!……"

她看雷孟往门限去,复喊问道:

"你往何处?"

她如小孩一样,对他不能一步离开,用了膝头爬去跟随他走。

他正要将门下锁时,可是已经来不及,兰只已进来。她不甚惊异,一言不发,只低着眉,暗里偷看那个倒在地上半已昏迷的女子;一晌间,她冷淡,作鄙视状,复苦笑道:

"丁夫人吗?您竟好意思把我们三人弄得都为难?感谢您免致我被人讥笑,一切不究,请您返驾吧。"

印典娜到此一气非小,她起身来表示极骄贵,向雷孟问道:

"这位妇人是谁?竟在您家下命令。"

兰只说：

"您来到我家中，夫人。"

印典娜如狂地把雷孟的手腕摇动，喊问他起来：

"可是，请说明吧，先生，告诉我这是您的情妇，抑是您的妻？"

雷孟嗫嚅说：

"我……妻。"

"雷孟夫人，"（兰只）一面向印典娜作狞笑说，

"我宽恕您不知底蕴。若您在此，乖乖的，当然收到我们结婚时的请帖。"

她又转向雷孟，装得极妖娆道：

"去吧，雷孟，我为您这样葳蕤难过；您尚少孩，诸事应当留心。今放您在此排布吧，好好对付，免使我羞煞您。"

她说后就出去，满面洋洋得意之色，因其心中对印典娜与雷孟都觉占在上头讨了便宜而回；又不怕以后雷孟更不敢不对她不下气。

当印典娜神志稍清晰时，她已坐在车中，迅速向巴黎之道奔驰而去。

（二十九）

到巴黎城门时，有一个为印典娜所略识的雷孟佣人从车下来问她住在何处。印典娜告以前晚下宿的客店住址。到店后，她倒在椅中，憔悴极端，想去自杀已觉无力移动；又转念如此悲惨，听其自然，命也不能常存。她在椅中如此昏昏迷迷，至于二日之久，未曾饮食与任做什么事。

最令人受不住与天下最可怜的事，莫过于在巴黎住在一条龌龊的街道的小客栈内。一个女子，冷冷凄凄睡倒在臭味烟色的狭屋内；这是一榍一榍的地狱，永久寻不到一个笑容、一点同情心，只有终日终

夜,各种嘈杂的声音,搅乱旅客不能睡眠休息;以至于要在最短的时间清静一点,以便忘却痛苦,也不可能。

况且,印典娜此际的状况,不止受了这样旅居的惨痛。试想从三千里之远道,来到此间,又受了世人的鄙弃,举目无亲,又无分文可以生活,一点希望全无,这是人间世最惨痛、最悲哀的人了。她见失败到如此地步,无意再求生存,只听饥饿、虐热与种种绞破肠肚的痛苦一齐来结束这个被世所荼毒的生命。她到此,硬心忍受,连到一句哀怨的话不发,一点泪不流;并且想不必太容易死去,但愿熬煎下去到了最末了尽头的气力。

到了第三日,人见到她倒在地上,被了寒气所袭,全身已变坚硬,牙关靠紧,唇皮成了蓝色,双眼闭合;可是,她尚未全然死去。店主妇搜寻此无名的旅客,分文全无,意拟送到施舍的医院去。忽然来了一个自称医生的情愿救治她。印典娜睁开眼时看到在她床旁的医生,一时向他胸前扑来,叫喊道:

"呀!这是你!这是你!你是我的天使,你!但你来得已迟,我只有以死向你祝福。"

鲁灰极感动说:

"您不必死,生命尚值得的,前此失望已成陈迹。我极愿阻止那个为我所鄙贱的人陷害您,但是不能为力。可是今后您不会再比此更悲哀了。我今又复成为您的保护人及父执了。您又复为自由的人了。丁先生已不存在了。"

鲁灰一面说,一面泪落如沈[1]。

印典娜忽从床跳起来,揉手,甚失望,大叫道:

"我的丈夫已死了!这是我杀他的!您竟向我祝福的,看我是什么人!天主是极公道的,我已经被了惩罚。雷孟先生已娶妇了。"

鲁灰极温存,但极忧愁道:

---

[1] 沈,汁。

"请您宽怀。丁先生并未知道您出走。他在我醒时,已经昏迷不知人,他执我手认为您的,好一会儿,他勉力提神,叫了您几声名字,就死去了。"

印典娜黯然神伤说:

"我深深保存他梦时的话:'此人使你堕落。'好似向我说的。"印典娜说时,一手压在心头,一手握紧头颅。

鲁灰接说:

"我在屋内遍寻您不得,以为您乘夜到海边散步。到了岸旁,我见'阿灰狸'满身血被浪带来,一时惊惧您也付诸波流而去了,如此二三日使我痛不要生。正在寻您的这个时间,忽听满岛中人说您已走回法国。我即日将丁先生葬事料理后,即赶来此。本想到雷孟家打听您消息,偶然在路上碰到那个跟您到此的佣人,向我说您住此。我无心再问别事,即速来会。想您如今已不会孤单了。"

印典娜愤然道:

"孤单,孤单!不要说及此人,永久勿说及他。我誓不再爱他,这人真可鄙;从今后不可提起我曾爱他以增我罪而加我辱,使我死后尚无以自慰。呀!望你为我的安慰人,只向我说那些欢乐的事情,俾我得安静死去。"

她想死去。但愈忧愁,愈使她生存,到底连大病也未曾犯,不过终日如醉似痴,好似变成为狂癫一般。

鲁灰竭力劝慰,永未与她提及前情,并且移她在山中静养。凡一切所能为的心力,他都使用出来以博印典娜的欢心,然而终于一点效力也无。他只好自怨自己无才能。一日印典娜愈形沉重。他连话也不能说,呆呆地如失神一般坐在娜的身旁。印典娜转面见他这样,极温存地抚摩他手说道:

"我使你苦,可怜的鲁灰!你真有忍性待我这样薄情无义的人!你已尽力了,对我不能再有这样热诚相待的人了。如今,放开我吧,我诚应受罪,勿以你清洁的身为我所染污;向别人去寻求幸福吧,在我方面实在不能为力了。"

鲁灰答道：

"我实在不能希望救治您，但我终不放弃，纵然您讨厌，我终要服侍您；因您须有应需的物件，我虽不能为您友，也可为您用人。可是，听我一句最末了的话，当能使您无病苦。"

印典娜答道：

"解愁之法，最好莫过于'忘记'，可是我对此不能为力。如我志愿能够服从意志时，感您厚情，我当复成如我们少孩时的愉快。可是我不能忘却前情，明知这个使你愁，但终不能跳出这个死圈。可怜我是薄弱的妇人，鲁灰，忍耐些，不是我忘你德。"

她说到此，泪已满颊。鲁灰执她手道：

"听，爱友，'忘记'不是易事；我不能怪你！我自己苦痛尚支持得起；但看你痛苦，实在难担待。而且，为什么要这样以我们衰弱的生命与这个无情的命运相抵抗到底？我们受苦够了，假如有天主，尚不准许我们解脱吗？我想人类所以比畜牲优等者就在知道一个能够医救一切苦痛的药方；这个药方就是'自杀'；这就是我要告诉你的最末了的一句话，也是我最能给你的好教训。"

印典娜静默一会后，答道：

"我也常想到此。先前，我曾去尝试，但因怕天主而中止。此后，我缓缓将宗教之观念破。在前你未到来救我时，我已决不食而饿死，可是你求得我照常饮食。到现在，我又为你不愿死了。你一人孤独在世，无人安慰，怎样得去？以我这样残躯，当然使你更加痛苦；但我决定必能复原。是的，鲁灰，我有志愿，必能复原，我敢宣誓；再忍耐些，我能为你安慰了。……我愿以愉快报你前日为我的忧愁。"

鲁灰表示不愿意的样子，说道：

"不必，好友，我不愿你这样为我牺牲，我决不承受。我的生存比得上你的高贵吗？你的忧闷能换得我的快乐吗？这个快乐不能二人共同享受，我总受之又有什么好处？不必，印典娜，我的生命也苦够了。我们同病相怜，正好一同向自然的母亲怀中安息了。人间世是一个'泪谷'，我们泪也哭尽了，苦也受够了，食亏已这样多，宿孽也当清偿了，以我们这样洁白的心灵，正好回去受天上的赏赐了。"

这一个同自杀的思想，经过他们二人几日的讨论后，已经决定实现。现在所商量者只在自杀的方法。

在他们深思之中，鲁灰先提出了意见如此：

"我想最美畅骄贵的自杀，当回到我们生长之岛，那个山上的深谷顶上，这是一条大瀑布。终日泼出了满天的红霞与冰绡。它又是我们小孩时痛哭嬉游之地，多少回我与你在此中祈祷祝福大自然的伟大。"

印典娜听到此，举手表示同情说：

"我极赞成。一想起恋，我看水总是万分同情。我如能够这样死去，也算对得住她了。"

二人如是坐船回归故乡，三个月的路程，鲁灰给予印典娜不少的好教训。海风补人气血，娜一日强比一日，这是第一次，她觉到海景这样伟大美丽，水这样温柔吸人，天空蓝蓝这样神秘与多情。在长时相向深谈之下，娜又起始感到鲁灰的诚实高尚，把先前对他不好的印象已经洗除净尽，同时当然对于雷孟的旧情，逐渐模糊以至于连丝毫痕迹也不曾存留。

（三十）

当他们到了不笨岛三日后，始从那预定自杀的山顶来。他们所以迟迟的缘故，因为他们一切要预备好，即至最小件的装束也要预备得齐齐整整，因为他们往自杀的地方去，好似上城市去赴盛会一般。

适是晚的月色朦朦，光线并未照入深谷中，从山顶看下，只见从山陷倾泻的瀑布好似一条白练。其瀑布下之湖光则一片银影，四处茫茫，似与天上银河互相交接而成为无限尽的白色世界。

此时乌木树与"挞马郎"树,因风起了瑟索的声音;百丈高的棕顶,正在开花,而反射了遍山的浅绿色。海岛已安栖在岩穴中,只剩多少蓝鸽在山尖叫号,远远听去如泣如诉。尚有无数的甲虫在咖啡林中嘈闹,湖面因此起了反响,加以单调的瀑布声与嘈杂的万籁,遂合成了穷极神秘的声与光连缀一气的环境。

那两个游行者,穿了一条山径,来到瀑布的上头。他们又寻得了一个好遮幕,乃是藤蔓于树下盖成为一种天造的屋顶。鲁灰极镇定,将一些稍妨碍的树枝斩去,而请印典娜坐在一个满生青苔的石上,由此望去,愈见周围的荒野与古朴。因月色不明,越见坑陷的深大可怕。

鲁灰向娜说:

"我要您注意是,可爱的印典娜,应该极镇定以成就这件大事。如您从两旁的黑影丢落,势必撞在大石头,死得迟缓又痛苦;但若从这条白色的线中滚下去,则瀑布的急流,将您卷入湖底里,如此死得极痛快干净。请待多一点钟,月色稍向上升,给我们的光线当更清晰。"

印典娜答道:

"我极赞同,但极希望在未死之前,我们应该向自然祷告。"

鲁灰接说:

"应该如此,我的好友。我们固然不能与伟大的神明合成为一体,但当先宽恕人类狭窄的心胸。"

印典娜自数月来已深知他的为人,闻此宏愿,极信其出诸鲁灰的本心,遂即表示同意,先行祷祝道:

"我愿宽恕一切:在我心中,不恨,不悔,不爱,不妒毒。今去死已近,同念前事,只有些烦闷与埋怨而已。大自然呵!你已看透我的心灵,你是纯洁与清净的。一切与我均无关系了,只有你,可以寄托我的爱情与希望。"

印典娜说后,鲁灰遂坐在她的脚下,陆续说出比瀑布之声音尚宏大的心籁。这是他一生中第一次,能够这样好好倾泻他心中之所包藏;也合是死神给他一个伟大的力量,漂亮的口才,与不能抵拒的勇气。因为人能不怕死,能够视死如归,则一切锁链均无所施其技;社会的制度均失其效用;平常的恐怖均不能再存留。荡坦坦直去直来,心灵只有向上天接近,向大自然结合,俯视尘寰,无异龌龊的世界;俯视人生,无异畜牲的生活;俯视人类,直是虫蚁猪狗的芸芸蠢蠢。这是一种根底的彻悟,根底的妙化。死神呀!人类能够操纵你、美化你、鉴赏你了,你不是凶恶鬼狞狰,而是天仙玉女了。

因为在这样特别情景之下,鲁灰心灵觉得有神火在其中射照引导一般。一种神秘的光明世界在他眼前炫耀;他觉大地均成透明;此山此石,此树林,此风云雨露,均含了一种电力透进他的心坎;此瀑布之涌汹,湖音之缥缈,万籁之唱应,凡此声音均是来把他心灵所有的妙谛阐明出来,拖挽他的心籁出来与大自然互相应答;他一时觉得水声、泉音、虫响、湖息,以及风的呼呼,云的忽忽,均是他的心籁在空中散布。故其言琮琮然,玲玲然,有韵,有节,这是神的音,这是大自然的传声。

印典娜听此甚为惊异,似是在她脚下跪诉的,不是鲁灰,而乃是山林的神仙。这个平日讷讷不能出口的人,竟一变而为妙绪无端;虽世上最著名的演说家,也不及他的万一。不必说,雷孟一比,只是一个小小的机械发音器罢了。

因为鲁灰说得太好了,太神化了,太超出人间口舌了,我们作者当然不能代为描写于万一。今不过将其几句扼要之话写出来。

鲁灰说:

> 我生来就是情种的。但因种种的摧残,使世人误认我为最无情的人。在食乳时,因为我不能微笑,母亲就表示厌弃。母氏既不爱我,诸事不肯温柔安慰,难怪我在少孩时已变成为干硬无趣的顽童,因此父亲也不见爱,世人更鄙薄了。以是,我只好一个

人终日在石岩深林与大海之滨痛哭我命的不偶。

幸而你生在世,我一见就即时变成为别一个人。我初视你这个几岁的女孩不啻如我的小妹、小伴、小孩,我的小女学生。逐渐当你长成,逐渐我的观念也变,我视你已如天仙、美人、玉女,我的未婚妻,我的世上最宝贝的物。

这样与你亲热,逐渐恢复我本有的柔情爱性。但我与你的年纪相差太远;当我已成人,你尚在童稚之年,我虽有万分的情愫,安能与你表示,纵表示,你又安能了解。如此,我的烦闷更加无已,而在世人看来,我又成为一个无聊、永久不乐的少年。

迫于家庭之命,我不能不逆我意志而娶另一个女子。她不爱我,这是应然,因我这样惨淡的少年,这样无说无笑的少年,怎样能得少妇的欢心。但我也不爱她。第一,我底里已深深爱你了,别一个女子无论怎样对待我,终久不能改变我的素衷。况且我的妻根本就不能了解我。以是我有妻后,生活更加惨淡,人生更觉无聊,不但世人,连己妻也都说我生成是鳏夫性,自私自利,有妻不肯爱,有家庭幸福不能承受,所有世人,知与不知,均认我为最无情而喜过孤独的生活者,冤哉!但事实俱在,我又安能否认。

自你嫁后,我觉得生存更无聊。及见你丈夫实在不能爱你,不能谅解你的心情,我愈加忧郁不乐。况且,我不敢与你表出丝毫的真情,因恐你一旦知我本怀,那时你若爱我,你不但对夫不住,即我也将何以对你,对他。所以我,外面务装为自私自利,对你一点情愫也无,务必使你鄙贱我然后已。又因我在他主权之下,势必不能与你夫敷衍,因恐得罪他,将我逐出,使我不能长见你,则我的情感更不能安慰。但你见此以为我与你不喜欢的丈夫联合一气欺压你,如此不但使我在世上独一心爱的人鄙薄我的不情,自私自利;而且恨我与有势力者交结,倚势力以欺负弱小者了!

继又有意外之事发生。你竟爱了那个轻狂的少年雷孟。此人佻荡薄幸，使恋自尽的凶手。我自始就知他不是真爱你。我也曾想暗杀他以绝后患，但想及你无他不能生存，所以隐忍以累你到心灰气竭。然后觉悟，凡此都是我应断不断的罪过。但你先时，以我告诉你雷孟的隐恶，而使你怒我的造谣。我因此，不但使你鄙贱我自私自利，不情不义，而且恨我依倚势力，并且埋怨我不成你美情，抱怨我是播弄是非的小人，离间他人情爱的毛贼！

嗳！如雷孟的伎俩永久得售，如你永久未发现他的假情，我当成为世上最惨痛的人，古往今来最不能安慰的畜牲了。因为世人均不谅解，只有你一人能见爱，则我已够慰藉了。但连及你也不谅解起来，而且比世人对我抱怨怀恨更利害，这真使我虽自杀以至于变成灰尘，我的含冤茹冤也永远不能消解；我虽死，也终不能有丝毫的安慰了。

我常自思，只要你一人能了解我的心情，世人于我的毁誉均等于浮烟。故如我在雷孟的地位，当挟你逃到深山大泽之中，世人愈恨你鄙视你则愈好，因为你如此更可专情爱我，独一为我。什么礼教，什么法律，什么社会制度，都不能束缚限制二个人的情爱在荒野高山中自由地交换发泄。这就是我的见解，我的思想，我对你一生的秘密。印典娜！请你宽恕我的罪过吧。

说到此，鲁灰已痛哭如小孩。这是头一回在他一生中最痛快的倾泻，也是第一次最满畅的哭泣：他不只为自己，而且为印典娜忧愁薄命之故，所以他哭得更为淋漓呜咽。

当鲁灰见印典娜也已满睫含泪，遂向她道：

"不必哭，不必怜悯我；你的同情心已够安慰我前日的悲惨。到今日，我已不忧愁，你已不爱他了。"

印典娜大声说道：

"鲁灰，如我先前知你，我断不爱他了，这是你的道德误我。到现在，你向我讨饶，不，我使你种种悲惨，而你竟报我这样纯洁热诚的爱情，这是我应向你道歉的。"

"印典娜，我对你的素愿，你竟肯予以谅解不以我为罪了。到现在，在此死之前，在此与大自然相合之前，我望能够为你的兄弟，你的未婚夫，你的天长地久的情人。呀！我真乐，比雷孟更乐，一切世人均比我无这样幸福。呀！幸福太大，我恐不能承受得起了！我竟能这样得你，得你在天上，在神之前，在大自然之怀里。呀！天呵，就是你，一切是你，一切也是我，我与你如此相爱在云端，在尘埃，在电光，在飞霞。你的爱我也如这个月亮的温存无间，也如太阳的热烈，也如这个大自然，永久不停的雨露，花香草香，鸟声谐和。呀！我的爱，我的妻，我的人间所未曾领略到的爱人。所以我此来特请你穿上白衣服，这个结婚时无玷污的礼装，我也打扮得如新郎一般，你看这个石头便是我们的礼台，这个明月便是我们的证人，一切万物都是我们的来宾，石鸽与那些虫声便是音乐，那万丈涌下的瀑布，便是我们的婚车，那深潭，那湖底，便是我们的洞房与合婚床！"

他说后，到那野亭内撷了一束橘子花放在印典娜的黑发上，并跪下说道：

"给我幸福，告诉我你愿答应我们在天上为夫妇。给我以永久的希望，勿示我以虚无的失望。"

印典娜已经为鲁灰的真诚所感动，如受至强烈的电气所吸引一般。加以鲁灰的词锋，和以月色的清融，夜鸟的唱声与花木的香气，举凡热地在夜间所发泄的醉气美味，一齐来打动印典娜的心头。况且，人到自尽的时候，别有一种要求安慰，要求情爱的心情，不是平常人所能领略的。好久以来，她对鲁灰已经信仰敬爱到无一事可与比拟；先前误会已经代为现在的崇拜，鲁灰在她眼前，不是人，而是天主，是全自然的代表了。她于是极尽天下妇人所向来未有的爱情温柔向他道：

"望你永久在天上在地下为我的丈夫，我今给你亲吻以表示我献身于你一直到天长地久永无中变。"

他们的唇相亲,如此未曾离开,因为这是出于两人的至诚,不是普通男女的亲吻可比;而且这是一个要死时的亲吻,更觉为长久的聚合记号。

这样他们的唇合在一起,互相搂抱,心头胸头,腿上臂上,面间目间,均变成是二人和合成为一起,永久,永久,不会离开的,一涌从那瀑布的急流滚下。……

要知他们生死如何,请看下文分解。[1]

---

[1] 此句原文本无,乃为译者所加。前文中鲁灰抱着印典娜一同纵身跃入了激流。

第五章[1]

"天上人间"

一对旅行家的信。

我的爱人：

前春与你别离，与这个老欧洲别离后，舟行忽忽，已到这个为我素所梦想的自然而朴实的不笨岛。岛之极高峰命名"燃烧"者，尤为幽奇。许多火山喷出后结硬的遗迹，幻成为：或则如埃及五千年前的纪念柱，或则如巴比伦古世纪的行乐宫；或如兽蹲，或似鸟飞；或如两军对垒，先锋冲突而前，后盾拥护而进；或似败军的将，旗偃鼓息，弃甲拖械而逃；有的蕊蕊然如花，汹汹然如涛；至其驰骤之势有万夫之勇不能当之状；揖让雍容又似在宾客杂沓之中互相行礼；凡此伟大瑰丽之天工，而万万非人力所能及者，它的千万丈的巨观，与一二厘的细巧，合成为最不相称中而有一致的和谐，这确是最好的模

---

[1] 此章应为"尾声"，下面的标题"天上人间"为译者所加。在小说初版中，故事到第四章已经全部结束，后来乔治·桑添加了这个尾声，以稍稍冲淡初版中的浪漫主义悲剧色彩。这尾声原为作者写给友人 J. 奈罗的一封信，内容是对拉尔夫（即鲁灰）与印典娜的访问记，叙述鲁灰与印典娜放弃自杀，走进原始森林，幸福地生活在印度式的小茅屋中。

范物，给予人类种种不尽的描摹。

因贪看胜景，而愈看愈不足，忽然暴风四起，天昏地黑，狂雨继至，倾盆而下，我只好逃入了那间栖在谷底的草屋。此处也极呈野朴，后枕巨岩可避风雨，前有小流渭渭然如鸟的鸣声，而环绕于左右及屋顶门前者则有四时的野花与缠绵纠结的藤蔓。

叩门借宿，门启而所见的人，使我退却三步。自己尚未开口，主人已请客进去，状极静肃。我所见的，与今要为我居停的，便是鲁灰君。

这是我们第二次的见面。第一次，已经近一年的时间了，我们是同船来此间的。

但到岸后，居留地的人，最多只见了鲁灰二三次面，以后便不见踪迹。舆论对他甚不好：有的说他甚愚蠢，毫无教育；有则说他甚聪明，但骄傲过度，而变为不可接近的人；第三人则说他只爱自己，自私自利；但多数人则说他是毒死爱友而掳其妻的凶人。这后来的消息传播最广，而最足证实的，据舆论所说，他们因为不能在法国立足，所以再跑回来，而又不能不住在人迹罕到的去处以便掩人耳目。

这个风说，实在于鲁灰君不利，虽其老友与其识人因此也都与之绝交。甚至风传印典娜已极鄙贱其为人，不过为他所胁迫不能不屈从而已。

因为有这种种的恶观念在我脑内，所以一见了他，未免又惊又喜。惊是与这个恶人同居，喜是可以由此深知其历史，以便与舆论相对证。

入屋后，他坐在一个装货物的箱上；他的眼色青蓝，一似海光，表现出极幻想与诚实的样子；其面上的散纹聚合得甚整肃；其筋络、血液，似乎极紧凑着实。见此强壮天真的人，即时把我先前的疑念似已冰消雪解。

忽然间，他的眼光向我迫射，我一时如盗贼被发见一般，甚觉难以为情。因我入屋时已经对他事事观察侦视，丝毫不予放松。今见他眼神如含有对我深深埋怨之意。他的神色似是神火的透入我心中，告诉我不要这样怀疑的。

他的招待不是阔绰。他带我入其房内，给他衣服为我更换。随后，即去会见在客厅等待我们的印典娜。

一见她那样美丽，那样少年（她似乎尚未到十八岁），听她的柔声，受她的风韵，鉴赏其新鲜活泼之气色，未免给我一个痛苦的心怀。我想这个妇人实在可怜，不是杀夫私逃的罪人，便是受了世人无根的咒骂的含冤不白者。

八日来，因河水横溢，不能旅行，我与主人认识已深，虽天气晴和，迫我离开，但心又极恋恋不舍。感激主人情重。他们相爱相敬之情，更加我的崇拜。印典娜天真烂漫，每事总请教于鲁灰，或则装作不识不知，故意在骄夸她的伴侣是多才多艺一般。她的神气虽含有忧悄，但极有媚态。她的眼色最能表出万般温柔多情。当其微笑时，眉梢尚不免印上一些故事的苦痕，但涡中深深藏起了那已经得到温柔的报答与香甜的幸福。

一晨上，我向他们说要启行。他们苦苦挽留，其一种出于肺脏的诚意，给我更大胆起来讨问他们的历史。我向鲁灰君说：

"请听，世人真凶恶，他们说你许多恶事。我现已深知您了。您的人生是伟大的，所以得到这样的毁谤。……"

一见印典娜的惊疑神气，似乎她全未知外间对鲁灰有不好的谣传似的，我即时住口；又见了鲁灰君所示意的眼神，感激他的温存雍容，我不觉泪已夺眶而出。

鲁灰执我手向我说道：

"少年，再留此多一日；我真不甘休放你这个为我们独一的知己离去。"

到晚，我们三人一同往林中散步。树木虽光秃，但已在长苞。禽鸟与昆虫正在恢复在冬天已失去的势力。川源也浩浩作声，沙碛渐次被新到的潮流所冲去。一切均表示有生气，有幸福的。

鲁灰君先开口道：

"自然的力量真伟大,您看它这样容易恢复元气与建造新的世界。"

印典娜接说:

"它真是做得到。我记得去年做了一个月久的恶风波与雷电,随后,天气又和媚起来。"

我道:

"这似一个忧愁心碎的人,得了幸福后,恢复得甚快,比前又较快活新嫩了。"

印典娜执我手,眼示鲁灰,表示其无限的感激与温柔。

入夜,印典娜退出客厅后,鲁灰始为我说其历史,因他不要印典娜听及伤心。他所说的,即在此书上文所说的。但当我问及他们自杀后何以又生存起来的一问题。他初极震动,继则镇定,又甚和气,向我微笑说:

"一说前事,已如昨日黄花。但今用简略的话句见告,我们实在是决心死的,或者我们的死期尚未到。一个医生必说我抱印典娜向瀑布滚下时,乃因我一时头晕,不从水中跳去,而向旁边的小径跌落。但我愚蠢,总想必定冥冥中自有一种摆布,这好似在梦中所见的仙女来拯救的。

这时的月光已向山后缓缓沉下,瀑布之声潆潆,天上一条白练,宿在岩石中的众鸟群向湖心飞去,忽然万道金光从我们坠落的径中射来。印典娜到此始敢微开眼向我看。我即向她说:

'应再设法自尽。因为一待天明,或者您又再鄙视我如前时一样,则把我此夜的幸福岂不全丢。呀!印典娜,放我死吧,我不愿生存受苦。'

印典娜极温柔与信任答道:

'您尚信不过自己吗,鲁灰?我的心情,或则尚未能见信于您吗?'

我们就如此这样生活下去了。但一日比一日,彼此越加相敬相爱,这也值得如此生存下去了。至于外间的谣言,于我全不相干。只求印典娜爱我，终使举世的人类恨我，我也愿意生存下去了。全世界给我，如我不得印典娜，于我完全不以为意的。我得印典娜，如得天堂，如得全世界一般。"

在他长谈之后，我问他道：

"朋友，如世人所毁您的全到您耳中，您也安逸不以为意吗？"

他答说：

"您尚少年，在您则以人言为轻重；在我们则全以自己的德行为重；世人，由我们看来，真是罪恶的人类。呀！隐居是快乐无罪过的，人类不与之往还，更免生口舌。"

"道德家也有不以您这样为然的。因为人类是为社会而生。您的行为于世人至有妨害的。"

鲁灰君答道：

"社会不能要求那些不用着社会的人。我们自食其力与世无争，社会安能责备我们的离开。至于怕世人尽如我们一样，这未免过虑，因为世人甚少能有这样毅力靠仗自己德行与能力过生活的。"

我说：

"要如您有这样好伴侣，始能捱得起这个隐居的枯燥的生活。"

他作了一种不能形容的微笑道：

"呀！您不知道我怎样为这班侮蔑我者可怜呢。"

明日，在我起程时，他们一个亲吻我颊，一个流泪几行，同声为我祝前途顺利后，并这样说道：

"别呀！好好向社会去。如一日，他们不要您时，当勿忘记此间尚有我们印度式的茅屋等待您。"

（《印典娜》全书完）

（据1929年10月世界书局初版）

（本文在校注中，参考了冯汉津所译《印第安娜》，上海译文出版社1987年版；罗玉君所译《印典娜》，四川人民出版社1981年版。）

多惹情歌

序

数年前,曾在广州与人辩论"恋爱与革命"一问题,依我说:这两件事可以一致并进的。恋爱是情义的表示,革命也是情义的表示;那么,凡富于情义者,可见同时能恋爱,同时也能革命了。不信吗?请看古来多少革命家,同时也是深于情义的恋爱家。

这个道理,今读《贝仑传》[1]后,又是多了一番的证实。贝仑,大诗人,廿六岁时已显名,虽爱其妻,但妻疑他与他姊有性交以至于决绝,因此而惹起英人对他极大的攻击[2];加以他与英人的性格不相同,所以他极仇恨英邦。他说得极奇妙:"如英人所毁谤我是对的,我不应回英国;如其不对的,我又不应见此邦。"他于是自己愿一生飘流在外。

他将所有的情感,一概发而为诗,但与古诗格完全不相同,这是他在诗上的革命。他愿英国革命,宗教革命,一切风俗人情俱行革

---

[1] 贝仑,今译为拜伦。《拜伦传》有多种版本,从时间上看,张竞生此处所提到极有可能是爱尔兰诗人,也是拜伦的好友托马斯·穆尔(Thomas Moore,1779—1852)于1830年写作的《拜伦爵士传》,这也是迄今为止公认的最好的版本。
[2] 拜伦的妻子名为安娜·密尔班克。拜伦在1813年向安娜·密尔班克小姐求婚,于1815年1月和她结了婚。这是拜伦一生中所铸的最大的错误。拜伦夫人是一个见解褊狭的、深为其阶级的伪善所囿的人,完全不能理解拜伦的事业和观点。婚后一年,便带着初生一个多月的女儿回到自己家中,拒绝与拜伦同居,从而使流言纷起。以此为契机,英国统治阶级对它的叛逆者拜伦进行了最疯狂的报复,以图毁灭这个胆敢在政治上与它为敌的诗人。这时期的痛苦感受,也使他写出像《普罗米修斯》那样的诗,表示向他的压迫者反抗到底的决心。

命。他本此革命精神，于壮年正可享用盛名时，竟自愿赴希腊，为此被压迫的古文明国而革土耳其之命而死。

他好革命，尤富于爱情。他爱妻，爱女，爱友人，爱一切的妇人；他推广其情爱以至于爱山水，爱明月，爱一切的自然，以至于爱狗，爱马，爱泅水，与爱一切有意义的战争。

人类幸而是情感的动物，因其情感大小不相同，所以其所作的文章功业遂而多寡有差异。凡富于情感者，其发挥为诗文的必极繁丽，而建设为功业的也必极宏大。

且看贝仑的诗上，最有趣味是：就在这革命与恋爱的互相辉映。今所介绍的，虽非全豹，借此也可见一斑了。

民国十八年十一月张竞生书于巴黎近郊

多惹歌[1]

(小说式的散歌体)　贝仑

我需要一位英雄。这英雄不是报纸上的名流,不是历代的帝王,也不是各邦的大军人。我要唱的英雄,即是众人心目中所共知共见的多惹。他生在西邦牙[2]的美地方。若说他家庭呢?

他父愁思[3]满腔富有西邦牙人骄傲热烈的血液。他是贵族的胤裔,又是极佳的骑士,他一上了马就不肯下来。

他母逸耐[4],满脑都装上了一切科学的智识,宗教的规条。她事事俱能,记忆力甚大,尤擅长于算学数理。她常时妙想天开,语言则终久模糊。她的妙想有如数学的符号。她的语言干涩难懂,恍似代数的命题。

她的品行比别个妇人都好,好到无一缺点。好到太好了,而比全坏的妇人更坏。一切至微细的行为,她都要依照数学去计算。算到她丈夫讨厌,不免在外暗中去偷情。

这位最有德行的命妇,别事都能宽容,独对于醋量则甚狭窄。他

---

[1] 多惹歌(*Don Juan*),即《唐璜》,是一部以社会讽刺为基调的诗体小说,也是欧洲浪漫主义文学的代表作品。创作于1818—1823年间,原计划有二十五歌,但并未写完,只写到第十七歌第十四节,拜伦便放下笔去参加希腊独立斗争了,并于1924年去世。《唐璜》约16000行,被歌德称为"绝顶天才之作"。张竞生的译本乃是节译本,且与原著出入甚大,省略之处极多,许多章节几乎是一笔带过甚至毫未涉及,并将原著诗歌体改作散体行文。
[2] 即西班牙。
[3] 愁思,也译为约瑟或荷塞。
[4] 逸耐,今译为唐娜·伊内兹。

们夫妻，因此常起嘈闹。闹后，彼此各出外间去寻欢。

可怜我们的小英雄，在家也尽量胡闹。客来常被他淋了一桶女佣的脏水在头上。他的顶发纠纠，额前光光，生下来就像猴一般的滑头。父母又是万分的纵容，不叫他入学校，又不给他好模范。

他们夫妻怎样不知，仍然如一般夫妻的夫妻样，不想离婚，只暗中各祝对方速速死亡。究竟，愁思终于先死去了。他遗下了那两个情妇给了教士与犹太人享用。他那三日疟症则好好给他贤妻承受[1]。

这位世界上最有德行的逸耐，幸而成为寡妇，如今当起家来，又是儿子的独一管理人。她于是想把他养成为军人，可以光耀门楣。他请人教这位小猴子骑马，击剑，练习枪械，预备后来去戕杀人民。

她想一切学问莫要于道德一门，故对于儿子的道德教育万分留意。她又想最妨碍道德的莫过于"自然科学"。所以多惹识得许多死文字，空泛的科学，无用的艺术，但一切关于人生的学问，如怎样"传种"那件小事，也都觉茫然。

道德教育，一切都是道德教育。自少多惹就浸淫于《圣经》、宗教名人传；每日去了一半在教堂祈祷；周围左右的都是老成持重的女佣、母亲、教师及监理人。以致他不到六岁已经循规守矩，到十一岁，俨然具了成人的风度。逸耐真为高兴，逢人便说她儿真乖，一举一动已经是圣人。（看者试想这是好教育吗？）

多惹一到十六岁，已极高大，美丽，衰弱一点，但极风韵，活泼中不至流于顽皮。别人看他已经发育，可是逸耐终愿他永久是小孩。有人说哥儿已成年了，他母必大怒，她最计算不出的是十六岁的小孩怎样不是小孩。

与这少年相识中，若算最有道德与热诚的应推柔娜夫人。只说她美，无异只说她千万美质中的一种。好似说花中仅有香，海中只有盐，"情神"身上只有裤带，"爱神"装束里只有一张弓。

---

〔1〕 此句的意思是：他死于慢性隔日热，抛下了他的妻子独守着她的厌恶。

她的黑墨眼色，显然是西邦牙与亚拉伯[1]的合种。芳年只有廿三。在她一双汪汪水眼中，于说话时，常常露出一种高贵的光彩。生来本是多情种，只缘过于矜持，故面色上常有抑郁难言的状态。

如黑云般的发盖住她那个温柔明慧的额上，眉作一抹的风韵弓痕。颊上浮现鲜嫩的红霞，好似表示她血轮内热烈的焚烧。总之，柔娜有了一个特别风韵旖旎的面庞，恰好稳称在她袅袅婷婷的身材上。

已经有数年的时光，她给予[2]了一个五十岁的老头。若由我选择的话，最好就将这个年数减去一半，尤其是在人易老的热地方。我想最有道德的妇人总要三十岁下的丈夫。

柔娜丈夫大名阿凡。在他年纪算是好容颜。若说他对妻不怎样爱，也不能说怎样恨。这对夫妻，也如别对一样，因为彼此相需，所以互相忍受。阿凡固极妒忌，在外面总不肯显出来，食醋一事，并不怎样好公开。

我极想不出柔娜怎么能与逸耐相好，她俩的性情其实完全不相同。逸耐枕经浴史，论及柔娜并未一提起笔尖。外间谣言固然靠不住，但谣言甚盛都说阿凡未结婚之前，逸耐对他已经忘却了最高的道德问题。

谣言终久是谣言。谣言又说：逸耐要将前情延长，所以不得不把柔娜引为亲眷，并使她为儿的保姆，称誉阿凡有眼光。这是最好的收买法，和气融融，免了许多争执与彷徨。

我不敢说柔娜所见的与谣言所猜的一样。假如她知道，自己外，既无凭证，又有什么方法？或者她不知道。或者她视此事为平常。在她既闭口不言，我们也实难瞎猜。

柔娜一见多惹，不禁就要抚摩。当然看他为可爱的小孩，抚摩抚摩，乃是出乎自然，确实不是坏事。但最烂漫无罪的抚摩，最好是女

---

[1] 亚拉伯，即阿拉伯。
[2] 给予，嫁给的意思。

当廿岁，男仅十三之间。可是现时的柔娜已有廿三，多惹已届十六的青春，我们实在不敢再取笑了。几岁变迁，这点小事就生出大事，尤其是在热地的人。

不知何故，他们到此时，比前另成了一样人。女的分外腼腆，男则较前羞惭。彼此见了各低头，而且闭口如哑巴。有时两对眼相逢，更觉彼此有难言的苦衷。柔娜固然明白此中的神秘，但在多惹，好似未见大洋的人，实在不能描想此中的汪洋。

柔娜对多惹冷淡中含有恩意。当她两手触到小朋友的手时，觉得颤动难支，只好抽回，随后又不禁要去轻轻摩擦。这个效力，多惹终是莫名其妙，怎样由她的手而能打动到他的心弦。

她见了小朋友时，连微笑也不敢；可是满眼苦闷比微笑更风韵。她苦闷中更能显出心中的热情。在她幽闷中，又更能得人的爱惜。娇羞中包藏了无限的幽意；初始的爱情，都是着力于假饰。

可是，假饰不多时，情欲已冲破阵地，幽意里已有许多的默示。恰如满天黑云，正是报告风雨的将至。在她的眼神已把心事供出。假饰终不能抹煞事实。她愈装作不瞅不睬，忿怒，悲恨，娇嗔，愈觉亲亲切切，爱爱密密。

她见他时，初则叹一口气，将气咽住，又复再抽一口气。继则偷视暗瞄，此中情事更有趣味。又复两颊焚烧，满身震动。当别离时，一腔忧愁满满填住胸臆。凡此小节，逐渐牵惹到大事。初试情爱的人，对于情爱的纠缠终觉无法去安排。

此时柔娜自觉心情怪异，好似心不由己。她于是提起勇气，为她丈夫，为她自己，为了名誉，为了面子，她于是叫起了道德、宗教，她于是祈祷贞节的圣母相助。

一晚，她对圣处女的像前祝愿以后不再见这个危险人。明早，信步不觉又行到逸耐的家。她听有人来开门，即转过背后念道："祷祝圣处女，来者不是他。"及开门时竟然是他。柔娜以后再无勇气去祷告了。

她又转想有道德的妇人，应能防御引诱，退怯不是女丈夫。任他怎样美男子，我都冷眼去看视。世间岂无纯净的爱情？如仙姥神妃的一尘不染？如哲学老头的柏拉图，肉欲终久不能上他身？

柔娜既有这样把握与好想头，她就想到只在执他的手，或亲吻他的额，不越这个界限，终久不成烦恼。她断定这样用纯净的爱情，于多惹也有利益，因由此可以引他不入肉而入灵。

她既具此防御危险品的利器，又有了纯洁的心灵，柔娜由是勇气蓬蓬勃勃。她恃了自己的道德为壁垒，男子是攻不入的。如此，她不用再羞怯，荡坦坦去冲锋。究竟她不会战败吗？请看后文给我们的报告。

别方面，多惹，这位可怜的小孩，不知焦闷是为何！他向古书去寻求，徒费了许多心力。小孩子呵，这是一件极自然的事情，只要忍耐些时日，销魂滋味就在你枕边。

苦闷、沉思、梦想与不安，多惹因此常避开人群，独自到了深林漫游。深林确是一个好处所。古诗人说得好："呵，爱神，你在这个幽静的地方，给了人类宽心与销魂。"〔1〕依我说：销魂或可能。若云宽心，怎样能够将心放得下？

少年的多惹，跳踱于野径荒岸，左思又右想，考究自己因何而至？宇宙何为而来？星辰怎样而流行？到后，柔娜的眼神为什么那样美丽？

此时春心荡漾的多惹，觉得一花一叶都欣欣含有春意。在风吹中，他听了似女子的吹嘘。在深林大泽里，他看见似有仙女林妃在跳舞同浩歌。

在这样长久的梦想与大自然鉴赏的中间，他终觉得有些事未满足，但又不知是什么事。或者是一个可以靠他头颈的女人胸前，或者

---

〔1〕 原著此处有拜伦原注——我想这是甘培的《外奥明与格楚德》第二章的开头，但我是凭记忆引用的。

是一个跳动热烈的女子心窝。除他确实想过这些事外,尚有些事,我不便在此说破。

温柔的柔娜,自然而然对了这个梦想的少年表同情。她愁为他愁,忧为他忧,凡事都为他关心。

最奇是逸耐,好似闭眼不见其子的变态。或者她明知而故意不管。或者她故意使柔娜迷失,以便使阿凡开眼见到他的宝贝究竟值了几多钱。

夏天,这个迷人的夏天,春天也是同样险的气候。一切罪过当然应推在太阳。实在是有些月份不好对付。五月的兔子时常闹出妨碍礼教的堤防。

我们的小英雄所闹出的把戏,乃在六月六日那一天。当时夕阳将下,恰好六点半钟,柔娜坐在青草地上,沉醉如穆罕默得[1]所说的神女。

她坐在青草地,做了梦想,并不是一人冷清清地,多惹已在旁做她好伴侣。他俩既有机会坐在一起,当然两对眼睛不肯关闭。

她真美丽,从颊上的红晕,可见她心坎的震荡。可是她尚未战输。虽然在深坑之旁边,她仍出死力抵撑,不肯轻易就堕下。

她恃道德力高大,她又怕多惹的少年,又想贞正的可贵,又想阿凡已有了五十岁。最好是永不想起,一想及这五十年纪,爱情就无法挽救。

她又想名誉,又想礼教,又想爱情,又想妻道。心中在暗誓不愿污蔑手上戒指的盟言,一只手已不觉向多惹的手摩去,别一只又向少年衍余的那一只按下。这真危险。怎样最讲礼教的多惹母亲,肯如此任他俩自由谈心。若在我们的母亲定然不肯这样轻易。

柔娜的手渐渐压得紧凑,似乎告诉多惹的手说:"压紧我吧,如你乖觉。"她此时仍然想手压手不过是纯净爱谊的表示,并非有肉欲

---

[1] 今译穆罕默德。

的掺进。"

我不知多惹怎样感动。如你在他的位置,当然也照他同样的表示。他把猩红的热唇,温柔向女手深深亲了一个知恩的湿吻。他亲吻后,似如犯罪一样不觉躲退躲退。初试爱情者确有这样羞怯。柔娜此时,面一红,并不见烦恼。她想开口,喉不听命,努力掀动唇边,只发出一种不成声音的微息。

太阳逐渐沉下,一轮金色的月球上升——鬼怪也藏在月球中,张开眼乘机给人间的烦恼。所谓贞正、道德、礼教,到此均成为空洞的名词。最使人受罪的莫过于这轮明月,虽则她在天上怎样正正经经。

在月影沉沉之下,人类心灵,只好整个放出来,毫无一点自主的势力。这个给树林、幽径及全自然上的银光,同时也打入人类心坎,挖出他不安稳的爱情。

柔娜此时,恰坐在多惹的对面,忽然间,她在半推半就之际,已被一只热火的手所扼住,同时在她胸前,又伏下一个美丽的头颅。她还想解脱,还想这去罪过的界限尚远。可是,这个情景太甜蜜了。……好一会儿……唯有神知道……我不写下去了。我并懊悔先头为何写及此事。

呵!柏拉图,柏拉图,你的好梦,你的"纯灵不入肉的爱情",给了文人、诗家、小说派,多少的罪孽!你不过一个大傻子,一个走江湖,一个无聊赖的媒人。

柔娜喉音已哑,要言无气,眼泪饱藏在媚眼中。我不要她热泪这样轻易流出,但谁能禁它不流出?为爱而流泪,抑为道德?她又想再挣扎。然在推辞中,不啻表示其允就的意识。

人说西塞大皇帝[1]下诏奖人如能给他一件新的快乐。至于我,并不求新,只愿旧的能保存下去。

呵,快乐,你确是温柔的天使,纵然你使我们为你憔悴而死。每

---

[1] 西塞大皇帝,指波斯王瑟克西斯(前519—前465)。

遇春天，我总想将先前所得的欢娱再乐一遍，可恨常违背心愿。等到冬天一至，又想下春再去一试。

从六月六日，柔娜与多惹两人合一之时，一直到了冬天，除了他们温习旧情之外，我的诗神，实在不免歇了一个夏假，并无什么话可唱。但到了冬天又有一件新事。

在冬天半夜之际，一片大青草地，被了月影照得清莹。远远又听及拨棹的声音。这真是温柔可喜。这真温柔在看彻天星辰，这真温柔在听轻风吹动树叶，尤其温柔在鉴赏天使在大西洋摆开了五彩的云霓。

这真温柔，当我们回家听见狗吠并舐脚手。这真温柔被了晨鹊叫醒，被了流泉催眠。这真温柔，听了群蜂闹衙，少女弄舌，鸟鸣树巅，小孩学语与他第一次的发音。

这真温柔，看了制酒的葡萄满地金烘烘。这真温柔，离开城市，新住在清静的乡村。贪财者最温柔不过是计算金钱。好为父者最温柔在得到头次生儿的音信。报仇也是温柔事，尤其是女人们。兵士最温柔是抢掠，海贼最温柔是劫夺。

得着遗产也极温柔，所以少年多愿老人死去。温柔是有了老酒与好菜。温柔是与讨厌的友人绝交；与老朋友纵谈少时在学校玩耍的情事。

然而最温柔，特别温柔，万种温柔的是我们第一次的爱情。它深深印入我们的心坎，永久不能涤除。一回思量，一回觉得有无穷的趣味与无限的温柔。

今应回顾我们小英雄的趣事吧。这是一个冬夜，满天黑云，无月无星，风也消沉。只有炉上烧柴的火光与那促织的叫声。尤温柔是案有冻虾和香槟酒，两个知心人儿促膝随意而谈心。

时已半夜，柔娜已入床内，不知是否入梦……忽闻汹汹敲门之声。女佣速去开户。

阿凡与其友人、家丁，持火一拥而入，各持凶器，意在捉奸捉双。

可怜柔娜，见此情状，惊怕起来，啼啼哭哭。知心多智的女佣安多娜猛将一床被褥故意翻得乱七八糟，表示柔娜一人独睡，刚从床中间惊醒，不好脾气，踢得散漫和狼藉。

当及柔娜看见阿凡，即时大喊道："青天在上，阿凡，这是何意？你发狂吗？……我宁死不肯做出这样不名誉事……半夜来此何干？你疑我这样正经人不正经吗？好好，请你搜出真证据。"

阿凡答声："正是，我当从证据入手。"

他与友人、家丁，于是无处不细心搜查。墙角，洗台，大小便处，藏衣橱，以至窗下。所有衣服，鞋袜，以及首饰，无一件不检举。最后，又用长剑向那地毡、窗幔及桌下刺去。

他们往床下搜寻，并未见有影子。他们往窗前看看有无逃去的踪迹，并未见半点痕迹。到此，所有来人面面相向，哑口无言。真是奇怪，他们一切俱去探求，只有床内总不想去一搜。

到此时光，柔娜更大声叫喊起来："你们随处随物都搜到了，搜出什么证据？好吧，我嫁到这样不争气的丈夫，怨恨父母无眼光。一生清白落得这样羞辱。好吧，我实在不再愿这样正经了。西邦牙不曾有法官与律师吗？我不往求离婚，尚有何面子？不错，曾经有许多人向我求情，但我何曾轻许丢过一回眼。意大利那位音乐家，在我面前白唱了六个月的情歌。他的同乡人孔伯爵不曾称我为西邦牙第一贞正的妇人吗？多少俄人及英人为我所推开？施伯爵对我失恋，孟爵士且为我失恋而自杀呢！（其实，他因多饮酒而死呵！）我不曾使了一个大教士在我脚以前跪求而如圣处女之不动情吗？如今，你竟怀疑我这样正经女子到这样地步，糟蹋到这样不堪了。好吧！你假如说去旅行，原来是为半夜与这班人搜屋。如今，一切翻乱到这样！呵！我真气得心痛，困倦得要睡眠，请你和这些人出去吧。如明天，你们能拿到这个情人时，让给我看，我也要认识这位是白是黑的情男呢！"

她说到此，向床边的枕头倒下去，持了手巾拭去泪痕。从她藏了泪珠的黑眼，放射出好似下雨时的电光。层云的黑发，能遮住她酥润玉白的脸，而不能埋没她如白雪的肩膀。温柔的小唇尚留无限的感动；奶头一噏一噏，心坎打颤得七上八下。

阿凡低头，不知所云。回想此来真无味，只得自怨晦气。忽要勉强向其妻作点道歉时，已被柔娜的哭声所阻住。只好与其众人一同收阵退去。

门钥一上好，忽然……呵！惭愧！呵！罪恶！呵！苦恼！呵！女子的弱点！到此一齐发现！你自称为最道德的妇人，怎样能瞒住冥冥的耳目？真是惭愧，多惹忽从床内跳出来，呼吸几乎不能自主。

他身细巧，闪在床角，藏在乱蓬蓬的被堆里，咽住了气不敢作声。实则他为了这样美人，如此闭气死去，固也值得。昔有御医教打迈陛下多交少女保存那条老命。如今我们的小英雄，几乎为了少妇，丧却一条新鲜的咽喉。

危险尚未完全过去！怎样办法？阿凡领去众人后即回来。柔娜只好再向智多星的女佣安多娜问计。安氏正在搓手沉思时，多惹的唇已经与柔娜的合在一处。凡属情人都是忘却了眼前的危险，只图眼前的欢意。引得安氏狠狠道："这尚不是玩耍的时候。迫不及待，只好将这位多情的少郎，关闭在奶奶的大便处！"

当阿凡入来时，说了几句不重要的客气话。面上尚表示了多方的怀疑。他将安多娜遣去后，又说了一大篇无意义的话头。柔娜闭口不言。她本有抵制的好方法，即当他说疑及她有情男时，她就说他更多有情妇。况且，这个证据也极切实，阿凡与逸耐的交情，外面都极知道的。可是她不敢借此相堵截，恐怕多惹闻及他德行的母亲有这等事，在便室跳出来后不大方便。

在危难，开口常易招祸之时，最好就勿说话。自然有许多妇人会播弄口舌，愈多说话，愈多引人相信。因为她们生来擅长于说谎，说谎是妇人们最好的利器。

可是有些妇人，她不开口，比说谎更加利害。她们红了脸，咽了气，低头闭眼，滴了一二点清泪，男子见此有气就变成无气了。到后,……到后……到后……彼此坐下,食起餐来,一切争端俱止。

阿凡道歉兼恳求柔娜宽宥。柔娜给他的条件甚苛厉,连他所最喜欢的那件事也不准许。可怜阿凡,要哭无泪,好似亚当从天堂逐出之际。忽然间,在他惨淡的眼光,忽发现了一双鞋——这当然不是女人的。他一时怒得不同小可,跑出去拿利剑。

柔娜即时打开便室之门,叫道:"逃!惹!逃!为爱而逃,不必多言。大门已开,你可从常走动的花园小径逃去。这是出园门的开匙。逃,再见,速逃。我已听阿凡回来的足音。……时尚未光,路上无人。"

逃!逃!这固是一个好主意,可惜太迟。当多惹正跨出门限,阿凡已仗剑而至。幸而剑未用已失手落地。彼此只好徒手相打。打得满身衣服破碎,全体皆血。安多娜破喉叫救,柔娜已昏倒在地,阿凡失了知觉躺在门限,多惹已经向园门奔出去。

明早天一光,这个新闻已传遍各地,最便宜是给了报馆许多好材料。阿凡请求法庭与其妻离婚。逸耐送其子到欧洲各国游历,增加了些道德志气。柔娜从此入了女道院,以下就是她断肠的信札。

"闻说你已决启程,在你诚为得计,于我则有无限的伤感!从今后,你心已非我所有,但我心终久是你的囚房,我太爱你了……这是我一生的独一罪过。我今草草写此信,哭到眼枯已无泪。

"我先前爱你,我今后绵绵无止期仍然爱你。为爱你故,以至于牺牲地位、幸福、天堂、名誉、家族,但这些的代价,已买得了和你那时的销魂,我当然不会起懊悔了。况且我一己是负责的,并不怨你有过失。

"爱情,在男子不过看为一段的事业,但在女子则视为终生的问题。男子为名为利,好武喜功,夸能斗才,种种与爱分割他的心地。至于我们女子,只有一个心情:爱……爱……爱……以至于为爱而全行牺牲。

"在你前头尚有许多事业可做。你爱人,你又被人爱,尚有许多爱情可乐。可是我，一切俱完！只有几年惨淡与悲哀的时光留在我心坎缓缓熬煎。

"别矣！原谅我，爱我！……不，不必说爱了，纵然我怎样爱你。

"我心情固极柔弱，但我灵魂极高强。我的志愿如指南针，只有向你的一个方向。

"我已写完了，我意终未尽。我不能生存，可恨死神不肯来。此后年月，仅为爱你与为你祈祷而生存。"[1]

※ ※ ※ ※

事情固然不平常：一个十六岁人竟闹出了他人去离婚，可是在我看来也不算稀奇。这种事必然发生于太晓算学的母亲和一个如驴的教师，一位如花的女子与一个老年的丈夫中间——此外尚有天时与机会。

别矣！逸耐从此开了一间儿童学校，专收三岁以下的儿童，教他们道德的教育，再试试他们是否再如多惹的见色而动。

别矣！多惹立在船面，凄然与故国、母亲，尤其是难以割弃的情人离别。他在风浪中大叫号："呵！永久不能忘记你，我的爱人柔娜！呵！我永久不能忘记你，任凭海水化为气，大地变为海，你的倩影永久在我心头不能变化，我永久将你记念在我心窝里。"他此时将柔娜所寄信紧紧藏在胸前。

他那样叫号，海水那样汹涌，一天暴风，跟随他行，当夜船已在颠簸飘荡之中，明早，又起了一阵狂风，将船打碎。多惹只得与同伴下了小艇，受尽种种风波与饥渴。到后，死者死，沉者沉，唯存他一人泅到一荒岸，力竭气尽，昏迷去了不知多少时，及一张目，将信将疑，看到一位少女如花美貌微笑地立在他面前。

她斜签在他身旁，小嘴似在探取他的气息。由她频频的亲额与温

---

[1] 以上为原诗第一章。

柔的抚摩，终于得到一点好报应。从少年心坎吹出陆续的呼吸，与少女微细的鼻音互相摄引。

和这个慈善的娇娃，同来的尚有一个稍大而较小家的女儿。她俩就把多惹抬到石洞内，烧起火来。在光焰之下，那位多情主人样的女郎更显出轻盈的细腰与骄贵的美色。

她额上围绕金饰与金色发互相光耀。一绺一绺的美发长垂到脚跟。身材细长袅娜，做了少妇已有余。况她那种指挥若定的气象，表现出她是此地的执政女郎。

黑如深夜的眼睛，伏在金色发下，衬出那漆黑修长的眉痕，其中又含了无限的吸引力。当其眼光射出，迅速如箭的激发。她的身段矫捷，好似蛇的屈伸，表现了又毒又凶。

其额，白皙且精致。两颊颜色鲜明，一似夕阳返照的红霞。上唇轻轻翘起，给人永久的愉快。就整个神情而论，恰如一尊雕刻像。

而且雕刻像怎样能比她美？多少美人完全不是艺术家所能描画与云母石所能表现。

她穿了一套颜色缤斑而轻巧的衣裳。额前的发点缀上了光彩夺目的金宝。面巾是金丝所织成。腰带头是金刚石。手指上又是各色的美玉。更使人销魂的是那双白雪的小脚穿了鞋并不穿袜。

别的那位少女，穿插隐约相同，不过质地较次而首饰较少。在她骄贵中而不敢放纵。发较短而较密，眼同样黑而较活动与迷离。

她们不是王妃，也不是公主。那个较美丽的，乃是一个老人在海上讨生活的女儿，别一个是她的知心女佣。

这位老人在海上不是捞鱼乃是捞人。他初时确是渔夫，现在则专偷载禁品与掳掠旅客，居然得了百万家私。在此地建了一座美屋，膝下只有这个少女孩。

女儿名叫哈弟，她唇上的微笑，比百万财产更值钱。芳年十七，这点青春已经惹起许多狂人。女则严正自守，冷眼正在择夫婿。

每逢夕阳良时，她们主婢则在海边遨游。此日出行，忽见垂死的少年裸卧沙碛，初见未免娇羞，回思人类贵于相救，况且那人肉色白得引人眼馋，纵要舍弃也舍不得。

她们不敢带他回家，因那老人老不客气，他见旅客便如猫爷见了鼠儿，但比猫爷还聪明，他不杀却，只要卖钱。

多惹在石洞内，寝的是少女的皮套，盖的是她的外衣，她们各人各放下一条内裙，为他遮蔽身体。给他做了肉汤食后，劝他好好安睡，允许明早再来看视。

他独自冷清清只好睡下。久疲之后，又得美人调护，此夜睡得格外香甜。哈弟脚尚未离洞，他已鼾声大作。在女耳边以为在叫她名，则实他们尚未问过名字。

她一路幻想梦思，痴迷来到父家，特行嘱咐女佣若耶千万不可泄漏。若耶最长于守秘密的法术，她不是从学校学得，乃从自然上得了这个启示。

多惹在石洞已睡得如死尸，哈弟在床内翻转到心动神移，勉强合目，即见了沙岸上漂流到了一个死美男子。

天尚朦胧，哈弟已跳开睡床，借口要去看太阳初升。不错，那样金色辉煌的晨光，明剪的鸟声，那个从光明中逐渐驱逐夜色迷漫的幻景，都是值得鉴赏的。所以自来多少诗人不愿睡觉，专去看那日光第一回向晨气的射击。可惜群众为名为利，虽在鸡鸣已经起身，但一切朝气俱未得到。

哈弟出时面对朝霞，美貌比朝霞又较鲜明，两颊的血液如亚比儿山[1]下的奔流奋激，如红海的颜色那样晕红。

这个岛中处女受了晨光的亲吻与露水的洗礼，明眸皎洁比天上的处女更美丽又更鲜明。

她娇娇滴滴，又急促促轻步入洞，见多惹睡得如小孩（美的睡态，值得鉴赏的），于是将其全身衣裳覆盖他身，面对他面，鉴赏他

---

[1] 今译为阿尔卑斯山。

微细的唇音。

多惹尚疲倦,两颊粉红,如山雪染上夕阳返照的景色。所有困苦都在颊上的绿筋表出。黑发里尚带有海水盐味,和了空气中更觉有些酸气。

他稳睡在她的衣下,好似小孩贴伏在母亲奶里。他四肢无力如弱杨无风不曾摇曳,如大海不波的平逸,又如雨后的玫瑰枝,稚骏则似初生的鹤儿。纵然脸上微黄,但不会贬损他一位美少年的价值。

好一会,他睁开眼,又想再闭下去,争奈美丽的情影,阻止眼皮的翕合。美人的影在多惹眼中比任何事都较重要。即当他入教堂祈祷时,眼所注意的也全在温柔的圣处女的脸面和神气。

多惹于是支肘而起,两人互相看视,女的羞红与男的怯白相映成趣。女郎先启樱桃口,一种销魂醉魄的希腊音,若译其意是:"君太弱了,宜多食补品与少说话。"

多惹并不懂这样语言,只觉耳朵如听最和谐的仙音。这样声音,使听者感激流涕,随后又喜得要手舞足蹈。

他正在醉迷中,不觉一怔,忽被若耶所做的肉味所引诱,他的饿肚迫他从仙界堕落到畜牲道。凡事最无聊赖是正好与美人同睡时忽被掌更或用人叫醒。多惹此时确有这样不快活。

他喜欢食的是烤牛肉,可恨这岛不产牛,凡嗜肉的人民性喜争斗。英人好食牛,故好斗也如这个畜牲的猛厉。我们这位英雄,一身也如英人有许多牛性。

在他食后,她们为他制了一副粗就的衣裤,中间又谈了许多彼此不懂的话头。

可是,眉言眼语比唇舌所作的声音更好懂些呢。哈弟与多惹各作手势、笑容和种种表情的腔口。到底,他们所有的心事,都不由不言中完全互相了解。

男子学外国语最好的方法,就在请教于女子,又要是教师学生都是年纪轻,性情又惬洽。女教师的温柔,无论男弟子怎样说,她都报之以笑容，所以进步分外快。

所以多惹不多时已晓得了哈弟许多声音。此间尤最晓得深切的是那个自然上的大字母——爱情。这是极易懂与必须懂的，无论谁在他地位，对了这样慈善的教师都要学习了这个大字母——爱情。

每日，晨光一上，哈弟已到洞内，刻意鉴赏多惹的睡容。她轻轻用手将他的发掠起，同时用头微附在他面上，一似熏风栖止在玫瑰枝。

每日，多惹得了极补的养料，精力日较日壮，爱情也日比日强。爱情原与面包互相需要的。若无"谷妃"与"酒仙"，"爱神"是不肯降临。

当爱神来时，谷妃即安排盛馔，酒仙即倾了酒桶。鲜蛋鲜蚝，最为爱的滋养品。其余尚有好物，均由山神海王所送给于晓得爱的人类的。

哈弟最快乐的是关怀多惹的一切：伺候他睡，鉴赏他醒，伴他海浴，和他同行。他是她海上所捞得的宝贝。他是她头一个及末一个的爱人。

这样缠绵一个月久，恰合女父又出外去掳掠。她一个人，无母，无兄弟姊妹，越得了充分的自由。朝朝暮暮，戴星披月，海边山头，他俩的倩影永久未一刻相分离。

人生最快乐的是有情人与好老酒。人类是理性的，所以有酒当尽醉。酒到大醉，醉到头痛时，人类才觉是最理性的动物。

美人醇酒已难得，况兼有好月，又恰在细沙作毡的海岸。海面与天同样静，同样蓝，静到海天一色都无丝毫音息。只有时不时听见海鸟的叫鸣与海鱼的跳跃，及那些细浪撞到岩壁的微响。

静默的自然与深刻的爱情拼合一气，哈弟与多惹随意在海岸清游。一弯明月正挂在那青草盖住的小岭头。从山陷中看出太阴依稀的残影与天涯的空阔及海水的寒冷。此际满天星辰与云霞正在与初月争光辉。

他俩手携手，举头看天上那片月，低头见地上的双影。沉沉是海音，悄悄是万籁。他们两双眼所热烈搜求的是爱情。他们两唇不觉凑在一块——一个长长且久久又湿又热的亲吻。

　　这真是一个又长又久，又热烈，又美又爱的亲吻。在这吻中，天火焚烧了他们整个的心血。在这吻中，所有感动、刺激、心情、灵魂，以及五官的触觉，百脉的跳跃与万种血腺的燃烧，都一齐互相和谐，合成为脉跳与心颤，脉跳与心颤猛烈如火山的爆裂。故最道德的亲吻，全在其时间性的又长且久。

　　这个长久时间的亲吻，当然由旁人去计算。在哈弟与多惹两人的心中，只觉它不过一瞬。他们从唇间醉迷到心灵，一似蜂舌舐花心，从心灵里领略美满香甜的滋味。

　　他们静悄悄只有两人。可是大洋、月亮、天寰与周围的湿空气，将这两人压迫成为极紧密的拥抱。他们拥抱紧密到似是大地除他们一体之外并无别个人物，似是他们一体的生命与世界同永久。

　　两人又亲吻又拥抱，女的腕拥护男的头，男的手紧围女的腰。女坐在男膝上，两口相吸引，两个下身靠合得更紧密，合成为一幅下半体的裸画。

　　这番好事完成后，男靠女臂而睡眠，女则尚未有睡意，将男头靠在奶前，时或仰天，时或注视这个心爱的面庞，她心尚在跳跃回想刚才委身的情状。

　　世间无有一乐事比看爱人的睡态更乐的。多么温柔，多么安静，无惊无恐，放在情人胸前奶前而睡的睡态。他俩如此经过了不知多少夜在这样无灾无难的洞中与岸上尽量交欢，尽量领受销魂的滋味。

　　他俩心心相印，海洋便是证人，洞里即是天堂，岸上沙滩便是洞房的床褥，星辰就算灯光，海潮来去如奏合婚的大乐，呵！人生真意义，真正的爱情，那有过于在自然上领略玩耍那男女一体的兴趣。

　　这样快了一月又一月消受，哈弟父亲总未归家，有人且说他已死在海里。多情的女儿举哀之后，又过了三五星期的悲伤，忽觉悲减兴来，一夜间女命大开筵宴，不但与多惹同享合卺的大礼，并与岛人同乐。所有人物均请到，并开了一场无遮的跳舞大会。

酒馔丰盛无比，岛中装潢真是美丽。女郎装饰更如天人。岛中群众且饮且歌和跳舞，称赞新女主人慷慨，而讥刺老海贼的吝啬。

在这夜色朦胧之下，远远来了一个老头子，遥见其住家的辉耀与众声的欢呼。至于哈弟与多惹，酒量已到喉咙，正在色授魂予互相交颈而睡之际。

在她惺忪之眼里，哈弟如梦中似觉自己在海岸被石头绊住；又似在狂风暴浪之下，见了多惹冰冷已无生气。一时惊抖起来，睁开眼睛看看她情人之面，这个死面忽而变成为她的父亲。这一惊非同小可，定睛再看，这个死面确是龙不牢——女的父亲，狠狠然向他俩迫视。

她起身叫喊，所有悲喜又惊又乐的情感都从这一响尖刻的声音表出。多惹被此骇异的叫声所惊起，举手支持其爱人不至于倒地，同时又向那壁上取剑拟对那吓人的来客用武。龙不牢微笑作鄙视状，道："只要我一声，千万的利剑即到。小孩子，放下你无用的朽器吧。"

哈弟拿住多惹的腕臂，大叫说："多惹，这是……龙不牢……我的父亲，你与我一同跪下，……他必肯原谅……不错，应该如此……呵，是的，我的温柔父亲，在惊喜痛苦中，我甚幸得见你生还。一切责罚在我一身上吧，请宽宥这个少年。"

这个老人，矫作镇静，呆视其女儿毫未作一声，忽于腰间取出手枪向多惹道："少孩，放下你剑。"多惹说："我手一时能自由，永不放下。""那么，你的血当淋你头！"老人说时已举枪到眼上瞄准。

在这样危迫之情景，哈弟突然插入在他们两个男子的中间，并向她父亲喊道："请杀我一人，一切罪均由我所致……他不过偶然漂流在此。是我先爱他，崇仰他好人物。到如今我实愿和他同死。我知你性强硬固执，不肯迁就，现请试试你女儿同一的性格！"

龙不牢游移一下，放低手枪，对其女儿怔怔死看如在考究她的灵魂的深邃。继才说道："这不是我先起手，是他愿演这大悲剧。世间为父的极少如我这样忍受侮辱。我也不过尽其为父之责而已……望你也尽你的责任。"

他复喊声:"将这少年凶器取去!"一时应命而至者有廿余人。老人复道:"拿住此人,或即杀却。"他说后,即紧抱其女儿稍行离开。那廿余海盗一涌而前。为头的已被多惹的剑削去半身而毙。第二的面部又被削去。第三的勇气更大,虽受点微伤已把多惹斫倒在地,余人即拖这个满身血的半死人而去(请看后文,知他载去被卖为奴)。

可怜哈弟见多惹的创血满地,一喊而她奶部的大动脉已全爆裂。朱唇变成为黑血,昏迷已不省人事。经过许多救治,她虽醒回,但痴迷如狂癫。

若耶——多情的女佣,百方劝解终无效力。最后请琴师为她奏一操《爱情曲》,她始回忆前事,泪流如大雨的滂沱。

她从此后不言不语,不肯饮食,不肯穿衣,睁开大眼睛不愿睡眠,如此过了十二日又十二夜,死神始来将她的美目关闭。

不止她,尚有腹中孕儿同她死去。她虽少年,若论乐趣,爱情的乐趣,也已享尽,也算不负此一生了!还胜于鸡皮三绉受尽世间苦况而后死为侥幸。

到今日,这个岛屿已成荒废,哈弟与她父二坟墓杂在众坟中,碑碣绝灭,未能确指女骨的真处所。但闻海浪日夜不绝的叫号,提醒希腊少年男女深深记忆这个爱情的故事。

这段爱情的悲剧到此终止。可是我们的英雄,尚有许多可歌可泣的戏剧。[1]

※　※　※　※

多惹与了一班被卖为奴者载至土耳其京城的市场。此中各国奴隶

---

[1] 以上为原诗第二章、第三章和第四章。

都有,白的黑的,老者少者,男的女的,颜色均甚凄凉憔悴。唯有黑人较乐天派:他们惯习为奴隶,也如鳗鱼之习惯于被剥皮。

多惹年青,身又壮健,表示有无限的前途。可是他未免忧从中来,时时流下泪珠,缘因病后志气薄弱,也因新失了最好的伴侣。

在他愁容中,见出额上光亮与高贵的态度,又有稍美丽的服装与其出人的仪表,所以引起买客的注意,群中窃窃私议,这位恐怕不是等闲的奴隶。

到后,一个太监出了重价买多惹与其同伴而去。一齐上船,行行进了一道垂杨的湾岸。到了一墙有门,买者叩关而入,又见了茂林遮天的小径。

时已初更,道黑难辨,只好缓缓认径。穿了橘子园,度过素馨花圃,又复经了许多丛林,到底,见了一座美丽的宫殿。

那位太监——巴巴就是他的名字,带了多惹到达一间金色辉煌的厅房,取出一副极时髦的东方女衣,并向多惹这样说:"你不喜欢这套衣服吗?"多惹甚愤激道:"愿死不愿成为女儿!"巴巴眉一翘起:"那么,你要我叫人来阉割,将你变成为不男不女的第三性儿?"

迫于威力,多惹只好穿了女装,跟了巴巴过了重门叠户,后来到了一座高大的铜门。掌门的乃是极矮的哑子。这些三寸丁的动物与了万丈的建筑品,形成一个极不相称的胜趣。

入门后,又进一个广厅,香味喷射,令人神醉。到此,巴巴向多惹说:"请你态度勿太骄矜。最好学点女人模样,走起路规矩些不要大摇大摆。你还要诸事留心。若被识破,我与你都要装在袋内沉入海底。"

巴巴说完,又引他入一间比前更繁丽的厅室,所有装潢,穷极奢侈,可惜缺了艺术性。东方宫殿都是装满了俗气。欧洲的,我也见过不少,其中也是与东方猪牛式的一致。

厅之中央,躺伏于珠玉围屏之下的有一穿戴如皇后样的妇人。在门限,巴巴已跪下,用手势叫多惹同样屈膝。那太监又复表示出无限的诏媚。

那妇人起身，如出水"情神"同样风致。她用羚羊似的汪汪淫眼睛对来者下死眼盯得甚久，随后举手表示悦意。巴巴亲吻其裙裾后，始为多惹介绍。

这位妇人全身均见高贵。她的美丽与风韵，任何著名的文人与艺术家都描写不出，幸而字与画描写不出，所以给我们无穷尽的想象。

她的年华虽已廿六，但其娇嫩尚如少女。在她憔悴形容中，越显出她动人的姿色。她示意那十二位跟随的美妃退去后，巴巴叫多惹靠近，并嘱咐他亲吻其脚。

多惹答道："除我一次见教皇被迫出此外，以后，誓不肯再用这样卑贱的口吻！"

巴巴暗静里大责多惹之无礼，但终不能屈服。到后只好叫他亲她手。

这个礼貌当然较易行，尤其为习惯这样亲吻的欧人。况且那美手已经引得多惹眼馋，不必勉强，他已万分愿意，况且从亲手而可希望去亲唇，这个希望想谁也有之。

那贵妇对多惹从头至脚都看个遍，这个太监暗嘱新人不用惊恐。他癫头疯脑而出，似做成了一件大好事。

当他退后，那贵妇态度大变，脸成红霞，额表刺激，两只黑眼夹上一团火气，现出又荡又骄的情意。

她集合一切美人之美，又集合一切恶妇之恶，她如太阳的严厉，给人热气，同时又焚烧人至于昏迷。

那种专制皇帝的神气，令人不敢亲近又不敢退避。专制的人虽在最幸福中终觉万分痛苦。因他们所重是物质而致精神永久不能满畅。

在她的微笑，温柔中又极骄贵。她的骄贵自头一直至尾。腰中带了一枝宝剑，知道者，即时已知是皇后的徽帜。

凡跟她者，只有二事：听命与服从。凡她所要的事，无论什么，只要是人力所能办到的都要办到。此遭是她从市场过，见了多惹，遂命巴巴买后,这样炮制。

此时,她见多惹已在掌内,遂极不客气地说:"基督教人,也知道爱情吗?"她想此语当能打动他心弦。

可是多惹此时的心情尚为哈弟所全占有。闻此语后,心血一涌,无言可答,只有热泪四垂。

土[1]后见此至形不快。流泪固是妇人平常事,但妇人流得极美丽,在男子则见出其狼狈可鄙。况且男子必极痛哭而后有泪。这样痛苦的泪珠,见者真为肉麻气馁。

格贝亚(后[2]名)本要想法安慰,但她自生以来,未曾有痛苦过,不知他人痛苦是怎么一回事,故她只有心中纳罕,想:怎么他人眼中会流出泪?

她想必是多惹第一次试云雨,遂至羞怯失措。她想到此,自己羞红涨到白睛里去。到此,只好大胆,遂将手放在他手内,眼注视他的眼。不幸他的爱情终未发生。她心中真是悲哀。寻思片时,忽将身子从多惹的胸前倒去。

这是一件极难推辞的事!多惹当然也知道这是一件极难推辞的事。只缘心中万分痛苦,不觉一时忿恨与骄傲同至,遂轻轻将后身推开,放她在身旁坐下。继则他极骄傲起来,站在后前说道:"被囚雄燕不愿与他雌结偶,我也不愿与陛下成双。"

他复说下:"你问我是否知道爱情?不!我不爱你。我对你不知爱情,即是表示我先前对别妇知道怎样爱了。爱情贵在于自由,今我为囚虏,你虽怎样威权不能夺得我这个心情!"

在欧洲看来,这些话本极平常,但在格贝亚则向来未听及。她只知道以后体的尊严,肯与奴隶为伍,那么,承爱者当有无限的快乐,岂有退却的道理。况且,大地一切都为君与后而生的,渺尔人民只有

---

[1] 土,即土耳其。
[2] 后,其实格贝亚并非皇后,乃是妃子,四个王妃之一。

听命服务，又有什么道理可讲。与她说心情吗？她并不知心在左或在右方，她只知道权力在她口内或在她手中。

她到此怒得超出于人类自制力之外，两只眼如电炬一般激射。她一生未曾有一次受人违拗的。违拗一个骄傲妇人的结果，连天公也无法挽救呵。

幸而这样怒的时候甚短促，如再继续下去，她必为这怒所毒毙。但这个怒虽不能杀自己，一转移间就去杀他人。她的第一念头，就把多惹杀掉。其次，驱逐出境。第三，考问他究竟是什么身世。第四，缓缓再挑动他。第五，暂时叫人带去，自己好好去睡，再想他法对付。第六，则想自己自杀。第七，叫巴巴将多惹毒打一番。这样左思右想，无一好处。她只有坐下抱头大哭。

多惹本已决定宁受土人诸种虐刑，如凌迟与给龟、狗、狮及鱼所生吞，总不肯降心以相从。今一见了妇人哭泣，——呵，妇人的哭泣呢，男子决心如雪化了。他只有向美人表示歉意，并许可以相就。

这位女陛下正在转意微笑之时，忽然巴巴入来跪禀："太阳的妻，太阳的姊，全地球的皇后，你眉一皱，全世界掀翻，您颊一笑，众星辰飘荡。您的奴才特来禀报，太阳光线即时射到。"

格贝亚无可奈何叫一声："真的？但希望他的光线不要射到天亮。今命你老彗星，叫诸妃伺候。你，基督教徒，混杂在她们中间，好好听命，我当宽赦你先前逆命之罪。"

土国大"苏丹"驾到。这位天子太骄纵了：头巾低垂到鼻尖，胡子翘上到眼角，围随了半里多长线的太监，特来降点雨露于第四皇后，这位最宠爱的格贝亚。

一切拜见礼毕，他的天眼忽垂盼这位新买的娇娃。他启金言向格氏道："您又买得一位好人物，这真可惜，她这样美丽竟生为不同宗教的人民。"

格贝亚听此皇音，心内着实担忧，恐怕龙爪拿去，立时桃化为李。这位癫狂、任性、固执、少年、美丽大胆的妇人，甘愿为性欲牺牲生命、后位、全世界的声名。实则她固可原谅。试想苏丹年纪已届五十九，又有一千五百个妾氏。即使她对于肉欲不怎样嗜好，那一千五百分之一的情意怎样能满足这个骄傲妇人的心理。

她此夜真是无可奈何受了天恩，她和陛下一同睡下，或者格氏眼中终夜未曾关闭。

说及多惹，只好与众妃退到别室，以便他们龙身龙体，去喷水吐气。此时，他混在美人队里，也算人生最快乐的事。我的嗜好又更广大。不但要金钗十二，直要世间一切美女，合而变成为一个整个的玫瑰花唇，任我一口亲吻而尽。在土国宫闱中，管理诸姬的有一老年女子，官名是"贞母"，她所管的是否贞不贞，恐怕无一人知道，可是她既名为"贞母"，当然所管的都是贞女子。

贞母与贞女住在一广大的厅室。此间贞女（即那十二妃与多惹同退下的），对于这位新来每人都有一种爱惜的心情。有的可惜她来到这异邦只身孤栖。有的愿意与她成为姊妹。有的愿她能够家中最好就有这样面貌的男兄弟。此中最倾慕的可算三位：牢牢，胶胶与姝姝。

牢牢金色如印度女子。胶胶，颜粉红，眼蓝，腕若不胜衣，那双天然的美脚，生来不是为走路而乃为跳舞。至于姝姝，身如弱柳随风摆，憔悴，无聊，恹恹要睡的样子。但她的美貌令人一见要三回头。

姝姝乃一尊睡态的神情：睡态的婀娜恐是天仙的化身，鲜明的颊，希腊式如琼瑶般的鼻柱，瘦不见骨，若使添上一分肉，便失却她天然的风流。

她是低眉的观世音，又具有神女的活泼。活泼如五月的朝霞那样生动。低眉一视能把他人的电气尽行摄入。若将一个最著名的雕刻来比伊，只得她的形似千万分中之一。

牢牢先启樱唇问了新来的名字。

"珊郎。"（多惹改女装后的名）

"真美丽的命意！"胶胶又要知道她生于何地。

"西邦牙。"

"何处是西邦牙?"

牢牢埋怨胶胶傻气,连这个地方也忘却。它是蓬莱仙境,在无可奈何天中的一隅。

只有姝姝默不作声,静静靠在珊郎旁边坐下,同时玩她面幕,摩其头发,死怔怔看她后,发出一声叹气,似悲这个薄命佳人的遭遇。

此时贞母启了贞口道:"睡时已到,各位夫人当就寝了。"她转头向珊郎说:"我爱,你来得骤,一切床褥俱不齐备,今夜暂屈与我同睡,待明日始为您拼挡一切。"

牢牢听后即插口道:"妈妈,您本易醒,我不愿别人再搅您好眠,我与珊郎一起,彼此身小,终比您尊体为舒服。"

胶胶又起身说:"我不喜独睡,夜间常梦见鬼魅,我希望今夜与新人做伴,同过一夜的好梦。"

贞母答声:"你的妖梦太多,与新人同床恐更加扰乱。"又向牢牢道:"你也最好是个人独眠,我把珊郎交给姝姝,她安静,恬默,不会踢被,娇怯怯一夜未曾动弹,又不曾叫号。"

她回头给姝姝做一问势:"你想好吗?"

姝姝并未答声,她生性本极少开口的。她起来,向贞母及牢牢对住眼上亲吻,又向胶胶的颊上亲了又亲。随后,她轻摇款摆执了珊郎的手带她到她们的寝室。

寝室甚见广大,有许多床,有更衣室,尚有许多不必说出的物品。可以说诸事俱备,只欠一点东西,谁知道这件宝贝就在她身旁伺候?

姝姝全身温柔,万分动人。鲜嫩皎洁,好似一幅佳妙的书画,任怎样名手只有去描摹,但不能得其真神。

她忧闷中含有深思,深思中又极厚重,厚重之外又加上了沉潜幽静。她虽有十七青春,但娇憨如稚娃,自己不知自己是美丽、娇小与旖旎。

温柔贞正的姝姝,指给珊郎看此时众姬就宿的装束,并为说明各种应守的规矩。因为宫女太多,风纪当愈加严肃。

姝姝说完后，给了珊郎一个贞正的亲吻，姝姝最喜欢的是亲吻。实在世上无比贞正的亲吻更幸福了。就意义说："亲吻与幸福"原是同一，除了些时，"亲吻与烦恼"，又是同时而至了。

　　在贞正态度之下，姝姝解去服装，一件一件脱光后又去对镜，一似自然的女儿，一丝无牵挂，趣显出她玲珑的玉体，至于珊郎并不敢这样自由，最苦是暗中鼻针一支一支密缝得更严厉[1]。

　　静默的广厅里，睡了许多女子，醉迷如夜间的花葩。有的头发如黑云的低压，又得美额如桃杏的垂枝；有的娇喘微微；有的口唇微开，呈出两排的珠齿。

　　究竟，此时的姝姝怎样睡法，怎样梦法？谁也不能知道，除非你是爱神。待到夜已深，声息已沉，灯花微暗已呈绿色，妖怪与夜叉正在打架之时，姝姝忽然叫出一声尖锐的声音。……

　　她叫得甚厉害，一厅人尽醒起，同来问她是什么因由。姝姝似甚刺激、感动和惊惶，两眼惺忪，颊上浮现了羞红的颜色。

　　她只好说："她梦到黑暗丛林里，见一苹果甚美丽，用石打下后正用齿咬啮，忽在心窝被雄蜂射入一刺，遂致惊喊而醒。"

　　她说时如醉似痴，俨然尚在梦寐的姿势。在她旁睡的那位新来的美人，如丈夫般的安眠，及到众人来围住姝姝时，她始从梦中惊起。

　　那位贞母听后，遂向姝姝说："你既受惊，应该静养为是。"又转向珊郎说："不幸你头一夜这样受扰，最好就请你与牢牢同睡。"

　　牢牢到此喜形于色。姝姝闻及眼泪双垂，姝姝恳求贞母宽宥，留下珊郎，必定别得好梦，以补先回的恶兆。珊郎也说愿照旧睡下。她睡得实在香甜。

　　当珊郎说时，姝姝转过面去，将头藏在珊郎的胸下，只露现一条酥颈如玫瑰初开时的花葩。她们如此再睡下去。至于她们怎样睡法与

---

[1] 鼻针，即别针。因为珊郎（即多惹）拒绝了姝姝为他宽衣，所以自解衣服时为衣服上的别针刺伤了手指。

怎样梦法，只有爱神知道。

晨曦尚与夜色挣扎之时，格贝亚已起了御床。她一夜失眠，憔悴如秋风揉碎的花瓣。匆忙中将首饰插好，正在愁闷无可聊赖，忽又听了杜鹃在枝上哈哈啼。

那位龙体徐徐起身，饮了至少有六大杯咖啡，慌忙出去处理与俄后军队正在交战的大事。呵！土国皇帝，把你的千万宫女开放。呵！俄国皇后，把你的无数的爱人宠臣解除。世界从此和平。原来，你们交战的不过牺牲人民而为自己床内的供养。

格贝亚一见苏丹离开，即召巴巴问及夜间珊郎怎样安置。巴巴到此不免实说，只是不敢说及姝姝夜间叫喊那件事。

格氏一听即时变色，几至于昏迷倒地，恶妇又兼淫妇的妒毒，不是寻常的笔墨所能描写得出。只见她悻悻命巴巴即时召到那两位奴婢。

这回召见的结果，她就把那对一夜偶逢的情人同时处死，即命巴巴去执行。巴巴领命后，回想这个未免过于恶毒，他就与多惹及姝姝一同逃走。[1]

※ ※ ※ ※

这时正是土俄交战，俄国大将营中忽来了一队人。"你们从何处来？"大将问道。

"从土国京城而来，我们是从监狱逃出的。"

"名字。"

"茸松是我，他是多惹。那两位是女子。余一位不男不女是太监。"

"茸松君，素极闻名。多惹君尚未相识。但你们来此为何带了女人？"俄大将这样说。

---

[1] 以上为原文第五章和第六章。

茸松答道：

"我岂不知此中道理？可是这位太监乃放我们走的恩人。两位女子又是我们共同患难的伴侣。人孰无情，尚望好好待他们到底。"

茸松乃英国著名的战官，被囚土国，今幸脱险，既要与多惹同赴战场，以报旧仇。两位妇人看此，两眼含泪难舍难分。

多惹劝慰她们，谓必战胜而回，誓不相弃，他们暂时忍痛分别。男赴前锋，女在后方专等捷音。

多惹与茸松骁勇直前。两人进攻胜过一军，尤其是热血满腔的多惹，他视冲锋陷阵，一样同亲吻与调情之有趣。

他们视战争为英雄得以用武的机会，并不是有何利益为目的。他们坚韧固执如驴子，硬力向前进，并不想退后一步。到后，土国要城意斯美被俄军所攻破。

土军虽然战败，但其兵士也极勇敢。俄军入城之后，尚经许多巷战，士兵无兵器的，至于用牙咬敌人的腿臂，头纵离身，齿仍紧咬敌肉不放。

在全城残杀焚烧中，多惹忽遇二个老兵正要强奸一个十岁的少女。可怜她父母已被乱军所杀。她见老兵的凶横，早已魂消魄散。幸得多惹抵拒他们，硬将少女救去。

俄军大胜之后，俄将军请多惹带了捷书到圣彼得堡（俄前时京城），报告女皇。

多惹此行最快意的不是捷书而在与所救的娇娃同去。这是他牺牲生命从肉堆中救出的宝贝，他愈看她愈爱，愈回想而愈有趣味。凡物由艰难而得到的，大都是觉得甘美无比。

当他到俄京城，谒见女皇之际，所穿的为极美饰的军装：上衣是红绒，下是打脚围的紧裤，腰横了剑，帽顶有长缨翘起。他的美貌，他的矫捷的身材，和了这样讲究的军服，成就了一个爱神与战神合一的姿态。

满朝臣僚见了这样一表人才，无不眉飞色舞。那些命妇更在暗中窃窃私语，俄后加得怜[1]现出笑窝。她的爱臣则个个戚损双眉。

这个俄后陛下，除丈夫外，一切俱肯用爱，尤喜欢是美少年，愈少年越好，愈强大愈佳，愈多愈加受用。可怜加得怜正在悲悼一个新死的吕不韦[2]（借用）。可幸加得怜，忽天送到这样的代替人。

她，除了爱情外，最喜欢是战争，尤其喜欢是打胜仗的战争，她接了多惹的捷书，目只对来使孜孜看，竟忘记了去开封。

一晌，她想自己虽是多情的妇人，但皇后的尊严不可降低。遂即开书看后，龙颜大喜，两只蓝睛生了光芒，那个风韵的嘴儿忽向上掀开。

她此时真欢喜：第一是一城攻破，三万人流血。她已近好几月未曾看见大流血，心中甚形干燥，得此消息，即时止渴消脾。第二，她喜欢是捷书中的字句简捷美丽。第三是与捷书同来的竟得了这个跪在她脚前的小臣。

她极肥腴而且严肃，故当怒时，满面起了残虐的青筋。若当表情时，"徐娘虽老，风韵犹存。"她的用爱如发纸币，不肯自己兑现，只问他人取物品。

她少时曾经美丽，现所存的是一身的力量。观她态度，在骄傲中常现笑容以与她的暴性相济。得她宠爱，富贵立至。她愿天下女子尽成寡妇，所有男子尽为她的情人。

男子已是不可测的动物，女子更是动物中的鬼怪妖魅。当女陛下龙眼低时，恰合跪地的军官鹰睛上视。这样两眼交接，即时触动他们的心弦。实在，眼神最是爱的燃烧品，燃烧到爱情尽了，则不免将眼泪去救济。

加得怜，虽然暴虐，虽然用情不专，然在用情时则有万种的温

---

[1] 加得怜，或译为卡萨琳（凯瑟琳），指俄罗斯女皇叶卡捷琳娜二世（1729—1796），于1762—1796年在位，世称叶卡捷琳娜大帝。
[2] 拜伦原著中此处的人名为兰斯科。据说吕不韦与秦太后赵姬有私情，张竞生在此借用吕不韦代兰斯科，即因吕不韦与赵姬，俄后与兰斯科之关系相似乃尔。

柔。到此际,她如去刺的蜂后,她的尾巴满给了他人的蜜糖。

她喜欢强壮高大的少年,她又喜欢那伟大雄猛的……她实在聪慧;爱情本是自私自利的,只有那倏忽间的狂欲为可贵。将全生命毁灭,将生命毁灭的余剩均全钻入于美神的腹内与爱神的孔里,这样才是得到爱情的真滋味。

爱情本是极多种:有哲学的纯净;有宗教的神秘;有夫妻的温柔;又有专为肉欲的驰骋。爱情的高贵,即在把人类从畜牲道中提高与天仙相合。女子本是天仙似的,所以她们要从畜牲式的肉欲中领赏爱情的真意义。

加得怜,即时爱上多惹,当然多惹也爱上加得怜。他们爱情来得真骤,殿前已成为订婚之地。皇后的灵魂飘飘然,全庭臣妾都觉诧异。

退朝之后,多惹即时加官赐俸。各人对于这个新被皇后宠爱之人格外垂青。各国使臣互请他为上客。贵妇希望他降临其家,小姐们则给他醉迷的微笑。

多惹从此得到种种便利。客厅上的交酬应接不暇;跳舞场中的娇客;酒肉朋友尤不少;一举一动均受人爱惜与注意。

一班西邦牙的朋友奖书交至。他的贞正的母亲,又给了许多好教诲;在信尾并告诉他一个好音:她又与新丈夫玩耍中给他一个小弟弟。

俄京妇人都宠爱多惹。多惹尤更宠爱众妇人。她陛下一人本已难于对付,那堪又加上许多尤物。况且他所喜交的是中年女子,中年女子固然晓得闺房秘法与情趣。

可是多惹的精力日渐衰弱。加得怜甚为凄惶,命了御医开了补养的药方。诸位贵妇又配了许多娇汗和香唾。

死神不怕女陛下的尊严,一步紧一步来与她争宠。到后,多惹已恹恹待尽。御医见了药方均不灵,只好请他到了比较俄京好气候的外国休养。

多惹情歌

此时,适俄国与英伦有许多利己害人的条件待订。加得怜乘此机会,就命多惹为密使,给他极大的财宝,使他在伦敦活动。

俄后于多惹行后,一时当然找不到对手的冤家。可是这个解愁大王——时间,渐渐来安慰。二十四点钟之经过,与四十八位的"面首"谈论与玩耍,当然使她可以安稳睡了一夜。[1]

※　※　※　※

且说多惹一路观光消遣,离了俄后愈远,病症愈觉轻微。及他到了"贞节的伦敦",他的精神已恢复了九分。

多惹有的是金钱,又有一副温柔的面容,更加上俄大皇后的使命,故到处受了大欢迎。

多惹到处跳舞歌唱,满面春风。小姐们喜欢他穿得好。母亲们打探他有多大家私,几多兄弟姊妹与他朋分家产。

贞节的伦敦,所讲的爱情不是如古诗人所说的:"爱情即天堂,天堂即爱情。"伦敦人的情歌是:"爱情即金钱,金钱即爱情。"他们看爱情也是市场上的一种交易品。

我们英雄多惹有的是金钱,本可在此贞节的伦敦得到许多的爱情。只缘他究是西邦牙人,不知这班妇人的心理。她们心窝虽热烈如火块,外面总假装得冷淡如冰霜。可惜多惹究是外国人,拿不到这些外面贞正的妇人脾气,故机会甚多而入手甚少。

此中最风流韵事的应当先说贞正的贵妇安特怜夫人。她生下就贵族,素以贞正著名,面上极美丽,外面表示极爱其丈夫。

她的丈夫,也如英国那些爵士富有严肃自大的气概。他因身份高贵不肯与普通人交际。为因多惹有身家,又因政治上有交连,遂致成为一时的好友。

---

[1] 以上为原文第七章至第十章第四十八节。

多惹方面不但是这个爵士的好友,并且为他夫人的好伴侣。他与她幽情密意难以口说。不说出来,更为英人保守点贞正的面子。

贵族人家,每当秋来,应当移居。安特怜夫妻即到乡间自己的名堡居住。座上客男男女女一笔难以说尽。此中与我们英雄最有关的是与菲莴公爵夫人的故事。

多惹多才多艺。言谈得来,又善跳舞,又善于打猎。此际秋气潇洒,安特怜堡主放了一群猎狗,各人上了马,男男女女一阵到田野肆其残杀的凶性。多惹与菲莴夫人,两人静静在深林中打得极久。到底,所打得的,只见他们手中拿了一条狐狸的尾巴。

这回打猎之后,人言唧唧都为菲莴公爵担忧。但公爵与其夫人永久不同一处,所以他们长久不会离婚与乖异。

还是安特怜夫人先为多惹关心。她一面抱怨菲莴夫人不守分,又抱怨多惹太多情,得她这样女友尚不足,另去偷偷摸摸,弄得这班贞正的命妇都不正经。

安夫人想出救脱多惹危险的方法,只有使他娶妻。无论妻怎样偷奸,为夫的道德上总得许多保障。她于是为他介绍了许多米斯[1]A、米斯B,只有一个为多惹所最喜欢的奥罗拉姑娘在外。

这是在夜宴上,许多小姐们夫人们珠光摇曳,多惹只好与奥罗拉暗丢眼箭。究竟奥娘眼中的电炬不是安夫人所能遮住,虽在暗里,她尽力破坏他们的好姻缘。

夜宴之后,又继之以跳舞。多惹回归房时暗苦奥娘不能得手,只好付诸一叹息。为此一团月亮正在窗前荡漾,远望瀑布的银光与夜色斗奇争丽。他开门出到回廊散步,忽然间见了一个魔影,戴上斗篷,穿了修道士的黑长衣,衣拖地作响,自远而来,忽又不知何处去。多惹到此毛发竖起,全身打了几回寒颤。

明早,天一光,他已下到客厅。安夫人见他颜色青白,自己不觉

---

[1] 米斯,英语miss的音译,小姐。

也青白起来。菲茀夫人从她面幕里看他一眼,默不作声。奥姑娘则表示极挂心的样子。

安夫人开口问他是什么症候。医生来诊说他甚壮健。多惹自己也不知是病抑无恙。到后,安爵士问他是否在夜间看见黑衣修道士?

"黑衣修道士?"多惹外虽矫作镇定,心中已经衰馁,面上已一条青一条白的递变表现。

"您永未听说此堡有黑衣修道士的妖怪,常在夜间出现的故事吗?今请安夫人为您详说吧。"

第二晚,夜色与前夜仿佛相似。多惹在睡床已脱成赤裸裸的身体,正在想及黑衣修道士的现形,忽闻冰冷的声音从远而来,他震惊到两眼与一口全开。一响,房门自开,在黑暗中,忽见昨夜同样的魔影已经相离不远。

多惹初极惊惶。继又转思,一位英雄安怕鬼怪;不觉由惊惶而羞愧,由羞愧而愤怒。他赤身起床向前一扑,黑影一面抵拒一面倒退,多惹愈迫而愈前。魔形虽则现出千万的怪状,到后,退到墙边,只好死立不动。

多惹用手去摩,似乎不是灵魂,也觉不是物体。再行前而迫视,见到一双可爱的蓝眼睛。再举手到黑影的胸前,在奇妙的感触中捉得一粒极紧实的奶子,跃跃然正在代传心弦感动的音息。从那美颊与玉颈,得到黑影里附有至动人的肉身。及后,将斗篷及黑长衣揭去,见到一个风流妖娆的身材,这个不是男魔,乃是风韵动人的菲茀夫人!

以上就是《多惹歌》的节译本。贝仑名作固然不少,而我独为节译此书,特在取其诙谐的意义,热烈的情感与生人丰富的意味。

原歌甚长,共有十六篇。若使作者不死,他想延长到一百五十篇。他说:"此中材料不会缺乏,我将唱起多惹到了法国与希腊的风流韵事;悲剧与喜剧,我的诗意是不至于枯竭的。"

我所删的大部分是战争与许多幼细及衍余的描写。至于爱情一项极少漏脱。

(译者附注)

(校注中参考了朱维基译《唐璜》,上海译文出版社1978年版;查良铮译,王佐良注《唐璜》,人民文学出版社1980年版。)

情话的一段[1]

（散歌体）（痴人）

呀！你廿二年华的娇娃！你虽学点新文化，实敌不住中国旧时女儿的心情。无论你怎样不能谅解我，你尚在我情史上占了一页极重要的旧话。

三年前的一日，我正在悲哀伴侣失踪，幼儿无母，你竟肯来我家任我儿保养之责。呵！谢天，谢你慈善的天使。

谢你慈爱的天使，来给我儿做保姆，来安慰我这样失恋的苦人。

男女失恋本是人生不可少的乐事。未曾爱过，不算人生。未失恋过，也不算人生。从失恋而始能深知爱情的滋味。呵！失恋的妖魅！我恨你，诅骂你，我又爱你！

女子失恋，真正的唯死而已。最普通的不过憔悴。憔悴岂不是女子最美的情感？由憔悴而聚情感在心坎。由憔悴而使情感不涣散。故女子失恋后，才见多情，才见有真情感。我们男子最当爱的是失恋的女子。

春情初动的女子，你所知的是不切实的情意。所寄托的不是生人，乃在花落与鸟啼，雨打与风吹。

曾经失恋的姑娘们，情感分外浓厚，情思格外敏捷，感触甚形灵动。一个普通的女子，一次失恋，比未失恋前十倍得知生人的情趣。

---

[1]《情话的一段》，从具体内容以及综合情况考量，此文不是翻译作品，疑为张竞生化名"痴人"所作。具体说明当需另文考释。但考虑到当年出版《多惹歌》一书的原貌，仍收录于此。

最憔悴的是情人或爱夫溘然长逝。这种天长地久的抛弃，在女人心灵上更起了极大的变化。所以最晓得情趣的是寡妇。先前中国人因迷信与薄情而鄙弃她们。从今后男子们最宜爱惜与结婚的是失恋的女子，尤其是寡妇。

男子失恋，比女子更有意义。这个不但能增长情感，并且能加进志气与宏大其志愿。他因此而能自杀或杀其薄幸。他因此原谅女子的弱点，人类的无聊。他因此对于女人的用情更专，对于博爱的努力更大与热心。

可是我此遭失恋的情感稍与常人相差异。我为自己不如为儿的亲切。我真失恋吗？我此时已经不爱伊。我先前虽用过爱，到此时对她只有恨。我既然恨她了，当然不能说尚有什么失恋一回事。

我真不失恋吗？这又不是事实。我虽恨她不是好伴侣，但极爱她是儿的好母亲。她爱儿完全出于天性，生来就自己授乳，一切顾视，热心无比。在自然的情爱看来，母亲爱儿乃是应分。但从"新女子"说，这已算是极难为。

我的伴侣，是"新女子"的一份。她不肯守妇道，不肯在家庭做奴隶，不肯服从丈夫——不管他是好的坏的。她不肯相信一切男子的言语——诚实与欺骗。总之，新女子好的是自由与独立。

她们坏的是自私自利。她们只知一己的快乐；对于丈夫不过视为一种交易券；即对于自己儿女也不过视为无可奈何的负担品。为要自己享用，她们不愿自己乳儿，只好托付于不卫生毫无情感的奶妇。

天生成妇人有美乳，固是一种美术品与为男子的玩具。可是它真正的使命，乃在给小孩的营养料。母亲自己授乳，于儿的口胃相合，卫生相宜。因胎儿已经习惯于母亲腹内的滋味。

此中最切要的是情感。儿在母胸前食奶，母亲觉得分外温柔。由母亲的愉快，传给小儿的和善与安慰。就快乐说，母亲不但得了精神上的，而且奶头被婴儿娇嫩的口唇所吮吸，能使全身肉体上起了快感。有说这比和丈夫交触的更有趣味呢。

就美术说,"母乳子",为世间最美的图画。基督教的"圣母授奶"图,都极壮严与骄夸。若看小手在奶部摩挲,与小口及要睡与和平温柔的脸面伏在母亲胸前的小娃娃,我说这个情形,若想及美奶被男人粗暴的指头所压迫与为大嘴所咕啜时,恰是上状乃一蕊娇花葩;后状,乃是同样的花葩丢落在狗肚同样可叹嗟。

我想新女子,最要在利用医术以避孕。若当有子女时则应于自己授乳,这是生人最重要的问题。(合法授乳期,不过九个月久而已。)

当儿少时——数岁,至五六岁,教养之责尚在母亲。家庭事务可以托人,在家养儿并不阻止在社会服务。出外做事,归来有儿童看顾,还是为母者最得意的调剂。

说及我儿子此时尚未二岁,骤失母亲,终日及夜间啼啼哭哭。他一声叫"妈妈",我一次胆寒心碎。在四十日之时间,他总想念"妈妈"。我常穿一领破旧的羊毛大衣,似睡如梦躺在破败的布椅。对于儿啼别无他法,只好起来开留声器,借此可以转移他暂时的思忆。

我这样过了惨苦的内生活,外边又受了敌人汹汹的攻击。多少冤愤满藏在愁闷的胸怀与憔悴的身体。

谢你慈爱的女儿,恰好此时来为我们安慰。你的父亲是满清举人,曾为民国知县。你已在高等师范毕业得了文学士的头衔。

你父影响你的人生观想极大。许多旧道德及礼教,自少就浸淫入你的脑里。可是他自己并不什么道德。看上了一个旗女佣,娶她为妾氏,将发妻与爱女置之于外不理。

呵!不幸的人生!薄情的父亲!你,可爱的女儿,全靠亲友的救济才能在学校毕业。今来上海,依栖在女友家里,意在寻得职业及补习英文。

你的母亲,闻说是一位中国旧式的好媪。她在北平居住(前时的北京),须待你去接济。就我所推测,你对母亲甚孝道。

我今尚历历在眼前,见你与女友到我家初次的情状:衣服简朴清洁。面庞整致,身材不高不矮,一头黑发,两只有情的眼儿给了他人不少的欢喜。

我初不想请你。我所要的是老成的妇人,最好是生过子女的,始能为良善的保姆。今看你娇稚如少女,恐怕不晓为假母的义务。经过二三日的考虑,别人既未有应招(我是在报上征聘的),只好权时把你来充数。

实在,你全不懂怎样养小孩。养育小孩,本是一种特别的学问不是尽人均能的。儿初时"认青",你又不能调弄与玩哄,以致你甚形狼狈。幸亏有女佣——张妈帮助。(张妈确是难得,她极忠实慈善。)

自你到我家四五日后,随时随事我都对你满意。尤使我最起同情的是你的身世。

我居的是楼下,你与儿及张妈同在楼上住。我们同住同食,也可说是同起同一致动作。每在深夜,儿一啼叫,我只好抱他落楼下听留声片,你也同在我旁帮助。虽然我怎样劝你就睡你终不肯,——当然为责任,此时尚未能谈及情义。

情爱发生有突然而起的,只要两眼触及,即时全身感电,满心不能自制。立谈之间两人已成一气。这类情感大都发生于未曾爱过人的少男少女,与一些聪明而有情感的壮年人。

又有一种情爱,发生极见徐徐。这是一种理性的情爱。凡男女对于情爱有经验或受过骗的,终久不敢即时表现爱情。而且计较之心极重,须要几多时候的认识与考虑而后输诚。

我的用情本是极速,偶然意见相投,即要订为终生朋友。对于女子,更觉一味痴情。平生有一谬见,以为女子终是有情感的。只要我看她好,我终能用了自己的热情而取得她对我的倾心。

我对你此次的爱情,发生的比较甚迟。一因你极理性与有计较的心机;一因我此时的性爱消减而变为父爱的升华;一因你静逸而极平和的仪表不能骤时挑拨我的兴趣;一因我的悲惨状态与惨淡的心理不能引起你即时的注意。

大概同住有一个月之久吧,我对你的热心始见端倪。第一是我极悲悯你的身世,其次在敬重你的奋斗,最末则鉴赏你的才能与性质。

"悲悯"是爱情的根苗。你说得极对:"悲悯不是真爱情,你若因悲悯而爱我为妻,则不如勿为好。"这是不错的。可是我爱你的第一动机,确由悲悯而生。

佛的博爱,墨子的施仁,以及基督与苏格拉底的舍身,都是由悲悯而起。女性的可爱固然在于强壮的身肌。女性的引人更爱惜的,尤在于楚楚精神、叶叶腰身。富贵女儿令人羡令人喜。贫贱美人尤使人感入骨髓。

我悲悯你有父离弃,有母难以为养,只身远寄于友人。我悲悯你有才难展,这样少年竟愿为小孩的保姆。我悲悯你受经济的压迫。我悲悯你尚未有真爱你的情人。

记得一日,我竟不客气向你要求结为婚姻。你虽不十分允就,但观你温柔的气色,允就多过于推辞。但你只说当要得了你母的同意。

呵!爱神,我不知此时是悲是喜。我要向你神忏悔的,我对她用爱未免过于理性化。理性在办公房内用得着;在你爱神的庙内直是等于梦呓与废纸。我对她并未热烈表过情义,有的只有下头几件事。

每晨为我儿用硼酸水洗眼时,我也同时为她洗眼。她初时不惯经,尤其是在张妈面前。久后也就安受不惊怕了。唉!温柔的服务。

她每餐只能食一碗饭,任人怎样劝加餐终无效。到后,我只好暗嘱厨佣装满满与压紧紧的一碗饭,她也只好全食下。唉!温柔的服务。

因为婚姻可有希望。有一日,浴盆备水好后,我竟入去为她洗浴。她已赤裸裸了,初见未免不好意思,可是一晌儿,就也不以为意,任我为她擦背。唉!温柔的服务。

呵!爱神!我尚要向你忏悔的是我确想与她同赴巫山作行云兴雨之梦,可是屡次被她婉拒。曾有一次,似乎她的理性已经把持不定,但我又不肯干起来。

试想她正是青春年华,又受我常时的挑动。彼此在一间屋,只有二人，一气有一个多月久共同密切的生活。她竟能贞洁自守，出去时如未入我家的一样无沾染。请问贞正的女孩家多少能似她这样贞洁？

可是我们相与间，别有一种情趣。夜深人静，小孩已睡去，她坐在我旁边翻译英文。我们彼此时不时两眼相视而笑。

每在无事间，彼此争背唐诗与古文。她能背《长恨歌》全首不错。滑利如清泉涓涓流去，偶有停辍，举眼问我是吗？再念下去，面色上似觉她已取得完全的胜利。

上海法租界公园，那片草地，她与小孩在其间玩耍，我则时到顾视，人们视我们为夫妻，她也不免时形忸怩。每在林下徜徉，谈三论四，此情实在难得。

我对她尚有一件最深刻的回忆，乃在迫视其束奶的小马夹，从上到下，每一分长几有一粒纽扣，统共约有三五十纽，围得胸部如铁桶，压得奶部似柿饼。这真自作孽不可活！我曾用力为她解脱这个束缚。当其纽全解时，我喜得如打胜仗，用力一摔，小马夹已到地。可是不久，她又拾起来一如前时在胸前同样的压迫。

习俗移人？抑礼教为崇？一个学校毕业的文学士，不能卸除残害自己身体的凶器。旧势力比新势力更占优势，可见新社会尚未健全，新教育一败涂地，新人物毫无生气。

束奶同缠脚一样为旧势力的根据地，而比缠脚的危害为凶猛。束奶使胸部受压迫，实为肺病及一切衰弱的根由。束奶使奶部消灭，有子时无奶可养，致小孩不得充分的营养以至于夭殇。

况且奶部竖起着实确为女子的美点。女子无奶部，好似果树不结子，花蕊不结实。女子无奶部，全失女子的媚态。女子无奶部直是男相公的变相，直是人类的妖怪。

缠脚，而使脚部全毁，连带而无下腿肚。束奶，奶部固然不存在，但肚腹不免因而凸起。这当然是丑态；无奶无胸而有凸起的腹皮。

旧礼教喜人束奶，借免由奶部而引起男人的注意。若为此而防范，最好就祷告上天不要生女身。有说束奶乃起于娼妓：一因假为少小年纪,一因免受嫖客的凶捻。为礼教或为娼妓,总算无一是处。

她们一班俗女子,依阿取容,尚可相当去原谅。可是你们新女子,连这点尚新不起,安有希望改革社会。我此时住的法国家人,尚为我说不久此间住有中国女学生尚压紧奶部。到欧洲来留学,而且要束奶,真是不必来此出丑,最好就在本国嫁鸡嫁狗!

谁能铲除这个束奶恶风俗?谁能叫醒这班被压迫的女同胞?我在上海三年前曾经大声呼叫。有一时在公园见到不少这样解放的女子。但随后,又闻了压奶复辟。广东民政厅虽曾下令取缔,效果也极稀微。我想此事改革,应从卫生、美术及养儿需要上宣传,和法律禁止及服装的改良入手。

张竞生前曾在《美的人生观》上提倡采用改良的女古装或向便的女西装而反对旗袍,因为前的可以解放与烘托奶部的美丽,而后的则在束奶成扁平。

你,可爱的娇娃,一生食亏,就在于要新不敢新,要旧又不敢旧。在新旧冲突间,旧势力又常得了胜利。你身体本壮健,当我见你时,闻你时不时要咳嗽一声,这已埋伏了肺病的根苗,当然由你的压奶迫胸及受旧思想压迫之所致。

你处在新旧的交锋中,而受了两方面的损失。你有浓厚的情感,但为礼教所消灭。你有温柔的情意,但为魔力所改变。你要嫁给新人物,但要他保存旧思想。

当你说及你婚姻事应听命于母亲,而她的条件有三种:第一不做后母,第二不要三十以外人,第三须是同省者。

你说第二或第三两条件尚可通融。至对于第一条件,在我方则极难圆全。你常劝我将小孩寄养于他人,如此始能嫁我。我则极力解说:儿在我心喜,儿去我心伤。我心伤,当然累你也不快乐。儿在,我当托保姆好好顾视,不至使你挂心。

在这一点上,你尚受旧势力所支配,以至于不晓得爱情与后母的名词不相同。苟有爱情,什么后母不后母。苟有爱情,我也愿作他人的后父。

爱情愈用而愈浓厚。它固如物质一样可以分析，但分析后并未减少力量。我爱儿甚热烈，我爱妻也同时可以热烈。一样情感可以分作种种发泄，不是如物质一经发泄后，便不存在。

我常抱儿在膝前玩耍、亲吻与抚摩；同时告诉你说："如此二岁的小孩，已无母亲，我又安忍再使他失父亲。你看我这样爱儿，便可知道我怎样能爱你。"

这些话都是白说！我不能使你谅解，在你也有相当的理由。有些爱情固然是由分析而微弱，例如你父爱了妾氏便不爱其发妻。多妻的人，虽其中可以爱得一人，但爱情根本便不存在。爱情在他们已变成为肉欲，肉欲当然由分析而消灭。

爱情可以说在同类上用则薄弱，而在异类上则成为同量的递变。

在前例说：凡多妻的，专爱一妻后，不能再爱别妻；也如溺爱一子后，常对于他子未免薄视。情有所专，便不能同时眷注。虽则有时也有例外。

在后例说：凡能热爱子女的，始能热爱其妻，或其父母兄弟，亲戚朋友。对一物热烈的，对别物也如是。淡薄的人，凡事都是冷淡。

热情与兴奋，这些德性，可恨在我国人已不多见了。他们父母子女相与间，都是淡淡然。他们夫妻，并无有热烈的表示。他们亲戚朋友应酬中，自夸为"君子之交淡如水"！

热情，乃生人最有趣味，最浓厚的人生。可恨国人只知放荡淫逸。若见温柔，便指为轻薄。若遇热情，便目为癫狂。

呵！你可爱的娇娃，凡事都是淡淡然，有说你心里则似一团火烧的热烈。

中国女子固有一种特别表情的方法。她们心里或可爱你，但口总不肯说出，有时神气上尚作了许多的"反宣传"。这样变态的表情法，乃受旧礼教的影响，以致真情变成假情，有情恍似无情。

我们今后正当的表情法：第一要诚实，第二贵痛快，第三要热烈，第四要有艺术。

诚实的表情：爱就说爱，恨就说恨。爱到什么程度，恨到什么地位，都应照实说出。有时纵向其所恨所爱的人当面直说也勿顾惜。

遮遮掩掩，小儿女的表情固然具有一种说不尽的风韵。但对其所爱的人已经认识极久，有的结婚已经若干年的人，其妻尚不敢向其夫痛痛快快吐出她的真感情，这是何种天壤间最大的傻事。

情感不是理智，贵在用冷头脑。情感乃是电气，贵在发泄得热烈有生气。一瞬间的狂爱，比过百年永未得爱的滋味为有趣。爱的贵重，就在使生人可以死，死人可以生。它那种狂风暴雨般的热烈能将宇宙间的气力在一时尽行发泄。

最后，说到表情的艺术，更是一言难尽。例如"风韵"，生成就的实少，而全靠于学习。它如语言美丽。一颦一笑，令人心醉，一举一动，使人神迷，凡此都可由学习而神化。

呵！你可爱的娇娃，对我表情，不知是否诚实？但极不见热烈与痛快。其余毛病就在于不晓表情的艺术。

你说话极少。有问也答得不透彻。容颜虽不见十分惨淡，但极少见喜色，最多只有微笑而已。举动甚形婀娜，我终久鉴赏你为儿脱衣或穿鞋时那种低膝的姿势。可是我永未醉迷你的眉眼传情，永未从亲吻中得到你的诗意。

你对我的爱情总是吞吞吐吐。诿说待你母答复，我们如亲眷的生存下去。我的热情狂态既不能吸引你的同情；外间一班敌人已经层层来破坏这个薄弱的情垒。

她们对你下了谗间。说你如与我合，必定受人咒骂，必定在社会无立足地（指我所提倡性学的受罪）。若你与我分离，她们就给你许多情人及最高的位置。

你的女友与其丈夫，外虽说已为我写信向你母亲夸奖，但她对我则说你有"神经病"，似在竭力破坏我们的姻缘。

呵！可爱的女子！她说你有"神经病"，我愈爱你！究竟，你不是神经病,这不过一个新名词容易用去诬赖人。

她说你神经病,因为她的小儿女与你说话时,你总是站起来。她说你神经病,因我张妈将我命去,你总送她到门外。

我答说这不是神经病,这是谦恭过了些度数。我也曾受此恶名,因我是校长而送庶务到大门。中国人对上太谄媚,对下太骄傲,全不拿人格做单位!

在我自己也不无罪责。我对你太不检束。终日如梦,狂似穿了最丑恶的外大衣长躺在椅上不动。仪容不修饰,终日书空咄咄,怨女子不忠诚。在这样无聊中,我虽卅许岁人恐比四五十的更老丑。又不曾与你看戏,玩耍,引逗你的欢心。只在家中作悲观,以增加你的厌烦。

你呢,经过家庭的患难,受了父亲的不情,或者你自己也曾受过情爱的欺骗,所以一切均极怀疑,怀疑到了极端,几乎陷入于魔道。

我曾与大学生戏说:"你们不可去嫖娼,梅毒白浊与费钱实在危险。你们有的是女佣,最好与她们调情及用爱。外国有些书主张这是最好的社交。"

你听此后,就怀疑我必与女佣私通。(此时有女佣甚丰润,少年,但极着实。)甚且怀疑我伴侣去的原因也必为此。任我怎样辩白解释,你终不能相信。

你常怀疑自己所选择的人未必好,须经过你母亲及亲友评判后始能定夺。这个固然有点道理。可是自己有智识与经验而无主见,竟乃听命于无知的老媪,乱行谈判与为利益的友人,——怀疑到了自己,怀疑已成为灾殃!

总之,我想你对我也未必有浓厚的爱情,因你尚有眷恋的爱人。你告诉我,并给他信为证说,一个前途极有希望的学生,极愿与你结婚,他又为你母所极爱惜的人。

你请我同你到北平见你母,必定可得成婚。可是我实在为儿养育故不能寸步离开。由今想来,我对你的爱情也未十分浓厚。如我果十分爱你，就当与你同到海角天涯。

我性情又未免苛求，愈为我所爱的，苛求则愈甚。记得一夜，我请你写信催促你母答许。你写好给我看。我指出中间几句应改为切实肯定之词。你不肯改，我必要改。到后，你撕了信，反起脸，乘夜要搬回你友家。经我恳求以至于下跪，答应你明早搬迁始休。

事后，你向我说："我性本极激烈的。只因受种种摧挫，以致养成为好脾气。但遇本性发时，实在不易对付。你与我同居个余月后，尚未深知我的底蕴。知人诚不容易云云。"

不错！知人诚不容易，知妇人更为难事。她们心理如埃及的"谜神"，怎样猜终猜不着。我承认是傻子、呆人，太过于烂熳天真，常受人，尤其是女人们的大亏。

女人欢喜时如小孩食了糖果，凡事总可将顺。女人怒时如夜叉的降临，跪求不灵，最好就伸出头颈任她咬啮。

女人怒时，如肯哭泣，尚可用温柔的手段挽回。最难对付是女子干燥的愤怒，即不哭泣，只青了脸浮出蓝筋，甚的则吐了满口白沫，这样愤怒的女子，只有请了雷神来降伏。

呵！情神变成凶煞！你的微笑脸儿已成为青面兽。你的干燥的愤怒，使我失了三魂和七魄。

最有趣的在听泉流莺啼。最有趣味在看明月晓星。最有趣是听狂风暴雨。最有趣是夜静时在枕上听檐漏点点滴滴。

最有趣是洞房花烛。最有趣是科举时代的状元及第。最有趣是与久别的情人重逢。最有趣是道三不答两的丑脸。

最有趣莫过于听小孩唱歌，乖巧的儿女谈话，与颊上现出笑窝。最有趣的有时看天空一大霹雳，电光四射，眼神儿被所昏迷。最有趣的有时是女子的哭泣，尤其是为娇嗔与佯怒。

最扫兴是与情人正在入手时，忽被别人所解散。最扫兴是无可奈何花落去。最扫兴是初婚不久就要离别。最扫兴是多情的人遇了无情鬼。

呵！你可爱的娇娃。一怒之后，转回你的欢心确不容易。几多日我到你友家看你，见你终现汹汹之气。到后，又迁到了一间学校里住宿。

这时上海真是风声鹤唳，草木皆兵。你，我可爱的人呵！所住的那间学校，更是危险万分。我与友人向你陈说利害之后，你又重到我家来。

如是又过了好几日，你有意回你母家问意见，我也催促你行，以便我们婚姻事早些解决。

别矣！黄浦江上轮船中，我们尚有些时的绸缪。记得我们在栏边软语温存共图后会。你且说如我能同舟北上，包可成功。

别矣！无情轮机已在拨转，无情机械留不得有情人。你在船中，我在岸上一直扬手巾打记号至于彼此影子依稀以至于消灭。

呵！黄浦江！你，扬子江的分流。你流了多少的清洁区域，独立的地方，自由的家乡。而今流到此地，变成为奴隶的降伏。

呵，黄浦江多少外国的兵舰商船。呵！江上多少的租界，多少的外国军队。呵！它从租界逐去我的爱人，它又从英国商船载去我的美人一去已不能复回！

呵！你可爱的娇娃。到青岛来一片，到天津寄我一信，自此后，音沉讯渺，任我怎样连去念几封信，终未得到你一字的反响！

这些信文，现在已不能复记，若论意义尚可约略得其近似。我今再来重写一番，较前的或更加上一点温存的滋味。

我在第一信说："我愿如水流，随你到水尽头。我愿如云飞，先飞到天津岸上迎接你。我愿如火车，载你到北平。我愿如血轮藏你心坎中，使你感动地为我向你母求婚。我愿做你母的脑髓，一切都顺遂我所要求。"

在第二信我说："近见吹风，使我想及你船动人晕，我心也似在海上打滚。近见雨落，滴滴点点，打得我心碎。日上，恨它只向我或仅向你两处独照。月升，又怨它太无情，不能将我们两人合影。"

"爱情由离别而消灭,也由离别而增加。别离名为救痴良药;别离又为断肠的刽子手。自你别后,我在室中,尚常闻你的足音。我的眼里常见你往来蹀躞的倩影。一夜已深,正在桌前深思,忽见身旁,你如前时一样在翻英文字典。我将手摸去,手如触到你的玉腕。我正要向你呼叫时,你影已逐渐消沉。

"梦耶?真耶?你在北我在南,天涯远隔,不能阻止我心的遥通。在游园时,常见你在青草地上徜徉,就近迫视,不是你而是别的女郎。

"大地能隔开你的身体,不能阻止我思念你的心灵。我常在梦中与你欢会——纯洁的叙情。醒时常见你在我床前正在为儿洗发。一晨上,我问张妈,怎样你尚未起床?张妈笑答你此时已到天津。

"痴人说梦,假中见真。你在时我尚能排解。你去后,我实无法消愁。早知这样绞肠,当不放你远去。早知这样相思,又悔不与你同舟。"以上是在第三函所写的。

以下又是第四封的大略:

"呵!爱人!相思原来就是这样苦与这样有滋味。我祝晚餐快完,即去床上梦你,尤希望此夜速尽,到天明可得你音讯。不!毫无消息,我早晨沉闷了一半天,又望午后有你的邮寄。不!午后又如是的寂然,一直到晚,使我又如昨夜一样的情况;希望梦中可以见你,多一日可多一次侥幸得到你的佳音。

"相思就是这样苦中尝到苦的滋味。相思就在烦闷中见出时间的变长,人生的浓厚。爱情未曾经过苦痛的相思,不能判断真与假,厚薄到什么程度。别离确是爱情最好的试验。假的见假,真的愈真。呵,相思神!愿你常常使人别离,爱情真假不难发现。

"相思就是这样有趣味,比了事实的情爱加倍浓厚。在爱人面前,心灵常被肉欲所代替。在相思中,心灵完全去尽量发挥。他见虚渺的时间也成为极切实的爱的时间。整个心思,全成为爱的心思。他愈相思愈有趣,到底来,要叫他不相思,他愈要相思。相思到极点,他不要爱人回来，爱人来时，他恐失却那长久无穷尽的相思梦趣。

"相思到了极点，憔悴死而已矣。死了，岂不是完成了有情人的夙愿？相思而至于死，才是真爱情的表现。一点一点的憔悴，肉瘦髓枯，美人变成骷髅，壮士变成老夫。相思相思，你是完成爱情的天使。"

第五封比前函切实许多了。

"呵！爱人！你病吗？怎样许久不寄一字片纸！你那束胸奶的小马甲，使你弱肺与胸窄。你那每餐吃一碗饭的肚量，致你腰肢衰弱。你那善疑与烦闷的心怀何时能把它排遣。

"我病为你病，愁为你愁，但望你服水土，顺时善保千金体。我愿花常好，月常亮，你常康健，我们婚姻事无留难。……"

其余信件所说的：或疑信件递不到，或怨她变卦，或谅她不能做主只好听命于母亲，或自怨我无艳福去消受。

可是一日一日流下去，转眼已经离别了好二三个月，终不见她一点消息，到此我的勇气全消，希望已尽，自己只好藏在破皮大衣中做了长久的纳闷。

我也曾向你戚友处探问，终未见有切实的答复。石沉大海，鸟归丛林，月已晦魄，爱神全不灵。我在无聊的上海生活中养我小孩，并向社会做文字的决斗，这样又混过了约有二年。

悠久的时间与万事的纠纷，将我思念你的情意逐渐磨灭。此番再到法国来，我向你忏悔，我几乎把你忘记了。一日间与你同省人谈及。霹雳一声，从他得知你几月前在北平发狂。

他说你是为婚姻问题不顺遂，大概是受了新旧思想的冲突。你要新式婚姻，你又要母亲代择婿。你要丈夫是新式人，你又不愿他有新式的情意。或者家庭的问题与社会的纠纷也使你心绪不安宁。

你竟发狂了！当然不是为我。闻说是为那一个前途极有希望的学生。我当久久未接你的信时，心中暗祝你们有情人都成了眷属与得了伴侣的幸福。

你竟发狂了！闻说你已入北平医院。使我在北平我当竭诚尽力为你医治，为你劝慰，虽然知道你不是为我而失心。

闻说你所欢喜的情人曾经到医院视你，及见你病势甚危，已经回归他家园。呵！不情的中国人，说什么情义！说什么为情而死，见义勇为！

若使我在他地位，既知你是为他发狂，"心病还须心药医"，他当住在医院，日夜视你，劝慰你，亲吻你，为你宽譬，为你做种种消遣。他如肯尽情，你必能救治无疑（但他此一去，你的病势是恐更无希望了）。

呵！不情的中国人！或有情不能好好表示。呵！中国人最薄弱的是男女相予的情义。他们或有好夫妇，但极少有好情人。其下的，男女间只看作兽欲的发泄。

中国人为名为利之心太重，以致男女的情义极形薄弱。他们一次的内战争，不知牺牲了多少头颅，但极少闻见他们为情而自杀。唯英雄能多情。唯多情能成英雄。在这样情义薄弱的国民怎样能出了英雄。

呵！政治革命，经济革命，还不如"情感革命"为根本。情感当然不只说男女的交与。但从两性的情感扩充而为一切的热情，由此而社会勃勃有生趣，一切办事人均有向上直往的勇气。

女子乃男子的兴奋剂。男子又为女人的指南针。男中有女，怯懦立成为勇夫。女中有男，一群无主宰的雌儿忽变为一线而前的雁阵。男女相与之好处，就在于互相调剂与助进。

呵！可爱的娇娃！使你发狂的原因，当然是情感不能调剂与发泄。你父的行为，陷害你对于爱情诸多怀疑。你母的主婚，既无新观念为标准，想或不出于问卦请神，听东谈西。你自己为旧礼教所束缚，以致情如春蚕作茧，愈多情愈自缚而愈不能解脱，到底，非狂则必死而已矣！

以你的才思，以你的勇气，以你的好学有为，若得了多情男子为你指南,你必定为我国女子做先锋与模范。你今不幸,竟因情感不能调剂与发泄而至于狂痴!恐或至于夭折!

中国女子的心情一如其面的幼稚与神秘。她爱一人不敢诚实表示,只好吞吞吐吐,似假非真。在小说上最足代表的是《红楼梦》的林黛玉,她对宝玉有情终不敢说出,只好满腹狐疑,自残身体。

若使真正能表情的黛玉,她必有直捷痛快的表示。她或与宝玉偷情,或与宝玉逃走,哪管贾母的威权,王夫人的命令与凤姐的奸险。

中国女子也如男人一样,只能鬼鬼祟祟偷鸡摸狗。这样不大方的表情,我真实看不起。林黛玉尚不能出此圈套。虽史湘云在别事痛快,在对男女情感上也是讳莫如深。

可以说,中国女子的情爱是为自己,藏在内的,是一种内生命不大愿在外发泄。她们也会爱人,不过爱在心里。她们完全是被动性的。

今后有见识的女子,对于爱情也如别事一样,应当痛快尽量发挥。常时立于主动地位,或如美国一些女子先向男人求婚的爽利。爱情本是极正当的情感,苟用得当,自可坦然公开,男女两方都不必客气避嫌。

呵!你可爱的娇娃。如晓爱情是自主自由与应尽量发挥的理由,你当然不至于发狂。

男女相与既然全以爱情为前提,故婚姻不过是一种社会应酬及法律手续的事,当然不算为重要。今后男女的交接必趋于"情人主义"。苟有情爱就足,又何必拘拘于社会及法律的格式。(请参看张竞生著的《美的社会组织法》内"情人制"一节。)

呵!你,可爱的娇娃。如肯打破婚姻偶像而采用情人主义,当然也不至于发狂。(闻说你所爱的人已有妻,这件使你为难不少。)

少年讲情,老年做事。少年都须情爱的满足,而常苦于不知满足的理由,以至牺牲了多少有为的人,我每想及,真是彷徨。今感你事尤形凄怆。呵!我先时的爱人!我不能从万里外到你病院劝慰,但我只好在此写出一点用爱的正当方法。如你病好,如看此后,于你今后的情感或也有些补益。我又希望中国少年男女看此后，以你的抑郁致祸为戒。希望从此后一切少年，都养成为有情感的人；养成为善于表情的人；养成为痛快淋漓的用情者；养成为多情的英雄。

  谨按：痴人自叹一声颠沛，不能得到一个整个的爱情，只好将其一片一段，枝枝节节所得所给的爱情写出来，使看者知道整个爱情之难得，而片段集合起来也足以慰情。上篇所写不过是他所经历的一段。其余尚有许多段落，当于他处发布。

（据世界书局1930年5月初版）

心理分析纲要与梦的分析

心理分析学发明家　弗鲁特著　张竞生译

译者几句话：

"意识"是一个总名词：此中有所谓正意识、底意识、无意识、病意识、极微意识等分类[1]。通常我们所感触、思想、意志等之发见者名为"正意识"。但这些正意识乃从"底意识"而来。底意识既然是正意识的根源，故其价值甚大。然其研究的功夫则甚难。

奥国教授弗鲁特乃对此问题解释到最好的第一人。他从梦的分析与从神经病——特别是情感病——的观察，考究得底意识的造成与其动作，虽其学理不能完善，但其功劳已极伟大。我们今将其《心理分析纲要》及《梦的分析》二书[2]先行介绍。及后，再助以他家及译者的学说，互相对照参证，则此极神秘与极重要的"底意识"问题，或者可得一个较清晰的眉目。

从底意识而可得到正意识的根源，这个已极重要。从底意识而可得到病意识的防闲与消除，这个更形重要。今日我国重要分子如官僚等则患"心口不相应的病"。武人则犯"凶横病"。少年则患"幼稚病"。时髦女子则患"情感病"。我们若能从这个底意识与病意识互相关系上去研究，则可消除许多神经病的分子；而国事或者较可为了！

民国十九年七月张竞生书于巴黎旅欧译述社

---

[1] 弗洛伊德的意识理论讲意识分为三个层次，即意识、前意识、潜意识或无意识，张竞生所说的意识的分类与通行的说法稍有不同。他所谓的"底意识"应该即弗洛伊德的潜意识或无意识。

[2] 《心理分析纲要》与《梦的分析》，最初在上海神州图书社《读书杂志》1931年第1卷第1、2、3期与第6期上连载。《心理分析纲要》，通行的翻译作《精神分析五讲》，也叫《精神分析的起源和发展》。弗鲁特，即弗洛伊德。此文是弗洛伊德于1909年应美国马萨诸塞州克拉克大学校长斯坦利·霍尔（也译作荷尔）邀请参加该校二十周年校庆而作的五次讲座，1910年首次用英文版刊出。《梦的分析》，事实上，张竞生所译的并非弗洛伊德最为著名的《梦的解析》（或《释梦》），而是弗洛伊德于1901年应德国一位编辑之约而撰写的一篇论文，今通译为《论梦》，以简洁的形式概述了《释梦》一书的基本观点和内容。

导　言

(节录日内瓦大学教授克拉巴[1]先生的)

弗鲁特——受今日学问界批评的参差无一人比他更多了，说他坏的，看他为狂人，以其工作无丝毫的价值。说他好的，视其在心灵上的贡献值与达尔文在生物学界等量而齐观；心理学到他后，完全换了一副新面目。此外，则为毁誉参半者。例如有人看他是胶尔[2]（Gall，德国脑学家，以脑的位置而定一切的动作者），虽善于观察的天才家，但对于领悟力则甚薄弱。或有比他为龙罗梭[3]（Lombroso，意国刑学家，主张天才与疯狂同源论者），其学说虽涉荒谬，但不失为新鲜的贡献。

近数年来，弗鲁特的名声已超过医学及科学界限之外，但其学说尚常为人所不了解，以致被诬到最可笑者，即如最著名的法国动物学家最近对他尚有一条极滑稽的评文登在《法国之镜》月刊上，此外更不必论了。

不错！只要存了一点诬蔑心，则不难将弗氏及他一派人的学说看作为最滑稽。况且此中确也有授人可笑的机会。我今就来将这个新学说无偏无私介绍出来。虽至于最骇异的主张也为签出。因为科学历史

---

[1] 今译为艾德华·克拉帕雷德，瑞士人。精神病学家、儿童心理学家和教育学家，儿童心理学领域的先驱。
[2] 今译为加尔，即弗兰茨·约瑟夫·加尔，德国医学家、解剖学家、颅相学的创始人。
[3] 今译为龙勃罗梭，意大利犯罪学家、精神病学家，刑事人类学派的创始人。著有《天才与堕落》。

告诉我们：一切至可骇异的主张都有科学的价值。

第一，最不可忘记是心理分析所注意是一些平常人不能解决的现象！如情感病，恐慌病，淫病，梦象的荒唐，事实的忘记，一概不自然的筋脉伸缩与拘挛，好说谎与偷物，喜欢神秘，与及无谓的仪礼，以及一切的怪象。例如那个好母亲甚爱其子，但为什么她心里时常又不免存下毒害其子的心理呢？为什么那个行路人见了一堆草就想放火呢？一切民间故事，何因而成立呢？那个学生为何对待其师与一个同学那样仇视？这个少年为何见了女子就逃？——任你看遍心理学书，总寻不到一个正当的解释。而在实际，这些事情则为日常所遇见的事。凡为教师、医生、法律家及历史家都所不能放过的。可是，普通的心理学实在无法可对付，只好看作为淆乱黑暗的纠纷。

可是在这些乱蓬蓬的底里，弗鲁特从中打出一条路径，使迷途者得了一线光明。虽则事情极复杂，但他对付的学说则极统一。这个学说对与不对，此时暂且不管，但此中虽有一种利益，即在能将这些复杂的情形归于有一定的解释。此等学说虽或不算完善，然在今日有比它更好吗？它确比先前一切学说都好，所以有存立的价值。只待后来再有比它好者始能使它退位。……

心理分析"psychanalyse"这个字，有人还写为"psycho-analyse"为二下者，我今简省为一截，此中含有四个相关的意义，虽则各个也可分开独立。

第一，就本义说，它是一种学问，乃用心理分析特别的方法，将"底意识"开发出来。

第二，又是一种治疗的方法。

第三，也是一种尝试，乃在确切规定心灵生活上有一定的因果；即在寻求一些现象的因由（如梦、忘记、狂痴等），而在他人视之，则为毫无因由与偶然而至的。

第四，又是一种假设的大纲，乃在看人类一切的创造（如艺术、科学、宗教、哲学等），与平常一部分生活的越分出轨者都由底意识中的欲望所酿成者，最少，也受其影响。

以上四种心理分析的方法，究竟可算为新奇吗？弗鲁特真是此中的创始人吗？

大部分的批评者，对他用了一个通常的谑语，即说："他的学说，好的不新，新的不好！"可是此不足以定其罪名。须知许多大发明家不在其说的新奇而在能将诸家复杂的见解组合成为一贯的系统。纽顿[1]的发明"万有吸力"即是一例。他的天才就在组合笛卡尔与费马的算学，卡厘肋[2]和虚谦[3]的动学，与喀不肋[4]及弗格[5]的星学而成为他的新发明；但他因此而失其伟大的价值吗？不错，一切条件均已在前成立，唯有"万有吸力"尚未成立。以此例彼，我们也可说一切均经发明，唯有"心理分析"尚未成立。

要知此项的事实与弗氏伟大的功劳，我们只要从极简要处来介绍，已可知道他确能将极通常的事情，如"压伏"，如梦的分析，以及其他现象，经他手后，都成为最有系统、有次序条理的研究。

第一，压伏。当人对一感象或一记忆在良心上不安处，就不敢思想起，只好将他压伏在底意识。这是一件极平常的事情呵！谁人未曾经验过将他一件不满意的思想，一件讨厌的考虑，一件忧闷的记忆，一件不合理的欲望，逐出他思想之外呢？可是，任你看尽了心理学书，终久不能得到这些极通常的现象怎样解释，当然更不能得到此中的动机、功效与其结果诸种意义了。

第二，压伏后的工作。这些思想一经压伏变为底意识之后，深深藏在"我"的底里。虽则被我们压住，但时时在引导我们，时时违背我们的志愿与判断，而影响了许多我们的行为。——这些，本是极平

---

[1] 今译牛顿。
[2] 今译伽利略。
[3] 今译惠更斯。
[4] 今译开普勒。
[5] 指罗伯特·胡克。

常的解释。卢骚在他的《第六梦》那篇文中（我们已译成为中文，参见《梦与放逐》一书。——译者注），曾已说过在我们一件至普通的动作，如我们肯去寻求其根源，都能得到一定的因由。巴斯卡[1]也说过："心情认得道理，但道理认不得心情。"

常时，被压伏的思想不曾成为事实时，则幻成了一种的苦闷。——这也是极通常简易的经验！谁不曾在良心上有惭愧？谁不曾做错一事，虽则不敢说出，而心中则时时承认。所以基督旧教有忏悔一事，即在将犯过者心灵的重责卸除。

第三，假装。所有被压伏的情感或欲望，如其要发泄于外时，只好欺骗良心，假装为他种面具，而是良心免为他难过。这是一件最受人蔑视的心理分析派学说。但这样假装的事实，确是时时发现。当胆怯之人行过树林时，口中吹啸。这不是一种假装借以遮掩他的恐慌吗？这当然是恐慌的反动；即是说：他的吹啸，全出于故意假装为镇定以欺世人。在莎士比亚的《马璧》[2]一剧，马璧夫人为要遮掩她行凶后良心之不安，只好去洗手，但愈洗，她幻眼中愈见其血迹鲜明。这又是一个假装的好证例。此外，关于罪犯的心理，此种例更为多见。

又如民间谚语说"道歉即是认输"，"要杀他狗，只好说狗发狂"。以及其他。——凡此都可证明普通人极知此种良心的推诿。可是，弗氏最先见到此中与心理学的关系，并肯去寻求其理由之所在，与研究它在社会及病象力量之广大。

第四，梦。梦乃欲望不会满足而假装为满足的表象。当弗氏在一千九百年发表这意见时，不知引起多少的揶揄。通常看梦不过是偶

---

[1] 今译帕斯卡尔。
[2] 今译《麦克白》。剧中的麦克白夫人在谋杀之后总想洗手，以洗掉手上想象出来的血迹。莎翁笔下的悲剧里的一个场景，其中麦克白夫人唆使丈夫谋杀了顿肯王，手上沾满鲜血后，呻吟道："洗掉，该死的污点！洗掉，我说了。"后来将这种现象称为"麦克白效应"。

然的现象。今弗氏竟视它有一种意义,一种重大的意义,而比普通的人格更有人格者;这是何等梦呓之主张!所以毋怪人说他是中世纪的学说呵!而且说他的乃是一班晓得科学的医生呵。

可是,弗氏在此项的学说,与人类同样古老。初民时代已经留心到梦的解释。又如人遇饿时则梦食,渴时则梦饮,又是极通常的事情呢。(详情,请看下书《梦的分析》。)

第五,事实的代价。当欲望不能见诸事实时,只好别求门径去发泄。尼采说:"至大的哲学说,都是哲学家本身的小史"。佛郎士[1]说:"丹丁名著《天上的喜剧》[2],即是写他自家的事情"。在此层上,弗氏也非创始人,不过能见其大处而已。由这个"代价"的解释,可以得到梦象、艺术、神话、传说、哲学、神经病、狂癫,各项相互关系之所在。因为这些均是一班不得志者所假托以发泄其本来的欲望。

因此,弗氏为新式艺术与文学批评的始祖。唯具有这项眼光的批评家,始能见到艺术的深邃,与艺术家互相关联之秘密。在先,龙罗梭也见到天才与疯狂的关系,但不能得到其理由之所在。当待弗氏来,此问题才见解决。

第六,象征的思想。这项思想乃思想的退化者。弗氏以此项——"象征的思想",与"论理的思想"相反。凡在梦与发狂时,所表现的思想,都是象征的,所谓恍兮惚兮,缥缈无定。故自来视狂人与梦呓同样,"狂人乃在醒时而发梦者"。由梦而解释与追求狂象,也唯弗氏所独能见到之处。

第七,病人的逋逃薮。神经病自有它的意义与其进行的步骤。这是病人的反动,借此以安慰其难堪的心情。——这项学说,乃弗氏学说中之最新鲜者,但也有其来源。人早已知这发炎发烧、生脓,乃肌体借此以抵抗病菌的侵入,这个正与患神经病者乃心灵借此以抵抗病

---

[1] 今译为阿纳托尔·法朗士。
[2] 丹丁,今译为但丁。《天上的喜剧》即其长诗《神曲》,原名《喜剧》,后人在书名前加上"神圣的"。

魔的侵入相发明。我自己也会得到同样的证据；一个病女对我说："实在，我怕医好，我爱我的病。"在一千九百十二年，施耐特医生曾发表一个患情感病的少年的谈话，而完全不知弗氏学说者；他道："这不是一个好逃所吗？一个薄弱，不能抵御其心情的痛苦，既然到此得安居了，我肯不去承受吗？"

第八，欲望。依弗氏说，性欲乃心灵大部分的主动者。这是一个极大胆的主张，而因此遂被人攻击所谓主张"全欲主义"者。但苟知欲望一字，由弗氏看来比性欲的意义更宽大，则攻击者定会减少。因为欲望（Libido[1]）确是人生最大的要求，而此中，尤以性欲为最重要。此外，如要求幸福、快乐等，也占了相当的地位。最称道学家的巴斯卡也说："一切人皆要求幸福，无论有何困难，他们总要求达到此目的；以至于自杀与上吊，也不离开此项之目标。——凡在此世界者，都是要求肉体的快乐与生活的富足，人们实在感触于欲望，生存于欲望，统御于欲望。"

虽然是弗氏于推论上给人许多误会，然大纲上则毫不见危险。况且，就科学说，只有就事论事，并非因与礼教有关遂至于不敢谈及。

就事实说，弗氏见到性欲乃供给底意识中最多的压伏事情。因为它与社会及礼教上最不能相容，所以只好压伏在心内。这项意见，他人也多道及，今且不必去多引证。即如他所说由性欲不满足，而升华为艺术学问等之学说，也已先被法儒斯喀丹等所说破了。

※ ※ ※ ※

到此，已够证明"心理分析"之学说不是凭空捏造，也不是一人所武断而成。它确实建筑在许多事实之上，而这些事实又早已为人所知道。弗氏的天才，不过能将这些散漫的花枝扎成为一束的美

---

[1] Libido，音译为力比多，亦称"欲力""性力""心力"，精神分析术语。

花葩而已。

心理分析派并不敢说（弗氏常常声明）这个学说乃心灵学的最完全者。它不过承认为心理学的一部分，自视是它的儿子，到此虽是独立，但望不久与其爱母——心理学，再行发生家庭的亲密关系。

虽然因其弟子的派别繁多，不免生出许多可攻击的弱点。但其根本学说则具有极大的价值。它是"心理学的实验者"，最能从心灵底蕴去求得其动作之所自，与其因果之关系。故弗氏的工作乃是考究心灵学问的最重要者。

（导言完，待续）

（以上原刊于《读书杂志》第1卷第1期，神州图书社1931年4月1日版）

心理分析纲要[*]

弗鲁特　著

张竞生　译

第一课

心理分析的来源——布鲁耶的考究——心灵的伤痕——情感起因于"重感"——情感病的变相

这不是我而乃别一个人的功劳,将心理分析学公之于世。当我尚为学生正在预备卒业考试之时,适奥国京城维也纳医生布鲁耶(Josef Breuer),已在试用一个新法去疗治一位犯情感病的少女(时已远在一八八〇至一八八二年)。现应将此病经过及其治疗法稍为介绍。其详,请看我与他共同出版的"*Studien uber Hysterie*"[1]一书。在此应知不晓医学者亦能懂得我在下头所讲的事情。初始虽则与医学略有关系,到后则完全与它无涉,另外有一个新的世界。

布医生那个病女(她名安娜,以后就称此名)二十一岁,极聪明。有二个年头,她犯了各种身心的病症。她的右手右脚失却感觉。左手左脚时也麻痹。而且眼的动作不自然,视觉上有种种错误。头不能直立,咳嗽甚烈。食物无味,有几星期久,口虽极渴而不肯饮。言

---

[*] 原文共五课乃弗鲁特于 1909 年在美国 Clark 大学所演讲者。——译文原注

[1] 今译为《歇斯底里研究》或《癔症研究》,为弗洛伊德与约瑟夫·布洛伊尔(1842—1925,即文中提及的维也纳医生布鲁耶,帝国科学院名誉院士,以研究呼吸和平衡感的生理而著称)1895 年共同研究完成。

语也形变态，对于素所熟知的话（德国话），忽然不懂与不能说。到后，她忽忽若有所失。昏乱痴迷有若狂癫。这些病状应该记起以为后来论证之地。

如上病状似甚重大。或由脑病所致，似乎毫无治疗的可能，不久必至于死亡。但由医生看来，这些病，外形虽危险而救治则极易。故所犯者的少妇只求重要的机关如心肾等无病，则虽奇怪的病状甚多，但并不因此而失望。因为这样病症，并非由脑，而乃由一些难解的心情所致。在昔希腊医生给它病名为 Hystera，虽视其为怪症，但与生命则无伤（按：Hystera，希腊原义为"子宫"，本可译为下部病。有音译者为"希斯特拉"。我今意译为"情感病"。因为病因乃起于情感的刺激）。

最难是在一病之下，起头应先辨别它是否情感病，或身体病。此中分别的方法，在此暂且不管。现且来说布医生的病女，在稍有经验的人，极易觉出她是情感病。原来，此女病症乃由看护其病父而起。

说到此止，还不脱离了医学。以后，医学已无从下手。究之，它只能将古时的情感病改名为脑神经病；至于治疗法仍然毫无把握，只好听任其自然而已。（我所说的乃是千八百八十年以前事。今日则不如是，自问本人的学说对此，也有相当转移的功劳。）

医生对情感病的治疗法初始也极热心。但逐渐他看情感病与别种身体病不相同。情感病轻狂的病态，确实使医生冷淡。虽则是医生对于痰迷、羊痫诸症看为身体之病。至对于情感病，无论从解剖学、生理学以及病学上终久不能寻得其解释。因为时时失败，所以医生们对此症，确实失了同情。他们视此病，好似凶徒不守法律，又好似背教的叛徒。因为此病未免放肆与欺瞒，故医生惩治它最好的方法，就在付诸不闻不问之列。

布鲁耶医生对此的态度完全不相同。纵然初始时，他也无法治好，但对于病者总是具了万分的同情与注意。终于由心力的牺牲而得到第一次成绩的报酬。

关于安娜的病症，一行细心观察，则见病者于昏乱痴迷之中，口内总是不绝地念出一些言语与她最秘密的心事都有互相关系。布氏对此，先将病者催眠，就把她平常所念的话使她再说，并诘问她此中所说为何事。病者因在暗示之下，遂于不知不觉中倾吐其秘密的心情。这是一种悲惨的经历，其事可歌可泣，乃是她本人演述在其父亲病床前的悲剧。经过几番这样演述后，病者全然告愈。每当一次演述，只要病者对于所演述的情状极形感动真切如身亲履其境一样，则随后这件事的病患遂归消灭。因为这种治疗法既然全靠语言的勾引与申述，故也可名为"语治法"（Talking Cure）[1]。她因在此时只会说英国话，故戏名为"烟囱扫除法"（Chimney Sweeping）。

这个扫除法的效力真大，实出于预料之外。它不但扫除其外象，而且能扫除其病根。今先就病的外象说，此时病者在一个极热的夏天，她虽极想饮水，但当执起手杯靠近嘴唇，即时如患狂痫，表示对于水起了一种不可名状的恐怖。她只好食水果以止渴。如此怪状继续有六星期久。忽在一回催眠中，她极抱怨地这样说："她前时有一保姆，平常对之已极厌恶，忽一日入她室，见一丑狗正饮其水杯，为礼貌上，只好不说出。"此女说到此，将其昔日所积蓄的愤怒尽量发表出来。随后，她讨水饮，饮得极多。当其从催眠醒时，水杯尚在她唇，以后，对饮水一事就不会再起恐慌了。

读者须注意此等试验。自来无一人能够由这样方法而治愈情感病者，也无一人能去这样研究此病的根源。若能从此以救治此病的大部分人，则其功劳真大了。布先生对此道实在得了许多经验。除此少女外，他还研究了许多更重大的症。几乎在一切犯此项的病中，他见得都是由于一种"伤感"的遗痕。所以在后来，我们名此为"神经伤痕"[2]。由什么伤痕而生出什么病症，这是有一定因果的。这个极为重

---

[1] 今译为谈心疗法或者谈话疗法。
[2] 准确地说，应该译为心理创伤。

要。因为前时人视此种病全出于偶然。到此,始行确定这个病也有一定的因由与相关的病象。不过应知是其病因有时极复杂。而且要追求此复杂的病因,须从最后的因由一路寻到最先或最紧要的那一个。若不从此间接入手,则第一原因常常无法得到。

你们当愿再听比"狗饮水"更趣味的狂状吧。为要节省篇幅,我只好来举其大略。布先生说及其病女安娜的眼神昏乱的原因是这样:"当她两眼含满了泪坐在其病父的床边,忽闻其父问及若干钟点。她因泪遮了眼光,遂用起力量睁开眼睛,把表靠近眼,忽见表面大得无比。(因眼晴放大与斜观,及要免其父焦急,硬力压住眼泪之故。)究之,她眼的病因,乃是由此而起。又一次,乃在夜中极焦虑地坐视病父。因病人此夜更沉重,正待外科医生来。其母不在。女则坐在靠近病床旁的椅上,右手放在椅背。她在半梦半醒中,忽见一黑蛇从墙中出来咬噬其父。(或因此家中近田,前曾有蛇惊动其父亲,所以使安娜此时有这样幻象。)她要逐蛇,但觉身已麻木。其靠椅背的右手也已失去一切的感觉。当她看此手时,则见其指化为蛇,而指甲则变成死人之头。(或者她要用此手逐蛇,而因手麻痹与身失感觉之凑合一气,遂形成了'指变为蛇'的幻象)。当此幻象消灭时,她满分惊惶,遂即跪下正要祷告时,忽觉不能说话,一切语言都难记起;只从一首英文的儿童歌中记起英文,以后仅能说此项话。"

在催眠中,她把前情申诉之后,右手即时恢复常态。

经过若干年后,当我自己去试验病人时,所得情状,与布先生所研究得的大抵一致。

一位四十岁的妇人有一毛病,即其舌头常常不自然地而作响。此病乃起于二个因由之凑合。而最奇怪是此等舌声与所期望的"不作响"适成相反。这因一次,她为要在睡时的儿子勿醒而无意间舌反作响。又有一次,正要抚摩其马免受雷电的刺激时,舌头又作响。此后她舌就极不自然地常常作响了。我今仅举此例。余的可看我作的《情感病的研究》。

大端说来，情感病乃受了"重感"的激起。它的病象，即先前所存留的伤痕；又可说是一种记念的表象。我今来举一例较为醒目。凡大城市都有纪念的碑亭。例如伦敦在一个大火车站前，你们见了一个"高第式"[1]的美柱，名"Charing Cross"（意译为"爱后的十字架"）。乃巴王为逸后[2]遗棺到此地时所立的纪念柱。又于伦敦桥不远竖立了一高高的现世纪式柱，名"The Monument"，乃在追忆一千六百六十六年伦敦城被火烧了大部分的纪念品。这些柱乃前事所存留的象征，好似情感病的病象所留下一样。这是一个极好的比较法。今再进一步来作比较。假设一个伦敦人不去治事，而日对此爱后之纪念柱，凄怆凭吊。又假设另有一个伦敦人，不以现在再造的伦敦为满足，反在火烧的纪念柱下追维往迹，终日痛哭流涕。这又将作何说呢？

实则，患情感病与一些患神经刺激病者，恰恰正是与两个所假设的伦敦人相似。不但他们去追忆往事，而且完全忘却了眼前的生活。这项伤痕的复兴，乃一切神经病最重要的性质。若使你们反问我说："安娜的病乃在看护病父而起，其伤痕则由伤感而成。凡此，乃是人子对于死亡的父母应行保留的伤痕，并非有什么变态。"这个或者有理。可是我那个"舌毛病"的妇人，其事已起于十余年前，而仍照旧保存，则不能不归入于病态了。若使安娜不早治好，则终久亦不免流入于狂痴了。

到此，我们所谈的乃病象的经过。至于病的起始与其消灭的状态，依布氏所说尚有二事应该注意是：第一，病者所以致病，乃在其将最感动的情感压伏下去，不肯听其从平常的言语与事实发表出来。例如安娜，见狗饮水杯，因不肯得罪其保姆之故，乃将其厌恶的心理压伏下去。当她看视其病父时，因怕他增加烦恼，遂将自己忧虑焦急

---

[1] 今译为哥特式。
[2] 英国金雀花王朝国王爱德华一世和其妻子埃莉诺（也译作埃琳娜）王后。

的情感压伏下去，及后，在医者之前，她将先前压伏的情感极激烈真切地发泄出来，一似当时的状态，并不因隔时久而失色。若医生愈能勾得其病根，则病者表示出愈亲切，直到全部发泄出而后止。反而言之，在医生前，病者所表示的苟非夹带极感动的色彩，则其病患不能消灭。由此可见这个感动的分子乃为致病之因，也是除病之条件。由此也可见病者所以致病，乃因将其应发泄的情感压伏于一隅，以致变成为终身的神经病，或则变为身体的病态，如刺激、麻痹等。这些都可称为"情感病的变相"。普通人时常也患这些刺激病。在犯情感病者，不过将一些情感，发泄得太过激烈罢了。这好似一条河有二条支流，在常人能防闲水势得住，在病者那条支流，因其不能抵御，只好任其冲围破堤而出。

你们看到此，可见情感病，完全是心理学的范围，而以情感占了极重要的位置了。

说及布氏的第二种观察所得的，则与"意识"一问题的决定大有关联。布氏所治疗的病者，每每极易见到病者有二个人格：在常态之外，尚有各种反态心灵的表现，如善忘、错乱、变易性格等。当在常态时他自己并不知病时有这样的变态，与其变态的病象。他确已忘记他在病时的人格了；或在病时根本上别有一种心灵。须要在催眠时，竭力使他提起此项变态的病状。又只有从此项回忆的迫促，而使病根铲除。故使我们若不从情感病源上立论，则直无法解释此中及此外的现象。例如，从情感病的推求，而竟得到一个人中可以有数种心灵，彼此又是独立毫不相属的。这个就是俗称的"两重人格"。事虽奇异但肯去考究，所有事实即在眼前。在各重人格中，若其前后事情彼此互相领悟体认，这就是"有意识"；若在一重人格中所做事情，在别重人格时，则完全不知，这就名为"无意识"。由催眠术的经验，凡被催眠时所受的指示；及其醒后，果照指示的去行的一事去推论，则知醒时的"有意识"，乃受催眠时"无意识"的影响。由此而可解释情感病者于无意识中而可得到"有意识"的根源。在布氏见解上，则认犯情感病者乃由一种特性，名"神经质"者为祟。你们看后来，我们不要布氏这个假设，而别有较好的解释。

在此课上，我极怕所说的不大明了透彻。因为这是一个新问题，所以不能一说就明白。你们自然感觉布氏所研究得的尚不能算为完善。不错，一个完善的学说不是从天上一跌下就成功的。如有人说他的学说一成立便极完善者，则请你们应当留心；因为这必是一种武断的见解，断不是经过长久的经验呵。

第二课

情感病的新解释——疏通法[1]——压伏与阻力——心灵的纠纷——病象即是"被压意识"的替身——心理分析的方法

当布先生在用"语治法"时，沙苟（Charcot）[2]则在巴黎附近的狂人院（Salpetriere）考究得了情感病的新意义。初时，彼此毫不相涉。但在十年后，我与布氏共出那本《情感病的研究》，则大受沙苟学说的影响。我们所称的"心灵伤痕"，即脱胎于沙氏的"生理伤痕"。先前布氏所拟议的"神经质"者，沙氏则证明与其"生理伤痕"为同物。

这位著名的临床经验医生（作者也曾在一八八五至一八八六年为他弟子）实在不喜欢从心理学上着想。这是他弟子若尼（Pierre Yanet）[3]始行着重从心理学方面去考究情感病。我们初时也和他一样，而以神经变态及性格改换为中心点。若氏学说，乃继承法国固有的见

---

[1] 也译作宣泄法（cathartic procedure）。
[2] 也译作沙可，指让-马丁·夏尔科（Jean-Martin Charcot，1825—1893），法国医学家，夏尔科为精神病学奠定了基石，著有《宗教信仰抚人心灵之伤》。
[3] P. 雅内（也译作让内，1859—1947），法国变态心理学家，著有《精神的不自主运动》《歇斯底里的心理状态》等。

解，在看神经变态的因由，全系遗传上"心灵薄弱"之所致。这项意思是：情感病者，即因不能同时统治许多心灵的涌现，以致生出脑经的散漫。今请准我作一粗喻。在若氏的情感病者，以好似一个上市买杂货的妇人。当她回时，满身货物，二只手与十个指头尚拿不完。不免一件货堕地。她俯下拾取时，不免又别一件物堕下，如是，永无停止地，她演出那得了一桩又失却一桩的狼狈现象。

可是，有许多事实完全与"神经衰弱"的学说不相符。患情感病者虽然有些能力减退，但有些则形增长，好似一方有余以补一方之不足。今就以安娜说，她虽丢失本国话的能力，但对于英文则格外高强。只要给她一本德文，即时她就能译出极好的英文，这是在她病前所做不到的。

在后来，我经过许多经验后，对于情感病别有一种新意见，完全与若氏的不相同。这个或因他由试验室所得，而我乃由临床治病时所见，以致彼此生出了参差的结论。

布氏所用的"疏通治疗法"，乃先将病人催眠到极沉酣，然后勾引他说出为何致病的因由，因为这个在他醒时是不能迫其说出的。可是我不喜催眠术。因为这是靠不住而且涉入于神秘。在我许多病人中，大部分实在又不能用催眠术去奏功；所以我就决定舍弃此术，而仅采用"疏通法"。这个法就是听任病者照常生活，医者只在设法勾引出他的秘密，连病人自己也不知道的秘密。但怎样而能达到目的呢？由我在南市（Nancy）[1]从柄横[2]先生所得的试验，而知人在催眠时所做的事情，于其醒后也能记得。虽则初问时，他们都说不知。但你尽力诘问，继续盘诘勿休，到底，所有忘记的事情当能追忆起来。

由此推之，催眠时所做的事情，当此人醒时则变成为底意识，而因被诘问之故，这些底意识竟能浮现出来。那么，病人先前致病的因

---

[1] 今通译为南锡，法国东北部城市。
[2] 今译为伯恩海姆。

由，虽到此时已被忘却而变为底意识，但若诘问他，也可使这些底意识浮现出来了。故我就用此法探究病人的隐衷。当他们说不知时，我则极断定地说他们确实知道。只要他们肯说，只要将我手放在他们额前表示极决定他能说得出的态度，所有忘记即时当可复现。照此方法，我能得到许多成绩。可是，这是一种极困难与极费时间的手续，而且也不是一定能得其效果。

但我并不因此而灰心。经过多少的经验，愈见病者确实不会忘记他的病因，常常在预备供招出来。但此间有一种"阻力"，使这些底意识不易成为"有意识"。这个阻力，确实存在。最易见到者，是在勾引病者将要说时而常常又被咽住之情景之下。

从这个阻力的发现，使我重新规定对于情感病救治的步骤。第一，须把这个阻力削去，这是解除情感病最不可少的条件。从疗治病人到病好应经过的次序，而使我们知道病者得病的步骤：这个就是证明这个阻力即是今日阻止底意识而成为有意识者，也即是昔日致病时硬将有意识者压伏到底意识处去的主动。我名这后层的步骤为"压伏"，它的事实即由病者觉得有存在的"阻力"而证明。

或有问及怎样有阻力？与何以成为压伏？我今就照"疏通法"所得的来答复。一个人遇了一件极强的欲望，但与风俗礼教及彼人的性格不相容，由是而起了心灵内一时极大的纠纷。结果，只好把这个欲望压伏下去，把它逐出意识之外，把它忘记。因为这个欲望既与本人不相容，若听其发现，势必生出本人的病态。今将其压伏，即免致病，也即救了心灵的平安。

我现来举一个最显现之例。有一少女正丧其最敬爱的父亲，为状与安娜相似。忽然其姊又死去。她姊已嫁人。少女平常对她姊夫甚有情意——一种亲戚间的情意吧。当她到她姊死床前，忽生起了一个意念，大概是这样："他今自由了，他可以娶我了。"这个观念一现，少女的良心觉得太无羞耻与对其姊太不情，于是遂把它压伏去。可是少女由是得了一个极重大的情感病。当我医治她时，初时，她已忘记在她死姊床前这项可恨及自私的观念。及后在疗治进行中,她一次忽然极感动真切地,将前情提起来,其病也就此告愈。

我今就来将压伏与阻力做一粗浅的譬喻。假设我在这讲室演讲,听者正在严静注意之时,忽有一人笑语喧哗,由此使我不能宣讲。此时,忽听众中有数人,仗义而起,就把这人逐出门外。这个人算"被压伏"了,而我可以安静教书了。可是,要使这个被压伏者不会再入讲室捣乱,那些抵拒者只好将椅子高高堵住讲室出门,这即是"阻力"的现象。今若移此来比喻心灵,则这个"讲室",便是"有意识"之所;那个捣乱者被逐后所站住的"走廊",便是"无意识"之场。这个也就是"压伏"所在的影子。("无意识"的意义,乃是"忘记"之谓,但可以成为"有意识"。它的英文字为Inconscience,与我国俗用的意思完全不相同。——译者)

由此解释,可见我们的意见与若尼不相同。依我们意:心灵的解体,不是由于中枢的衰弱不能统一,而乃由于二个力量,有意识与无意识的冲突,这个反对那个。当然,由此新解释而引起了许多问题。例如,凡人心灵的纠纷甚多,何以"我"常时能够统一。故知神经变态与解体者,其必别有缘故而使之然。又我也承认所谓"压伏",只是一种心理学初步的解释,并非它便是全部的现象。但当让我一步一步来申说我的主张。

布先生的经验,因其靠催眠术,所以极难见到压伏力的底蕴。但他最大功劳,就在表出"病象"与其"心灵伤痕"互相关系之所在。可是我们怎样能把这个"病象",证出它便是"被压伏的意识"呢?简说起来,就是它的替身。我今不必去做繁难的演释。最好再来将前喻扩大。我们说那个捣乱分子已被压伏在走廊了。但他虽不能入讲室,而极可在外边叫嚷、打门、踢墙,做出各种激烈的表示,如此,室内之人,比前更加不安宁,幸而主席起来做和事老。他向听讲者疏通,准许被逐者入来,但当恪守讲室规矩。如此,将堵椅折去(即是将"压力"取消),和平复现,这个和事老,便是医生,而其所用的手段，便是"疏通的方法"。

今且归入本题。在许多病人中，他们虽能暂时将欲望压伏，但一遇机会，便即从底意识冲突出来，不过换了一副面孔，似乎与本来的欲望不相同。换句话说，他们的"病象"便是本来欲望的替身（到此我们可见布氏研究所得的病象与心灵伤痕互相关系之所在了。——译者）。这个病象，虽能避免个人良心的攻击，但不免成为长久的苦痛。若把一些变幻的形状除开，"病象"确是与"压伏意识"同为一物。这个最易见到是，当救治时，只要将病象引到"压伏意识"之所在，则病者实时就治愈了。由此而论，如能将病人所压伏的意识公开出来，则一方减少病人的阻力，而一方得了医者的疏通，举凡病象可以变成为极正当的发泄。这就是心理分析方法的应用，即是在疏通病人，将他所压伏的欲望者，或有些可以容许承受者则承受之，或有些把其变成为极高的价值，如我所谓的"升华"（即将欲望变为学问艺术等。——译者）；或则有些既视与道德不相容，就坚决地将它放开。凡此都是将欲望变成为极有利益的方法。

恕我不能在此将心理分析方法作稍详尽的解释。现且来讨论："谁种欲望，虽被压伏。但仍时时涌现出来？在何种条件之下，这些涌现出来的，另外变成为一种替身？"这些问题就是我们在下课所要讨论的。

（以上原刊于《读书杂志》第1卷第2期，神州图书社1931年5月1日版）

第三课

心理上的因果大纲——隐语——复象——梦与其分析——小过失——复杂的因由

凡事说得太简单的，未免常时说得不确切。我在上所说的一件事即犯此弊，故应自己来纠正。我上说不用催眠术，只用疏通法，就能使病者说出他忘记的病因；又他所说为病因的，即当信他的话。凡此所说，未免缺漏不少。实则，初时此法极有成效。但继续取用，即行觉得病者所说与事实不对，即病者自己也承认是"乱说八道。"到此，考问之法完全失败。又未免懊悔先前错过利用催眠术的机会了。

在此失败之下，我又打出一条路来，这是一个大纲，到后来为我友庸格（C. G. Yung）[1]先生及其弟子们证明大有科学的价值（大纲有时也有价值了！）。这是"心灵上的因果大纲"，即是我认凡一言一语偶然从病人口中说出来，必定与其致病的因由有一定相关系。或者所说的与病因无直接的交连，但必定为其替身或影子。这是必定的结果。因为二个力互相冲突：一个要将忘记的事情涌现出来；一个又因为顾忌之故硬将它压下去。因此，病人所说的当然不是十足的事实。它的影射的多少，全视其压伏力的大小。压力愈小，其所说的则愈近于事实。反而言之，此项压力愈大，则其真相愈模糊。故病者无论怎样说，总有一定的价值。因为所说的必定是病因的一种影子，若使其压力减少，则从此影子而寻求真相极为易易。究之，这个影子不啻是真相的引导，而其表示则无异于真相的暗射。

在我们常态之下，也有这个现象，这就是"隐语"的应用。要知心理分析法的技术，不可不知隐语的意义，我今来介绍一个证例。

二个商人因用了狡猾的手段发起大财。他们想要混入高等社会，第一当雇一位名画家将其肖像写出。及画好后，他们开了盛会，请一位艺术批评家来助声势。批评家看了那两幅尊容在墙上左右并架而立之后，大摇其头表示似有一件欠缺的事情；冷然间，指两架的中间空隙处，诘问："耶稣的像呢？"

今将此隐语一行分析；无疑地，批评家要这样说："你们这两个

---

[1] 今译为荣格。

凶民也如别个凶民一样，将耶稣钉死在中间了！"究之，他不这样说出，只用隐语打诨。初看出，话极奇突，毫无理解，与不切事实。但底里则见批评家的鄙视情怀如画可掬。这是侮辱。这是侮辱的暗射、影子与替身，但与侮辱的本相同具一样的价值。我们当然不能将此例全行引申到病者的话头去。只要使读者知道一个隐语与病者一个话头同一系统就是了。为什么那个批评家不敢痛快说出？他虽则有此意，可奈心中冲突得很：一因既被人请，极难为情去得罪主人；一因请主广有资财，家丁甚多，得罪他就恐被其家丁打死了。我们前已说到在什么状态之下，仅好将纠纷的事情压伏下去。我们这个批评家现在也只好将侮辱的心事压伏下去而代以一个"隐语"。推而论之，当病人将他顾忌的事情压伏下去之时，也必有一种隐语式的言谈或其病象表示出来了。

依周里派[1]如庸格等所论，病人致病的因由甚多，今将其一切情状聚合一块名为"复象"[2]。若从病人眼前尚能记起的余剩，一步一步去寻求其中互相关系之所在，如此，终于可以得到这个"复象"的全副本相。这个方法，只在自由听病者说出他所喜欢的话，而我们则在寻求其间与病因直接的关系。至少，也有间接的关系。因为病人所说的总有与病因这个复象，直接或间接上一些互相干连。这个方法，你们必以为极难奏效，但我意除此外又无比它再好的。

常时，连这个方法的初步也失败。病者到此，完全不说，诿说胸头空洞无事可言。如果这样，我们所用的方法完全失败。可是一行细心去考查，则见病人自由发表的线索总未完全中断；只因病者恐说出来受人讥刺，因是竭力压制发表。我们救济之法，唯在告诉病者自由谈论，不管所说如何，虽至于明知假误，也当说明勿讳。总之，只求

---

[1] 周里派，即苏黎世学派。受荣格的影响，20世纪30年代瑞士应用心理学会、国际分析心理学会成立，1948年，荣格学院创建于苏黎世，标志着荣格学派（亦称"苏黎世学派"）正式建立。

[2] 复象，即现通行的"情结"，心理学术语。荣格最早提出"情结"的存在。

他肯说出，无论说什么，都不受医者的讥刺。假如他们病者肯受这样劝告，迟缓，终必吐出一些与病的复象互相关系的事情。

这些意念自由发表的结果，在病人看来毫无意义；但在医生看来则无异于由此可以得到宝石的矿苗。此中详细探取的方法，请去参看庸格及其弟子们所发表那本书（C.G Yung, *Diagnostische Assoziationsstudien*）[1]，这个方法在"心理分析"的功用，恍似化学上"质的分析"的效用。它虽可不必用于治疗神经病，但于"复象"及心灵上的研究，则有极大的贡献，这个已经由周里派多方去证明了。

除用"自由表现意念"去探取"底意识"之心理分析方法外，尚有二个方法可以得到同样的结果，即是：梦的分析与错误的解释。

我初想在此讲课上与其为您们谈些心理分析的大纲，还不如从详细去解释梦的意义为好。但由我的经验与其手段上，不能不将此本意打消。因为若不先使您们知道这个梦与心理相关上的重要，则您们必定蔑视这个学问为可笑，而以我为"走江湖"了。实则，从梦的解释而可得到"底意识"的王道。这也是一个最确实的方法，间接使您们相信心理分析的学理与其实用的价值。当人问及怎样成心理分析家，我则答当从自己的梦研究起。彼辈反对党一味抹煞梦的学理。殊不知若能从此入手，余的问题为心理分析派所揭出的，也就同时解决了。

我们在梦时，一半如病态，一半似好人。苟不从此中正面去研究，只看梦象为虚幻、离奇及古怪，则终久不能得其真相，当然更不能由此得到心灵或其病象之所在。可惜一班人，连精神派也在内，对此问题，总不能脱开俗人的私见。

今就来对梦的问题，做下一个极急促的讨论。

通常，当我们醒时，毫不以所梦的为意，一如病人不以对医者所说的事情为意同样。这个鄙视的因由，一半因所梦的奇突暧昧，而一

---

[1] 字面意思为"诊断联想研究"。作为荣格的著作，目前并未见到对应的中文译本名。在其他多种译本中，这里提到的应该是荣格及其弟子发明的"联想实验"（association experiment）的测验方法。

半则完全无一点意义。尤其是顾忌不敢回想者，则因所梦的有时则涉于非礼与犯法，大都上则与礼教有关。可是，古人对于梦并不这样轻视；即在今日文化落后的民族，还是如古时一样以梦解释未来的示兆。

我先当声明者，我不是看梦为神秘，也终未视它为神奇。但并不以此阻止我们对它有一种新的感动。

第一，梦象，不是在一切梦人都属于模糊与离奇而不可解释的。若您观察从一岁半起的小孩，则见他们的梦象至简单与极可解。小孩所梦的，都是他一日前所未得到的欲望。这不用神秘，只要知道小孩入梦的一日前所要求的事，就可知道他所梦为何事。实则，成人的梦象，也与小孩同样，不过较为复杂而已。有对此反驳者，则待我们一行讨论后，不难立时同意。

第一驳难者必说成人所梦大都不可解，又与欲望完全无关系的。我们则答乃因梦时将事实变易与假装之故。这个乃因心灵原来的意念与梦象的表示不能一致。所以在此当分梦为二截：（一）为晨上所记得的，大都是模糊不清，这是"梦的内容那些已表出者"（以后省译为"梦象"。——译者），其（二）则为"梦的意念，暗藏在底意识者"（以后省译为"梦的内容"，或"梦容"。——译者）。"梦象"即"梦容"的变相，其所以变相之故，乃梦中的"我"，竭力将一些底意识中的欲望压伏到不使它从意识界中来。故在将醒时，梦的真相不免变成为一些假装的现象。梦人不能晓得此中"假象"的意义，也如病人不知他们"病象"是什么原因。

要知他的梦象与梦容互相关系之所在，应该去做"梦的分析"；其方法与前所说的"心理分析"相同。这个应将"梦象"丢开，而仅看它与"梦容"互相关系之所在，从此以求得真相之线索。因梦象对于梦容，总有一些相关——但是一种模糊，不完全，与假装之相关；好似病象与病人的底意识总有一些相关。只要从其线索上寻觅，则其真相——或在梦人为梦容，或在病人为底意识之真相，立时可以得到。凡得到此中梦的真相者，即时就知成人的梦原来与小孩同样；彼此都是在完成梦前的一日所未满足的欲望。所谓梦象，即是被压伏的欲望的"假相"。

再放眼一看怎样底意识从梦象表示出来的"假相"。我名此为"梦的工作"。这里应当大行注意。因为唯在此"梦的工作"里，始能见到"底意识"的变迁；切实说来，始能见到底意识与普通意识分别之界限。若论组成此等工作最要的条件有二：（一）集中，（二）改窜。梦的工作，乃一种特别心灵现象的组合。它的工作也如神经病的工作一样：当其不能将欲望压伏时，只好把它变成为"病象"。

您们又必骇异者：当分析梦象时，则见此中大部分含有小孩时的事情。梦状，乃小孩时的欲望在成年时再行复演一遍。这是完全一个小孩，与醒时的成年人完全不相同。由此可见成年人之所以成为不变态的人物，乃由其经过多少的进化、压伏、提高与心灵的反动而成。凡成为一个"常态的人"，都由教育与文化所造就，虽则有时也极受此等造就的亏。

在梦象中，又应注意是常有"复式的性欲"搀入。这个底意识的性欲，所表现的情状因人而异，但其中自有一些相同的通象，例如各国神话与故事中所说。如我们能从梦去分析，或者能得此等民间故事创造的根源。

第二驳难者则说梦象中常常不但不是欲望，而乃是一些恐慌的恶梦。这个答复甚易：因为，恶梦，细行分析去，乃是梦者不能得到欲望时的反动。这个欲望压伏太紧，以致不能好好表示出来，而由此成为恶梦。故从"欲望满足"的梦的学理去研究，则此种恶梦的造成，本来甚易解释。

您们可见唯有这样梦的研究，始能解释许多难题，并且由此而可得到神经病的心理分析治疗法。因为从梦的分析而可得到病人所压伏在底意识中的欲望与其复杂的纠纷。现应来说第三项怎样运用心理分析的技术。

这是一些日用普通的事情，不论常人或病人均曾犯过，即俗所谓

"小错失"。通常人对此并未为意：例如偶然间不能记起某人姓名，与别种的"善忘"，或则错说、错写、错念，以及种种的小遗失与不痛快。在常人看来，以为这些不过由一时的偶然与不经意。此外，又有一些小动作，如无意中玩弄一物，或口中唱歌，播弄手指与衣服等，这些偶然的动作，本来含有一种意义，并非如常人所视为不足重轻者。它们也如病象与梦象一样，乃是一种心情遮藏不住的发露。如能深求，自可得到人们心灵的底蕴。从这些小事，更易把人的真相不知不觉表示出来。在事实上，因为这是常见与细事，所以犯者并无生出什么影响。但我们从心理的学理去研究，则见此中的关系甚重大。

您们由上所论，可知心理分析派所重的在断定心灵上的因果。因为他们视一切事都非偶然与乱来。一切事都有其因由与结果。当然有许多事的因由不只一个而乃极复杂。故他们与别派不同处，又在看心灵的因由是复式的，不是简单的。

现在把所有隐藏、忘记与压伏在心灵里的发揭出来；把所有在病象与梦象及一切小过失的动作，做有系统的研究起来；又将我后头（第五课中）所要说的"引导现象"加入去，凡此可以见到心理分析的技术为用的重要了。这个技术能将病人的心情引导入于正意识，而使一切假装的病象不会存留。又从这个方法，可以得到前此未有之关于常人或病者心灵中的智识。

我不知您们对这个技术的说法是否明白。它究竟具有实在存在的价值，大可照纤维学及外科术一样去研究。但有些人则否认其存在。在反对派中，尚有一些具科学性者，不敢以肉眼所不见的就否认在显微镜的微生物。但有些人则盲目与昧良心一味否认到底。在我们心理分析派所要求的是将压伏在底意识的心事揭示出来。但在他们反对党则如病人一样，硬将心事压伏下去。故虽他们明知理屈，仍然感情用事，终久不肯供招。实在，他们胸中已有成见，如鄙视梦的意义即其一例。今要将这些成见驱除，而使他们采用新的学说，其难直如要去改换病人固有的弊病一样。无怪他们一时不能承受了。

第四课

　　复式的病源——这项病与性欲的关系——小孩的性欲——自恋——欲望与其进化——性的变态——复式的哀特卜

　　由上所说，可见神经病源的复杂与它欲望压伏的深长久远。

　　从心理分析的引导第一步所发现是患病者都与爱的生活有相关。病者的欲望既以性爱为根源，所以我们不能不视性欲为此中致病最要因之一。

　　我知世人是不易承认那个意见的。虽在一班具科学性而与心理分析派表同的人，尚以我此说为过分。他们对我说："别项心灵的刺激，何以不能成为压伏与假装的病状？"我答：在理论上，原也可以承认。但经验上则证明除性欲外，别项刺激都不成这样影响。别项刺激有时或能助长性欲的势力，但终不能代替它的地位。这个不是我凭空捏造的。当我在一八九五年与布先生发表那本《情感病的研究》时，尚未成立此项的主张。及后，经过多少的经验后，终于使我不能不承认此项的事实。即许多朋友们，先时对此说怀疑者，及按诸事实后，也都行降伏。以病人说，骤然极难得到他们的供招。病人都是初时对于性事竭力藏闭，使我们不能得到其真相的。平常人们，对此事上更不肯老实说出。人们对此问题，总是遮遮掩掩，好似在此中严冷空气之下，非穿起一套骗人的厚外衣不可。实则，他们也并不错。在我们社会，所有太阳与风气都吹透不入这个性的环境的。故我们无论谁，也不敢将性爱公开。唯有病人当其习惯了心理分析方法的治疗后，觉得甚痛快时于是就倾泻他心中所藏住的性事，一如我们所预料的了。最可哀是，一班医生们对性问题也是鬼头鬼脑，不肯拿它为正面的研究。他们也如一班"正人君子"，外面则戴起一副假面具，里头则变尽心力去偷偷摸摸。

　　现在，请来说我们的成绩吧。在一些病人，由心理分析之后，初时则见其病象全与性欲无关，只为普通的状态，但若细行考究，则知此项病象还是与性欲有关，不过其病因当远求于小孩的时期。究竟，这项病象确在儿童时已经成立；证之凡要医好的，当从此幼年的伤痕入手一回事就可知道了。这也如上所说的梦象一样：成年的梦，乃是儿童时压伏的欲望所幻成。病与梦象，依我经验，大概都是性欲在其中鼓动。

您们必起了极大的惊异，来驳问我道："小孩时便有性欲吗？小孩不是清白身，与性欲毫无关系吗？"我的答复则极为肯定。性欲不能突然跳入春情发动的时期，也如《圣经》里所说的魔鬼不能突然跳入猪身一样。自小时起，小孩已具性欲；可以说他生时即与性欲俱来。从这个小孩性欲的倾向，及后演进而成为成年的性好。这件事本极通常易见的。最可骇异的，还是那些自装盲目不肯去见的一件事呵。

偶然间，我见美国医生山父巴（Sanford Bell）[1]，一条论说与我意见互相发明。他的论说在一千九百零二年于《美国心理杂志》上发表，计在我所主张的三个性题发表前有三年。他的题目是《男女性感的发凡》[2]。现请来听他怎样说吧："性爱的发生，并非如常人所见必待到春情发动时始有的。"这个美国式的医生，在十五年间聚集了二千五百个事实，而其中八百个则全出亲手的经验，则其说极有着落了。对于爱的表情的认识，他说："凡公平的观察家，见这些千数个的表情动作，不能不承认与性有关系的。这个事实，证诸有记性的成年人追维小孩时即有强盛的性感后，更见成立。"如你们不同意吗？则必极骇异地见他所举的小孩中竟有在三四五岁时，已经表示其性爱了。

我自己曾分析得一个五岁小孩已具有性爱的表示，一乃同他父一块分析的。我友庸格，则遇了一个比此更幼稚的女孩，当她小妹妹生时，则发表了性欲与其极复杂的倾向。当你们未惯听时，则不免以我说为荒唐。例如心理分析大家柏黎[3]先生，初时也说完全不懂我的性学说；但经过他多少经验后，又不能不认此说为极有根据了。

---

[1] 今译为桑福德·贝尔。
[2] 又译为《两性爱情初探》。
[3] 今译为布洛伊勒。

多少人——医生或普通人，不肯承认此事，本极易于解释的，缘因他们受了道学教育的禁忌，以致自己不敢去追维那小孩时的性欲，同时也不肯他人去追维。如他们肯采用心理分析法，则知此中自有一定的道理，即时必定换了先前的意见，孜孜去考究这种小孩的性欲了。

不必怀疑吧！请来看这个初期性欲怎样表示吧。小孩的性欲本极复杂，其原因则有种种。他虽留待在成年后，始有射精机能的运用；但其他种性的发泄，已在小孩期内开始。小孩于性的满足，除其性机关外，则在播弄其嘴、肛门，少女则并及尿道，以及其他有锐利感觉的皮肤。这些不待他人而靠自己满足的性感，今依蔼理斯[1]的定名，叫为"自恋"[2]。至其部分能发生欲感者，我们则名"爱圈"[3]。例如小孩之喜舐自己指头者，即是对"指头爱圈"而行"自恋"的现象。这个现象，昔已被了尼那[4]先生所发见。他并由此而引申到别项性的倾向。此外，小孩最喜欢的在播弄其性具。这个惹成了成年后手淫的根苗，有至终身不能解脱的。除这些"自恋"外，小孩同时也有了"欲浪"，即对他人发生恋爱的欲浪。

这些性倾向的表示常具有正负二方面：一是积极而一是消极，即是，他要快乐，同时又要他人快乐；他要人受苦而又要受他人之苦；他要他人见其性具，又要他人给他看其性具。此外，小孩极注重在选择其性的对方人物。他们的人物不定以异性为标准，而是以其能保护他们为主要。说句公道话，小孩所爱的人物大都是同性的。

在这个散漫、复杂与不整致之小孩性欲中，则可见到二个重要的倾向，这些倾向有在春情发动时已经决定不易的。第一倾向是注重性官的运用，所有小孩时期的性感，逐渐变成为性交的预备。第二倾向则在将"自恋"的天性变成为"爱人"的慰藉。在此进行中，因小

---

[1] 今译霭理士。
[2] 意思为"自体性欲"（auto-erotism）。
[3] 意思即"性感地带"。
[4] 今译作林德纳，匈牙利儿科医生。

孩受了教育与社会的裁制，遂把天性压伏下去，而幻成为一种合于世俗的"正道"。这些被压伏不能继续表示中之最显著者，例如小孩时所嗜好而与性有关的大小便，及其初期关于性爱的对方人物。

在病学上有一大纲：凡一切机能在发展时如被取消，或阻碍与伤害者必成为病象。性欲发展的情状也当与此相同。故凡不能遵守其发展的天然次序者，在后来必成为种种的变态。例如在成年时而尚保存"爱圈"的小孩嗜好者，则酿成为变态的交媾法。或则保存其"自恋"的脾气，而成为终身的手淫与自乐。或则保存小孩时两性不分的爱情而成为成年后的"同性癖"。凡此种种的变态，都由于幼稚性不能善行发展之所致。

而尤甚者，用以阻碍性欲天然发展之故，而成为种种的神经病。凡性变态者同时不免变成为神经刺激之人。好似阴阳电之互相而至的。在多少病象中，发现性欲不能正式发展而被压在底意识里作怪的实据呢！故从心理分析去研究，则见成年的神经性病，乃由小孩时所发泄的性欲太过强烈，而于中间又受了礼教之教育以致不能好好发展之所致。

必有人反驳我说："这些与性无关！"而讥我取用"性"字的意义太过宽泛。这或不错。但我要反问者：通常看性字仅为男女性欲交换之作用，则又毋乃过于狭小吧。若照这样狭义说：则如何能去解释性的变态与由性而成的神经刺激病，以及小孩时的性恋爱中之各种现象呢。至于我们心理分析家，乃从"小孩性"为依据而立论者，则不能不看性为整个的人生意义了。

现复来讨论小孩性的进化吧。他们偏重于内一方面，而其所要求的对方人物，则以其看护他们的人为准。故此中以其父母为最重要。所以细行考究，则见小孩对其父母含了不少性的行为。此中为父母者又给他们许多暗示，例如父偏爱其女，而母则喜欢男孩，以致小孩也起了相当的倾向：女的则偏爱其父，而男的则爱其母。这些父母子女与夫兄弟姊妹的相予，自然含有一点性的本能。虽则在成年后则复变成为家属的情谊而已。这种小孩的性本能，变成极复杂的爱情与仇怨后，外面虽不敢表示出来，而里头的势力极大，到后来，许多情感受了它不少的影响。希腊有一故事：说哀特卜[1]，弑父而妻其母，这个确是小孩的性本能，然到后来长成，则因为"人伦的防闲"[2]所不许，不得不将此观念取消。在莎士比亚剧名《哈勒》[3]者，也是极委婉地揭出此中乱伦的黑幕（乃指哈勒的叔父弑兄弟妻其嫂者）。

在这样小孩性发展中，其聪明的应用，也以性为依归。他们起始在考究怎样有小孩。这个观念通常在其小弟妹初生而有夺其母爱的危险时发始。这个小孩的性学问甚是高明，有时竟非成年人所能料及。他们（小孩）看男女是同样性具，受孕乃在食的时候；小孩出来乃由肠的尾端。所谓性交，乃是一种仇恨的表示等等。但因他们自己的性官尚未发展，对于女性具的构造又极茫然，所以不能不将此种性学的研究抛弃。但其所研究者与他后来的性格及神经质大有关系。

无疑地，小孩初始所恋爱的在父母，但其欲浪并不止此。及他长成，则移此父母的爱慕以爱慕其情人。小孩不能不离开父母，这是社会制度所使然。当其离开家庭时，负责者则在教师。可惜教师对此项性教育多不能尽职。

这个小孩性与其进化的研究，在在与心理分析学及神经病互相关系。所谓心理分析的应用，即在节节补救小孩性的过失而使之从自然的途上去发展。

第五课

神经刺激病的性质与其意义——向事实之外去寻求消遣——病人的逃所——退化——病象与普通象的界限——艺术引导法——升华

---

[1] 今译俄狄浦斯。
[2] 原文为 barrier against incest，意为乱伦阻障。防闲，阻障、障碍。
[3] 今译《哈姆雷特》。

自小孩时已具有性欲，和了那神经刺激病都与性欲有关系的事实发现后，我们由是考察到这样病之所以致成，乃因病人的恋爱受外界的阻碍不能满足，遂不能不向病中去寻求安慰。这个于事实之外，在"病窟"之中，寻求安慰的方法，即是一切情感刺激病所以酿成的根苗。所以患者不肯医好：一因自己不肯将先前被压伏的心事取消；而一因自然的性欲在其中主持，不肯听病者把他所寻得的安慰方法轻易放弃。

这个放开事实而向病里寻求安慰的结果，经过多少磨难之后，遂致变成情感刺激病。这是"退化"的结果：即是病人借病象而求得先前一些不可得的性欲快乐。这个"退化"有二方面：一、把先时的性感重行提起；二、把小孩时的性欲照旧复演一遍。但无论从哪方面，它的结果是："返归童性""回复小孩时期的性生活"。

愈行考究刺激病的根源，愈见它与别种心灵生活关系的重要，这种生活有时价值甚大。因为外界极少能满足事实的要求，于是不能不返而求诸自己心灵的满足。凡毅力富足的人能将所愿望的见诸事实。如或因外境所迫，与个人自己能力薄弱，则只好将其不能成为事实的愿望付诸"梦象"；在病人者则又变成为"病象"了。其或在特别情形之下如具有天资的艺术家：他们虽不能实行，但也不使其愿望幻成为变态，因为他们能将其"梦象"演成为艺术的材料。究竟，所谓神经刺激病者，多是欲望不能满足与变成为儿童时代的嗜好的反动。刺激病在今日，好似先前的修道院，凡失望与不能奋斗之人，则视它为退隐之所了。

在此，应行提起一个重要的事实：依刺激病研究所得，则知患此病者不是遗传性，或先天性所特具。庸格说得对：患刺激病者与常人一样同是对困难的环境抵抗。因力量大小不同与对方困难多少的关系，故有抵抗而胜者则为常人，有抵抗而失败者则成病人，或则演进而为艺术的出产。

我应再说到在刺激病中而有本能的性欲为祟的证明，最显现是在用了"引导法"时见出。这个"引导"的现象是：当病人被了医者诘问着要扼之时，则表出了充分与激烈的情感。这个表示法在病者平时永未见到的，显然含有底意识中的性欲根源。若用化学来比喻：刺激的病象即是"广义的恋爱"的沉淀物。"引导法"，乃是极烈的火力，唯它才能融解与移易此项沉淀物。医者的力量是"疏通品"，把病者的心事疏通与吸引出来。

从引导法而可得到催眠术的关键。我们在前说到催眠术为我们起始时所采用的独一考究底意识的方法。可是此术虽能将病者心事引出到心灵的门限后，但到此止，病者就筑起堡塞，无论何法是再攻不入去的。至于"引导法"，则能诱开他的门户，使其尽量将底蕴倾吐出来。又须知是"引导法"并非心理分析派所发明，这是一种自然相与中所必有的结果，医者与病人相与时自然也必生出这项的现象。此项方法，可惜我不能在此详说。但应记的，有此法后，而后病者与医者更知心理分析价值的广大。有此法后，而后刺激病的病因更加明了。反而言之，若人不知心理分析与引导法者，对于此项病理直是无法去了解了。

反对心理分析派者大抵有二端：第一，不知心灵生活的确切意义；第二，不知底意识与普通意识区别之所在。普通人与病者的怀疑，特别在这第二端上。他们批评者以为病者的心灵既有伤痕，何必揭开以厚其痛。诚然，若不能治好，最好说勿揭开其伤痕吧。但外科术苟知可治疗处，则虽打入心窝里的要扼亦不顾惜。因为知道痛者不过一时，而后来的健康快乐则无穷期。心灵上的痛苦，比肉体的更为惨酷，安可顾一时的舒服以遗其终身的伤残呢。心理分析之技术至为准确，当然能副病人之所望。又或有疑及到若把这些隐藏的心事放开出来，必于世道人心遗害无尽者，此尤过虑。经验告诉我们说：凡藏在心中的底意识为害之烈，比其发现普通意识时为大。因为底意识是不受任何节制的。至于普通的意识，则受各方面的牵动，以致常不易于闹出祸害。故心理分析法，既能救治隐藏的恶念，则于个人的智慧及道德的补救已经甚大；而于世道人心的为益更见不少了。

现在来看底意识解放之后怎样情形，及如何使它不生危险的方法。依我所知的则有三种。

第一，而为最多见是这些底意识一经被了病者好好思维之后，完全消灭。因为先前所压伏是一些儿童幼稚的观念，今病者既已恢复了成年人的判断力量，自然极易把这个童年不完全的遗念纠正。

第二，心理分析法对于儿童性纠正之后，而使它从正途上去发展。原来这些儿童性给与成年人性格的造就力量甚大，患病者一味将其压伏以致成为畸形的人格。心理分析法则在因自然的趋向而使之进化与适应。

在此层上，最要是在使这个性力进化为学问艺术的造就，这个就是"升华"的作用。自然的性力本来包涵有这个升华的机能。常常在其性欲演进之中而产生了社会上最有价值的工作。由性力富足之余而变化为升华是人类精神上最高的获得。

第三，则在准许一些性欲的正当者得到满足的机会。凡所称为文明的社会者，因有种种的防闲而使许多人类不能得到正当的欲望以致成为神经病。须知我们生成有兽性的。所谓文化的理想并非在摧残个性的天然。不错，文化的人类应尽力将性欲进化为社会的事业。但一个机器不能完全利用热力去工作，也如人类不能完全把性欲为升华的功用一样。若把这个自然的性欲摧残，其结果则甚恶劣。

有一故事不可忘记是：齐打[1]的市民得了一匹极有力之马。可惜马的食量过大。他们想将给它的豆刍逐渐减少。及到那一日全行减除之后，这马同时也死去了。齐打的人终久不知马死的缘故呵。

至于我则敢判断它是死于饥饿呵。呀！无论谁种兽——不管是人——若不给它相当的生养料，它是不能好好去工作的——尤怕是变成神经病而至于死亡呵！

（完）

（以上原刊于《读书杂志》第 1 卷第 3 期，
神州图书社 1931 年 6 月 1 日版）

---

[1] 也译为希尔达，德语文学中经常提到的一个小镇，镇上的居民会施展各种聪明巧计。

梦的分析[1]
——新心理学丛书之一

弗鲁特　著
张竞生　译

一

在一个时代为我们所叫作"科学前"[2]者，人类对于梦不用分析，只看它为神与鬼的昭示而已。及后科学日明，这个神话的梦，逐渐代为心理学的解释。到今日，智识界中人除了极少数外，都看梦为心灵力的表示了。

自梦象退出神话之后，自然需要一种新的解释。例如在何种条件之下始生出梦？梦与醒时的心灵关系如何？怎样外界的刺激能生出何等梦象？为何所梦的，每与醒时的良心与情感相冲突？梦象为何那样易于变幻？当人醒时，为何看梦象有些为无稽，遂有意于把它忘却？凡此问题，好多世纪来，尚未得到满足的答案。

此中问题为我们所最当讨论者是"梦的意义"。这个须知道是（一）梦在心理与心灵上的意义；（二）梦的外象（以下省译为"梦象"）能否分析？梦的内容（以下省译为"梦容"）是否有一定的意义？

在这问题上，可分有三派意见。第一，以哲学家为多数，主张梦有一个"超乎自然"的意义者。依此派说，梦乃精神上升的象征。例

---

[1] 此文原刊于神州图书社《读书杂志》1931年第1卷第6期（1931年9月1日版），今通译为《论梦》，弗洛伊德1901年所作论文。
[2] 意为前科学时代。

如楚贝（Schubert）[1]说:"由梦,精神解脱外界的束缚,灵魂排除肉体的锁链"。有些人则较为切实而说梦象乃由心灵的激动而成;它乃心灵力的表示,而在醒时则被阻碍不能自由发展者。有些事实(如在梦时,始能记起的忘忆)确是给这派人证明梦时的心灵力格外高强。

论及医学派的意见大都与哲学派相反。他们视梦毫无心灵的价值。这不过人于睡时由身内与外界的刺激而成为一种梦象。故依此派,梦象毫无意义,恍如一个不晓音乐的手乱打琴而成的音声,实在无法去解释者。因此,梦的定义是"一种无谓,有时且极病态的现象"而已(例如 Bing[2]所说)。总之由他们看,梦象乃成于脑中一些细胞由生理的刺激而成;其余的细胞则照旧安眠。

第三派则为普通人的意见。他们固然不受这个医学的大影响,并也不像哲学家那样去深求。依他们说,梦确有一个意义,这个并含有预告的消息。不过梦的内容甚复杂,要把它解释,应经过一定的手续。这个手续就在将所记得的梦象,代为一个切实的梦容。这个代替的方法,靠了一个"钥匙"能够极细微地去开发呢。如此,人们能把"象征式"的梦,代替为一种具有事实的解释了。

厚重的人们,看此未免付诸一笑。因为他知"梦是撒谎"[3]的俗语呢。

二

但当我细行考验之后,极为骇异是:在此项上,见得到的,竟不是医生,而乃在半属于迷信的普通人。而且使我由此利用一个新式心理方法去研究梦,其效果与利用这个方法去研究神经错乱症同样。这

---

[1] 今译为舒伯特或舒贝特,德国哲学家。著有《梦的象征意义》。
[2] Bing,疑译文有误,此处应该指 Binz,今译为宾兹,德国药理学家。
[3] 准确的意思是:"梦为空谈"。

个方法，就是"心理分析"，现已成为派一人的方法了[1]。这派人见到梦与神经错乱症许多相似之处。故用考究心灵病的方法去考究梦象，结果甚是满足。因为神经错乱如恐慌与秽亵等症[2]，在常态心理之下难以理解，也如它在梦时发生，难得在醒时之理解一样。彼此的根源都是在"底意识"。只要得到底意识之所在，则这些病即归消灭。所以此项问题研究的兴趣，乃在病象与在梦象上两边可以彼此对照参考。

这个研究的方法，于学理上本极浅易。但其实用上则须靠经验与灵巧的手段而后能奏效。例如把医治恐慌病者来作譬喻：第一，应使病者将其病源切切实实说出，不可如平时梦的一样含糊吞吐。最要是：所有病人想得到的都应说出。通常病者初时必说无法记起。治者当极决定说他必会知道。这样，结果，则得病者说出许多事情和许多复杂的见解；但同时，他必说这不过偶然谈及与病因毫无关系，我们由他这个"批评自己"的态度，可以见出他病根的埋伏乃由于不敢公开之缘故。假如人能够使病者将"批评自己"的态度消灭，只要将他所知道的，痛痛快快从直说出，则医者由此可得其病因上直接的关系，由此而再求其复杂的变化。这样一来，治者能够采用一个适应的心理去代替病者的变态了。

我在此处，不能将治神经错乱病的方法详细说出，唯有一点应请读者注意是，在病者胡说乱道及自评自怨之中，定然有一些材料可以用为解决其病根。同样，若人要视察自己的变态，则当将那些无意中发泄的见解，详细记录，以备作为整个研究时的材料。

我今所要详说的，就在此方法怎样应用在解释梦象的一问题上。凡一切梦都可拿来分析。但我愿采用昨夜的梦，因为它极短促，而且极暧昧奥晦，这样梦乃极适用的。以下就是我醒时所记起的梦象。

---

〔1〕 此句翻译的意思是：心理分析（即精神分析）方法为整个一个学派的研究者所接受了。
〔2〕 恐慌与秽亵等症，今一般译为恐怖症和强迫症。

在一会客桌上——似是食桌。正在食菠菜。某夫人坐近我旁，全身向我方面转来。且极亲密地将手放在我膝头。我把她手拿开，她遂与我说，"您总是有这样的美眼呵！"我此时觉得有些物似是图画，表示出两眼睛；又似是两个玻璃眼镜。

这就是我所梦的；最少，当醒时所能记起的是这样。我觉得甚奥晦，无意义，而且有些可惊异。某夫人，乃一面相识，我与她并无深密的情愫。并且长久未曾见面；最近也未听及人说她。总之，我终想不出怎样能生出与她这样关系的梦象。

愈思愈不得头绪，我于是想用内省法，将我所能想到的，尽行录出，毫不欺瞒。如此，又使我觉得如将此梦的因由分成零件，然后将零件聚合起来，更易得到便利的解释。

"聚会"，"桌"或"食桌"。我于是想起昨晚的事情。当我与友离开一个小会时，他请我坐上马车，并引到我家。在路上，他对我说："我极喜车表[1]的发明，看它行，眼神有所注意，并得消遣。"当我们一上车时，车夫使其表的玻璃面恰好给我们看到起码钱目为六十赫尼[2]，我遂戏说："车中的表，恰如店中食桌，一想到它的继续增高的数目，使人不免吝啬与自私起来。车表涨得太快，使人几无钱应付。在食桌中，我也极诙谐地表示不愿使食债累身呢。"我于是不恰切地念起哥德[3]二句诗来：

您给我们生命了，
又怜穷困，借我们债。

---

〔1〕 指车载计程器。
〔2〕 今译为赫勒（Heller），奥地利货币单位。当时 60 赫勒相当于 6 便士或 12.5 美分。
〔3〕 今译为歌德。

又有一事与食桌有关者，乃在数星期前，当我在帝罗[1]客栈食桌时，我曾与妻辩嘴。因她对待一些人为我所不悦者太好，我意在请她特别招呼我勿管那些人。在此事上，"食桌"于我甚不利，但今使我惊异是我妻在此桌，与梦象中某夫人全身向我的态度，完全相反。

还有一事应注意是，在此梦上与我前求婚时的情状有点相似。这是在桌下我向她调情，而她又在此状况之下答复我求婚的信者。在梦中，这是别个人——某夫人代替我妻了。

某夫人乃那位我前欠他债之女儿。在此，我发现了一个梦与心事的新关系。这个关系是：凡在同系的一事极迅速地引到别一事去。换言之，在梦中，于两件事的关系上，常将甲事移作乙事。

例如，当人只靠别人工作，而自己不肯服劳时，通常，人对他这样说："您以为我们在此为您美眼吗？"故在梦中，某夫人对我说："您总是有这样的美眼呵！"其相关上的意思是这样："我们因爱您之故，为您尽力，您已得其便宜了。"实则，事实上与此意相反，因为常时是我为朋友出钱服务的。所以昨夜那个友人请我坐车并代出费之事，使我惊异为例外。

别一事，昨夜之宴，同坐有一友人乃常借我债者。不久之前，我尚还他一笔款。只有一次，我送他一老酒杯，其杯周围则画上许多眼睛。这样酒杯名为"眼樽"，俗说可避眼病。此友人乃业眼医者。在昨晚遇时，我尚问及一个人眼病怎样，因这个患病者乃我送他到他处配置眼镜之故。

请注意上所说的都是此梦的材料。现再说及食桌的菠菜一件事吧。这件菠菜，也有案件可稽。日前，我的小孩——他可说有美眼者——不肯食菠菜。在我少时，也不喜欢此物，及长，然后改口。从菠菜而引起我少孩时的回忆。当我不肯食时，我母常对我说："你当满意这个菜吧，多少小孩极愿意在你地位呢！"由此而想到父母对于

---

[1] 今译为蒂罗尔或蒂洛尔。

子女的责任。那两句哥德之诗：

> 您给我们生命了，
> 又怜穷困，借我们债。

在此，又生出一个新意义来。

到此暂作一个结束。在这样分析上已得了一些结果。我入手在零件上的分举，如此就把它们彼此的纠缠割断。及后，则以这些零件为根据，逐步而求它们交连之所在，于是能得到我生命内的思想与记忆。同时，而又可得这些材料与梦象之关系。若用含混的手续去研究梦象是无效力的。因为梦象每极枯燥，不聊属与无理智，须要一经分析，始见其活动生色与极逻辑。又凡一件重要事，在与别个意识组合中，较了别个不重要的，能够在梦中常出现。但在我此梦中，许多要点如"自私""好义""债务"与"义务"等观念并未表出。此中缘故，在我分析之下，觉得自有一个互相牵制之中心点。在将关于学理上应说之外，本应把此中我个人许多的情感牵引入去，但因为有所顾忌，只好箝口，由此当然不免使阅者不知线索之所在了。或问我为什么不择一个梦象能够全盘说出来。我答是：凡一切梦都有一件内心情不好公开，以免世人的毒评。至于分析别人的梦，也有这点困难，而且加上一层情意的隔阂。

可是，从此我们知道"梦乃情感与理智的意识组合时之代替物，而由分析上可得到此项意识的真相"。我尚不知梦中意识怎样组合，但已知道那班仅看梦为多少脑细胞的动作而与心理无关系者的错误了。

在此应注意是：梦象对于所代替的意识极不完全。又从分析上而知引起梦的，乃是梦前的一件极细微的事情。

我虽然不能执一梦以概论全部。但于他梦上，一经分析之后，其结果都相同，那么，我可由此而定出一个梦的学问了。

凡梦由我们醒时所记得的，定名它为"梦象"，由分析后，一切与其梦有关的材料者，则名为"梦容"。

此外，尚有两个问题未证定者：

（一）由何种心灵的作用而使梦容变为梦象的经过？

（二）为何必要这样的经过？

从内容而成为外象的手续，我名它为"梦的工作"。由外向而复返于内容，我名为"分析工作"。此外，诸问题：如引起梦的理由，梦料的来源，梦的意义与其作用，为何梦象在醒时易于遗忘；凡此，都待我作分析工夫时去讨论。

我的工作，最注意是在避免梦象与梦容的混杂，我想许多关于梦的书籍所以错误不确切者，缘因作者不晓梦象不过含了梦容的一部分，其真相须待分析后始能得到的，这个道理。

三

所以必须注意梦容与梦象的分别者，因为这其间乃经过一番变换的事实。换言之，要得到此中明了的意义，须经过一个分析的方法。

梦容与梦象的关系可分为三部分来说：

第一，有些梦乃极明了，合理，全从我们心神直接生出的。这项梦极多，而因其事实平常，遂使我们不去留意。有这项的梦，愈见脑细胞偶然动作的学说不能成立。因为这些梦是极整致与有条理，但这又确是梦，与醒时的不相同。

第二，是一些梦固极明了而且含有可能的事实，但不免使梦者骇异其出乎思虑之外。例如梦见一个可爱的亲戚死于疫症。当其醒时，梦者自觉并无这样的存念，而且极不愿有此事发生的。于是他不免极惊异地自问道："从何方而来此念呢？"

第三，最常发生的是那些梦象恍惚，无意义，有时极奥晦，而且互相冲突。一班医生们因此而视梦不过为脑神经的偶然动作，与心理毫无关系。实在说来，凡梦稍长久的，都不免夹有一些无可理解的情状。

由上看来，梦容与梦象最差异的乃在第二项，尤其是第三项的梦。在这样梦谜中，解得出的，唯靠分析的工作。例如我在上所以能解释我梦的即足为证。为因我们有所顾忌，以致每每不能将梦分析到底。但我们由此极可拟定是：

"在梦象恍惚无条理，与梦者觉得有一种阻力不能好好去根究此中的真相之间，必有一个秘密与需要的关系存在。"

在待后来去讨论这个关系的性质之前，容我们在此先来讨论第一种最简明的梦象。在此项上，梦容与梦象完全一样，极少差异。

这项研究极紧要是：可以得到小孩的梦景。小孩的梦都是有条理与极明了的。由这样简明的例证，可以引申去研究成年人的梦象。在此又足反证梦非脑经一部分单独的工作。果然如此，怎样在成年的为单独的工作，而在小孩反成为全部分呢？

我今就将所能记起的几个小孩梦来作证。

一个小女孩，仅有十九个月大，因为晨时呕吐，此日不准食物。据其保姆所说，她病乃因食草莓所致。入夜，女孩于梦中叫她自己的名后，则叫"草莓——面包条——肉汤"。由此，可见小孩梦食，及见到她被禁的食物。又有一个二十二个月大的小孩，在梦时得到其愿望。这因在睡前，他给其叔父一篮樱桃，而人只许他食一粒。但他于晨起时极欢乐说道："我于夜间已把樱桃全食下了。"一个三岁大的女孩，于夜间正在高兴游船时，被人阻止，她哭叫不肯上岸；在晨起时，她说全夜在游湖。如此，可见她在梦时满足其被截断的愿望了。一个小孩有五岁三个月年纪，在上丹山[1]时表示不高兴。每到一山阜便问是否到山顶。及后，他不要再上，人以为其疲惰之故。但在晨

---

[1] 丹山，今译为达赫斯坦山。

上，他向人说已梦上丹山之顶。他在梦中已达到其目的地了。同一解释是一个六岁女孩与其父亲出游。因时过晚，不能达到目的地而返。归途时，在路上又见一个木牌写上别一个名胜的广告。其父亲许她将来同去游赏。及到明晨，她告其父说已梦到这两个地方去了。

凡上所记，可见小孩的梦中有一个共同点，即是满足在睡前未曾得到的愿望。故在他们的梦，简直就是实现其愿望的表示。

又有一个小孩的梦，初看似不可解，细按起来，也是满足愿望的表示。这是一个约有四岁的小孩，为因避免婴孩症的传染，从乡间移到城内的姑家住。她睡在一床内，床比她身本甚大。但她起身时，说到梦见其身甚大，大到睡床不能容。这个梦，若从"满足愿望"去解释，则甚易得到其奥秘。谁不知小孩的愿望是在变成大人？所以这小孩在梦中有此愿望，故觉得睡床之狭小了。

无论怎样复杂与奇妙，小孩的梦，都可用"满足愿望"的一事去包括。一个八岁的小孩梦见坐在亚施儿[1]（希腊古代勇士）车旁，其车乃由特奥默[2]所驾驭。因为这小孩在睡前读了希腊的故事，所以在梦中，他愿与这两个英雄同时了。

这些例证，又引我们得到小孩梦的第二个性质：就是他与日间生活直接的关系。这些梦的事情，必是小孩在日间——特别在梦前的一日间——所愿望极热烈而不能得者。反之，凡事与他们意念不相关者则不能成为梦象。

成年的梦，也常有这样小孩梦发生。我们在前说到这样梦极短促。例如睡时甚渴，则必梦饮，这个愿望一经满足之后，仍然照旧睡去。故可说这样梦，乃梦中之最舒服者。这些梦的发生大都当睡入觉得将醒的时候。每每梦者觉得已在启行，已在穿衣服，往学校，到办事房中。或于旅行前，则梦及已到目的地。或于赴戏台及宴会之前，

---

[1] 今译为阿喀琉斯。
[2] 今译为狄奥米德。

则梦到已经领略其滋味。

有时，在梦中的愿望乃间接的，在此应补足其缺漏之处，在后能得到真意。这即是梦的分析的第一步工作。有一丈夫告诉我说他妻梦月经来。按经水不来，乃是受孕之兆。今少妇如此发梦，可见心中不愿身上有孕了。

在特别情景之下，这些小孩式的梦来得极频。一个探北极的首领说：当冬天时，冰雪漫地，那些同伴只好长食同样与一定数量的物。他们于是夜夜梦见极好的菜料，如山的香烟，及家庭的欢聚等事。

在成年人一些含糊、延长而且奥晦的梦中，若去细行考察，则也得到许多小孩式的梦，但他们的梦总是被了离奇的面具所遮藏混化。故无论如何，终难得到如小孩梦一样的简单。成年的梦，总有一些神秘性将真实的愿望欺瞒过。

在离开这个小孩梦问题之前，我们应注意是这些梦所表示的固然都属于一种愿望。例如，愿望全夜游湖，愿望起身与穿衣，愿望将给叔父的樱桃全由自己食。可是，它们尚有一个特点，既是这不是空望，而乃实在的与在眼前的表现。它的实现愿望的方法，或由景象，或由拟想，或由眼界所见。这个后头的见示更常，即是一个愿望好似在梦者的"眼前"实现一样，在这项的梦，我们已得了第一项梦的工作——改窜的工作。这个意思是：

"一个愿望存在思想中，在梦时已改窜为在眼界的实相。"

四

凡模糊离奇的梦象，都是由"改窜"的工作而来。我们不知改窜的本意是否含有愿望。但由上举那个我的梦看来，似乎彼此相因而至。人们记得这个梦分析之后，知道事实上，乃我妻在食桌留意他人而引起我不快，而在梦中，完全改窜；那个妇人代替我妻地位者竟极殷勤地全身向我方面转来。实则底里,我的愿望正是如此。可是这样改窜中,同时含有梦者的愿望在内。第二解释是:我极不愿白受人恩惠,故某夫人说"您总是有这样的美眼呵"的底意,便是我的愿望要如此。所以从这些梦象与梦容相反中,可见出"愿望实现"的线索。

梦的工作尚有一桩更重要骇人的,是"集中"。这个更是使梦象成为奇异不测的主因。无论取哪一个梦来说,如果我们将在"梦象"中所发生的情事共有若干数目,又把分析之后,在"梦容"所包含的事情数目,互相比较,则见前者甚形减少与缩小。缘因梦时,乃把原来的事情集合起来。这个集中的工作,于分析时甚见重要。凡在梦象中的一个表现,总含有几个原来的分子。例如:"我梦见一个游泳池,游水者四散逃走。在池一边,则有一人对一游泳者似在引他出水。"这个梦象,乃集合我少年时的记忆与我所见的两幅图画而成。此中一幅名为《惊异》者,即写出浴者四散奔逃之象。另一幅名为《洪水》,为意大利人手笔,乃在最近始见到者。又有我在少时的回忆是浴池主人,因为男人洗浴时期已到,遂用手援助一个尚未浴完的妇人出池那回事。又如把我那第一个梦来说,在一个梦景中,都可见其原来是许多事情所凑合。先以"食桌"说,乃我订婚时,我与未婚妻在桌下搓手的回忆。那个"转身向我"的夫人,已如上说乃是反映我愿望的改窜。在此回忆反映中,尚有一件极悲哀的事件,即是在订婚期间,我曾与未婚妻大闹一回。至于那件极不客气的"手放在我膝头",乃反映我另与一个人的事情及其相关的事件。后头这件事,又引出两件相关的事来,从这两件相关事,又引出许多故事来,如此继续无休止。

梦景上生出"集中"的工作时,必其事件,原来已有集中的可能性。第一条件,于各事情中必有一个或几个的共同点。这个集中的工作也如胶儿东（Trancis Galton）[1]所发明的家属合影一相的结果一样。这个就是将家人的相合影为一个相时，则此中相似的点，更形显现，而相反的渐成磨灭。由这道理，可以解释梦象极尽飘忽不测的理由。

由上头的观察，我得到关于梦的解释上一个定例，即是，在分析时，遇到梦象所表示的两件事是"合"时，应看作"分"。因为梦中将两件事牵合起来的，在事实上乃是相反。从它们的"分"上，再去研究各个关系之所在。

当本来的事件不能有共同点时，梦的工作，目的既在集中，则只好将一切至不同的事件凑合一气。它的手段就在改易一桩事件的口气而使与别桩事件合成得来，有时尚把两桩事件的意义或字义一齐改易。这样一来，则不同者变成为同，有如众音杂奏中而有一致的和谐一样。

这个手段有时极高强，有时也极勉强。由它，而得到事实与形式上不能相同的梦象与梦容中竟有联属衔接之可能。

再以我第一个梦来作分析，则见此中原来不相同的事件，被了梦的集中工作竟使其有共同点。在我的本意是说："我不能如别人一样同受优待吗？"但这个不能与梦象相宜。于是梦的工作，就把它改成为："我不能享受免费吗？""费"字在此（在食桌与菠菜之间），仍有一个新意义。在我们奥国的地方，当小孩不肯食一菜肉时，则其母亲必极温和劝他道："费一点神吧"，意思是试食多少吧。殊不知在梦中，他竟能将这个后头的费字改做为前头那个用钱的费字去了。实则这样证例，随处可见。

晓得这个在梦中"集中"的工作，则可解释许多梦的怪象，而在醒时所万想不到者。例如在梦中见到一个奇怪的面孔，好似由几个相识人所合成之类。先时东方人所拟议的许多怪相如兽身人首之类，也

---

[1] 译文此处的拼写有误，应为 Francis Galton，今译为弗朗西斯·高尔顿（1822—1911），英国探险家、优生学家、心理学家、差异心理学之父。著有《遗传的天才》《人类的才能及其发展研究》等。

是由这个集中的工作在思想中所创造出。不过思想上的这类创造，甚有限制；而在梦中则百出不穷，愈演愈幻。

谁不曾在梦中见到这种怪相呢？在梦时，每将许多不同的事情凑成一气。或见一个相中包含了几个相；或将一个某人的相而认作为别一个人；或则相貌与姓名俱相符，但其所遇的地方，完全不是此人的而乃别一个人的事情。在这些梦中，他将各个人之"同等价值"者集中为一人，所以生出这样景象。在梦容中有时也能辨别这个"同等价值"之所在，但非经过分析的功夫，极难见其详细的经过。

此外，有些梦象比原有的事实格外显明或模糊者，这也是集中工作的效力。这项梦可名为复象，本极多见，不必多行引证。我们现应知的，梦中借了集中与组合的机能，所以发生了与醒时不相同的感觉，这也本不足怪者。这个集中点，唯靠分析始能得到。因为梦象上总有一个不可知的 X 作为各项共同点的枢纽。从分析上，而把原来不相同的材料划开，由此而可得到梦的解释。

今取一例："我梦见与一大学教授同坐一长椅，这长椅及许多别椅，乃向前头甚迅速地丢下。"[1] 现不必详细说出怎样有此象的经过，只说这个乃课室与自动梯的集合象罢了。又有一个梦："我坐火车走廊的椅上，手执帽靠于膝头。这个帽乃高筒而其质为透明的玻璃。"在此，先说及一句俗语是："把帽放低，一切事可为。"[2] 至于高筒的玻璃，应引到电灯胆[3]的回忆。我会说我愿如发明电灯胆的奥耶[4]博士，他本是我同乡人，如此，我有钱，可以随意游历，免在维也纳死捱工作。"今在梦中我竟借了一个新发明——玻璃帽——的钱力而游历了。

---

[1] 这句译文的意思是：我梦见与一大学教授同坐在一条凳子上，这条凳子被许多其他凳子所围绕，我们坐的这条凳子正快速向前移动。
[2] 这句俗语的意思是：如果你手里拿着一顶帽子走路，你便可以走遍全国。
[3] 这里所谓的电灯胆，应该是指白炽煤气灯罩。
[4] 今译为奥尔·冯·威尔斯巴赫。

"复象"有时乃由两个相反的事情所合成。例如有一少妇梦见手执一枝仙童所赐的花枝（此乃从那幅"见兆"的圣母像所印象而来，系属贞洁之象征，此妇也名为玛丽[1]者），但她又觉所执的为白色而沉重，似为茶花一样（与茶花女事对照乃不贞洁之义）。

　　集中的梦象，可用下几句去包括："梦象中虽极细微的表示，也都与原来梦的材料有关系。每个至细微的梦象，不只从一个孤单的意念而来，乃由许多的意念所合成。这些原来的意念，或各各不相关，或则立于相反的地位。每个至细微的梦象，即是代表这些差异的意念之结果"。

　　在这个由梦容内许多意念而组成为单个的梦象之外，尚有一个相反的性质，即梦容内的一个意念，可在梦象上变成为几个，如此相反或相成中，愈见梦容之变成为梦象时的变幻无穷。

　　这个"集中"的工作，其价值与"改窜"者相同。至于为何而需要这个集中工作的发生，到现在尚难去判断。

五

　　在这些复杂与混乱的梦象，除了为集中与改窜两项工作所助成之外，由许多表示上的见告，而知尚有第三项的工作。

　　通常于分析梦的结果是：初步，则见梦象所表出的与梦容所包含的完全不相同。及后，则见梦象都是代表梦容的意义；而梦容内大部分的事情已在梦象中表出。又再细按之下，则见梦容与梦象确有不相同之处：这个就是有些事在梦容中极占重要者，但在梦象中则变成为极不重要，而有些事则毫不足轻重者，竟占了极要的地位。这个现象概括言之，是"当梦的工作成就时，则见意念应该注意的反不注意。

---

[1] 即玛利亚。

而所注意的乃在我辈意料之外"。

这是由心灵力的色彩浓薄之结果，而使梦象与梦容成为极相反与混乱的关系。

在此种梦的工作，我名为"易位"，由此，而可见藏于底意识的心灵或其情感在梦时的动作。但此中由甲象变乙象之代替影子时每极模糊，不是如我初时所预料的简明。

这个"易位"的名字，也可改名为"价值倒置"。在分析梦时，每每遇到这个易位或价值倒置的现象。只在简明而具有理性如我们在上所说的小孩式梦者，始无此事。其余的梦，多少总不免带有这个色泽。其梦愈奇突糊涂者，则见此项在其中的工作愈多。

今以我前梦为喻，则见一些本来意念本极平常者，但在梦中变成为分外的铺张。在梦景中，某夫人对我极有情意，但在我本心上，只求得友谊而已。这个"免费"的情爱，在梦中，一边则变为铺张扬厉，而一边则又易位为"美眼"与"菠菜"。

由分析上可得到梦的根源；同时又可解决两个难题：（一）怎样催促梦象之发生；（二）怎样成为梦与醒时事实之关系。骤观之，觉得有些梦象发生的原因乃由于梦前的事实；但有些梦，似乎毫无关系。然细按起来，凡一切梦都由于梦前的事实为根据，更切实说，都由于入梦前那一日的事实为因由。这些催促梦发生的分子，有时极为显现，使人可说"夜的梦乃继续进行日间的事情未做完者"。可是，梦中所引起的日间事情，有时极见其琐碎与毫无意义，须要人留心始能觉出是由日间事所引起。因此之故，人们觉得这些梦为不足重轻了。

但细行分析之后，则可见到此中的秘密，即一件至无意义的事，如放在优先地位，则可成为催促梦发生的分子。又从分析的功夫上，我们可得那成梦的真因，与其成梦的场合，及与各项同入梦的关系材料。反而言之，一件在梦象上至平常的事，但一经分析之后，则见其与别项极重要的事情有相关联。这乃"易位"的工作在梦中活动，所以使他将重要的、感动的，代为不重要与极寻常的梦象。由这个结果所得，我们可得初步对于催促梦的发生与梦及醒时的关系两个问题的解决。我们由此可作下论："凡在日间与我们不相关者，断不会在梦中与我们发生关系。又在醒时，琐细的事若与我们不相干者，也断不会在梦时引逗我们。"

今以我前梦为例：哪个是催促梦发生者？这是那个友人出费给我坐车，一件事之至平常者。至于梦景中的"食桌"，也是一件不足重轻的陪衬。因为在梦前，我与友人说及车表与食桌二事做一气之故，所以在梦象，也一齐牵入去了。实则，梦的主因：乃我于数日前，给我家属某人一笔巨款。我对此人固极敬重。但在我意念中，此人对我此举虽极为感谢，但非出其诚意，似又含有别项的要求。故在梦的内容，即构造梦的材料中，我所要求那个牺牲的，无含作用的情谊，本是占了主要的地位。因为我常伴此人坐车，所以昨夜乘那位友人请我坐车之机会，遂即挑逗前情而入梦。由此可见催促梦发生的条件，必在梦前的日间占了主要的地位。所以我此梦的主因不是昨晚那位友人偶然请我免费坐车而起；而乃我常常出费请我家属某人坐车的牺牲精神而起呢。

在放下此问题之前，尚有一个极有趣的梦象应说及者。我在上已说及由集中与改窜二种工作而成的梦，则为"复象"，即在此"复象"中可见所有入梦的材料的"共同点"，至于材料的各种"特别点"则极形模糊。今改由"集中"合了"易位"的工作，则所成梦象，不是复式的而是"中间式"的。请借一譬，这两个梦的工作好似动学式上所表示的长方形两边力量；其结果的梦象，则是这两边力所合成的中间力的线式。

今以我一梦为例。我的梦象为"波罗比怜浆的注射"[1]。及经分析之后，知我入梦的材料本为"亚米怜"浆。现要知的，怎样从亚浆

---

[1] 波罗比怜浆，通译为丙基，又称正丙基（n-propyl）。下文的亚浆则为戊基（amyl）。

而变为波浆的经过。原来波罗比怜浆的字为 Propylene，而入梦的材料也有我前时在孟尼市[1]见一极动观的教堂门式名 Propyles[2]者的记忆。此门式的字与所梦的注浆一字极近似。又再行分析之后，则知由这两个字相似的关连影射而引到亚米怜浆变成波罗比怜浆之幻化。故梦象结果上所得的 Propylene（波浆）乃是 Propyles（教堂门式）与 Amylene（亚浆）两个事所合成的中间点。由集中与易位两项工作之结果，而有此种调和的梦象。

又似乎这个易位的工作，乃梦谜的关键，应去首先解决的。

六

又在详察之后，则见尚有一个梦的工作（变形）虽比"易位"较不重要，但彼此都是使梦的真相埋没去之主因者。这个变形的工作使梦的真相埋没得更神奇。它对于梦象的表示，不是如俗语之简单，而乃如诗句之寄托与虚描之巧妙。这个本极应如此者：因为梦象在此层上均变成为"实相"，故变形的工作，须将那些入梦的材料统与炮制而使其成为实相。这个假设有如将报纸上一条论说或将在公庭之辩论使之一一成为眼见的实相；变形的工作在使入梦的材料成为实相的经过也极类此。

此项梦象，大都映射已往极感动的事情，追溯所自，则常为少时的回忆。这些少时的感动事情，当然极占梦的主要位置。这乃是梦的结晶点，其余的事，则团聚粘附于其周围。所有的梦，都是那些少时感动事情的再抄本，但不免加添了许多新材料。因为在梦象上极少见到与醒时的感触完全一样。

---

[1] 今译为慕尼黑。
[2] 一个雅典式的纪念门廊。

除在梦中所见的实相外，常时尚有不完全的杂象、谈话及一些死板的字句。这个梦象的来源，甚有价值，应较详细在下头去叙明。

若将这种梦象分析起来，则见梦的内容至为复杂。其中分子彼此关系上也极为纷坛。或则它们在纠葛在初时，或则在后来。它们彼此或附和，或相克，或互相解释，或辩护，或多所要求。常时在一桩和合的意念之下，必有一桩的意念与其相反。其实，如上所说的各种现象，我们在醒时也常见到。故要使这些变为梦象，则须有一个压力，使这些材料集中起来，及后，又将它打成碎片。这些解体的材料，变成为无穷的分化后，而成为种种的新聚合；最后，梦的工作，又将凡不能变成为实相者淘汰去。因此举凡梦的材料固有的意义统行失去；至于其彼此相关系上的线索更归于消灭。总之，梦的工作，全在将材料依己意去制造而成一个新局面。故我们要知此中真相，非经过一番分析的功夫不可。

梦中意义的范围，一比醒时的极形狭窄与薄弱。虽然梦者甚留意于逻辑，不过他只好依一定的印模去做他的逻辑。所以他的理论至专制与有一定格式的。他将所有事情纳入于一定格式之中，不管在时间与空间上是否说得去。这好似画家画了许多诗人会聚于"巴拉须"山[1]。他不管这许多诗人不能同立于一个山顶的事实；他只看其图画为象征罢了。

梦中对于逻辑的注意，虽在极细微的事情也可见到。例如梦到两件事不能相容时，则事实上，这两件事必有一定的相关系。又有一事应提起注意是：一经分析之后，则见一夜中全部分之梦，只是演述一出的事情。

两桩事件的关系，在梦中有时或被裁去，有时则另代为两桩极混乱的事件。在这两桩混乱的事件中，则其意义必成颠倒，即第一桩应为假设者则变形为结论；而第二桩应为结论者则反成为假设。但凡在

---

[1] 今译为帕拉萨斯山，坐落于希腊南部。

梦中变形的工作，于相关两件事中必有一定的因果。

我们在上已说及梦中不愿有相反的事情，如或遇到，它总把它们变成为同派。换言之，在醒时所用的"或者"这个名词（如说，此事这样，"或者"那样的"或者"），在梦中必代为"也是"去了。

又，梦中对于相反的事情总认作为同样及单独的。（许多著名语言学家说及凡相反之表词如"强——弱""内——外"，在现时须用二字者，在初民之语言，只用一个字，即足表出此中两方面的意义。）梦中表出相反的意义甚形特别，它不能直接表出两件事的相反，须用第三件事来证明。我们在后，再说这项手续的经过；现应知的，就是梦者，每觉得有难过的感触，这个即是证明他觉得有相反的情事在心中为难。

在梦中，那些相关的两桩事中之最被利用者，即在它们的意义相似之处，或在其接触及相等称之点。梦的目标，最紧要的在集中，故每有遇到多少相似之处，它即归纳它们为一气。

以上所说几点，甚为简略，当然不能概括这个至繁杂的梦的逻辑一问题。总之，每一件梦，必有其特别的工作。此项工作，或极精细，或极粗莽，或依一定的格式，或则毫无条理。在这后项的梦，因其无条理，所以成为极离奇奥晦的梦象。可是，任梦象怎样离奇，其中总含有逻辑，与极具理性的材料。例如梦象之奇怪，则其梦的内容必定有不如意，鄙视与怀恨各项情感在其中主动。故在这些梦象最无次序者，其中尚含有极大的逻辑，这个更足以堵塞那班主张梦毫无意义者之口了。因为此层极占重要，所以我特来举一例。

我梦见一位相识的少年 M. H. 受了名人哥德极猛烈的攻击。依我们在座者意见，哥德大形其无理胡闹。争辩之结果，M. H. 见名誉从此消失，在食桌中，自行埋怨，但他并不因此而对哥德失其崇拜。在我个人私念之下，甚为骇异时期不符。因哥德乃于千八百三十二年死去，他们争辩之时应当在前；那么，M. H. 此时年纪甚少，最多不过十八岁吧。可是我并不知此时是何年月，一切计算如堕五里雾中。又此项辩论乃对哥德的那本名著——《自然》[1]而发。

这个梦之颠倒，若去对照这位 H 君乃是商界中人的事实后，更为显明。他并未曾留意于哥德的诗文。但一经我用了下头的分析功夫之后，则见这个离奇的梦，其中实含有逻辑的条理者：

第一，M. H. 君，乃我于客店食桌时所认识。一日，他请我诊察其大兄似有神经病者。但当我查问其兄时，他乃出我意料之外告诉其弟在少年时许多荒唐的行为。在我骇异之中，我问其弟的生时年期，他告诉我的即是梦中的死期一八三二年。又因我为考查其弟怎样犯了善忘病之故，遂与他共同计算了许多关于时期之问题。

第二，一间我曾加入的医学杂志社，发表一位少年的论文，对我友 F 君大事攻击。我曾去信请其修正，而主笔不管，我由是与这杂志社绝交。在我绝书中，我表示对于私人的友谊并不因此中断。这项事实，确是引起梦象的主因。又此次批评使我最伤心者乃 F 君之书对于生理学实在有所发明。我最先看出其价值。到今日，经过若干年后，那班同事始行承认我的意见不差。

第三，在这梦前不久，一位女子，曾向我申说其兄弟得了狂病时，常大叫"自然！自然！"依医者说，这样叫法乃由哥德那本名著的《自然》而起，证明病者过于勤读之故。至于我，则视这种"自然"的叫喊，乃与性欲有关。这个性问题，本为贤愚所共知者。不幸，后来的事实，证明我的见解，那个病人竟自行割去阳具，为时恰在他十八岁（对照梦中 M. H. 年纪）。

---

[1] 又译为《大自然》，原名为《关于大自然的片段》，是哥德的散文（诗）作品，作于1782年。据说1873年弗洛伊德在中学毕业之际的一次文章朗诵会上听到此文，激发其以医学为业。一说哥德的《自然》这篇文章系瑞士作家 G. C. 托布勒所写，哥德由于记忆错误而将它列入自己的著作。

在这梦象上，那个"我"，便是代替我友 F 君。至于我在梦时计算时日一事，也与 F 君书中事相关。因他在生理学上而证明人生行为与时间性相关系；他特别在考究哥德之功业文章常与时间性响应。论及梦时，"我竟不知此时是何年月"一事，竟把我友当作狂人去了。这个最易看出梦象的奇妙由于事实的颠倒。实则，这不过表示一种相反的诙谐态度。我的底意识要这样说："这是他神经错乱！成为狂人了！……您们批评者，自以为天才了！事实上不成相反吗？"在梦中仍然保存这个取笑的态度，所以梦见极著名的哥德竟有意于挑拨一位极平常的少年了。至于反面上，假设一个少年去批评哥德，更适合于现在的世界呢。

凡诸梦象，都是表示个人的情感，以上梦说，这全是代表我个人的意见，虽则我同时也代表我友。为何在此，我与友合成一人呢？因为他学说的胜利便是我的胜利。当我主张精神病之根源统由于性欲不能好好发展在其中作祟之缘故（请看我对那个喊叫"自然！自然！"的狂病治疗法及其他），那时当然不少对我起了相当的攻击；在我今日，也当然取此诙谐态度以对待这般敌人了。

故把我上梦分析之后，可见其中的离奇，乃由于诙谐与鄙视态度的反映。须知哥德前时在游历卫尼士之里度岛[1]拾得绵羊头骨而发现了"脑由脊骨变成"之学说。于此又牵连那个被攻击的友人在学生时一段功勋：他曾迫退一个老教授告老。因这位教授，少年虽著名过，但因老迈变成昏乱，实在不堪继续教书。我友此种行为，实则可为德国全邦学生表率。因为德人竟不知年老能变成糊涂一回事呢。我也曾到此邦大学[2]，经过好多年受了一位主任的指导，这主任已变成枯骨化许久，但谁也不想使他退职。我们一班同学对他曾作了一些讽刺的

---

〔1〕 卫尼士，今译威尼斯。里度岛，今译为利多岛。
〔2〕 指维也纳大学。1873年秋，弗洛伊德进入维也纳大学医学院，1881年获得医学博士学位，1885年春，被任命为维也纳大学医学院神经病学讲师。

歌文:"这不是哥德说的,呀呦呦!这又不是施儿[1]的诗句……"看此,与梦中的诙谐,也有一些相关了。

七

这尚未完,除了上说的梦工作如集中、改窜、易位与变形之外,尚有一个心灵力。这项工作极难见出,只好来假设(或者不确切)。假设一种心灵力常在指挥那些已经将成形的梦象。它的工作,似乎在使梦象更有条理。因为当梦尚未完成时,仅仅做好了"门面",但尚留下许多材料,到此它须经过一番组织的功夫,使未成就的材料者,组织成为一种较完全的梦景;这又是将底意识假装为别种意义而出者。故当我们分析梦时,应该留意此项假装的工作。

究竟,这是何种工作,竟把梦象做了最末后的决定呢?我们见到它的目标,独一在使梦象成为有意义。由此它在梦的力量恰似醒时的聪明力一样。因它的意志与其聪明力之大小,将梦的材料制造成为梦象。聪明有高低,故此中不免生出种种的错误。这也如醒时遇到一件新事情为我们所不知道者,势必拿出自己具有的智识才力来判断牵合。假如判断牵合得不恰切,自然生出许多错误了。

凡梦象如经过这样心灵力(有如醒时一样)组织成的,则必成为极有条理;否则,仅成为混乱离奇的梦景。这后项的梦象,在分析上的价值本与前项的相等;不过有条理的梦,较省一番整理的功夫而已。

所以这项"梦的门面"即梦的起始者,不可视为仅是心灵力一种偶然的动作。它也含有相当的聪明与志愿力。此等梦的工作,对于底意识的启发,为状如"醒时发梦"一样。又这项初步的梦象与小孩梦同样,不过较为复杂与更加窜改罢了。因它是"梦的门面",所以我

---

[1] 今译席勒。

们极易由此而寻到其底蕴的意义。

前所说的四项，包括一切梦的工作。至于我们现所说的，不过任引渡梦的内容为梦的外象而已。由此，可见梦的工作不是创造的，因它毫无想象力、判断力与结论力；它的任务，只在将心中所藏有的集中、改窜与组织起来。至于这个最末后的"指挥工作"，只可视为梦的工作的助手。

有时见到梦象具了许多聪明性者，及一行分析之后，则知这样聪明性者在梦的内容（组织成梦的材料者）已经先有，梦象仅任介绍之责而已。例如在梦象内见有演绎的逻辑性者，则必从梦容引申出来。若遇简单的引申，则尚有条不紊。但遇到梦的工作加入变易之后，则形成为极离奇的梦象了。推而论之，在梦中的数目字，若与梦的内容相合，则极有道理；倘若搀入别项材料，则结果未免极骇怪。又如在梦中演说，常时不是原有的意义，乃由梦者将先前说过、听过与读过的聚成为极复杂的字句。虽则记忆力尚保存原来的零碎，但经过梦后，则将其原有题目及要紧意义统行丢失了。

为要更明白起见，似应加上下头几个例证。

（一）以下是我病人之一之梦，初看去，似极普通而无可指摘者。

> 这妇人梦见与她的厨娘拿一手筐往市。她问卖肉者要某样肉，卖者答"这已寻不着了"，他说后给她别样肉，并说这与她所要的无异。可是她不受。转身到卖菜者。卖者给她的菜样甚奇怪：黑色且缚成束。她说："我不愿见此，我宁可不买。"

"这已寻不着了"这句话，乃她受我诊察时所听到的。我在她梦前数日，曾向她说："在小孩极细时的记忆已寻不着了，唯有时在梦中得到。"及在她梦中，我已变成为卖肉者了。

第二句话"我不愿见此"，也有一桩意识所合成。此妇在梦前那日曾嫌恶其厨娘（此厨娘即她梦中同往市者）说道："好自检点，我不愿见此……"意思是说"我不准许这样，我不愿见此状态云云"。在此梦中，那些不关重要的语句，更被改易意义之后，随时发现。又，梦的工作将梦者的拟想，改窜到原意全失。例如将我的态度改成为不恭敬。而其实，病者于前时确会遇到这样待遇云。

（二）以下别一个梦，外面看去毫不重要。但我们于此可以得到数目字的秘解。

一个妇人，梦见要还人钱。其女向她手拿去钱袋遂给她三个弗罗兰及六十五个可儿惹[1]（均钱币名）。她向其女说："为何多给，这个不过二十一个可儿惹。"

梦者乃一位外国妇人，她请我诊病，同时放其女在维也纳某女校中，意在待病好后带去。在梦前那日，那个女校长问她是否愿再放其女多一年在她校。这样一来，她又须再受我诊治多一年了。为要确切知道这个梦中数目的意义，当先知道那句俗语："时间即是金钱"。那么，一年计有三百六十五日，若合三百六十五个可儿惹计算，梦中三个弗罗兰（每个值一百可儿惹）及六十五个可儿惹，恰合此数。至于二十一个可儿惹，恰合三星期，也即是此妇人应离开我诊治院之期。如此看去，可知此妇为钱财起见，不愿再多放一年其女于女校，同时并计算还我之零碎数目了。

（三）

有位少妇，已经嫁人数年。一日听及与她年纪相似的熟友耶丽须小姐与人定婚。明晚，她梦及与其丈夫往戏院。到时尚有许多空位。其丈夫向她说耶小姐及其未婚夫本要来看戏，但因须一

---

[1] 弗罗兰，又译为弗洛林；可儿惹，又译为克鲁斯，都是奥地利货币单位。在19世纪末，1奥地利弗洛林约值1先令10便士或40美分。

气买三张椅位共值一个弗罗兰及五十可儿惹之故,所以他们不愿来。她答这虽是小事,但确实不幸。

在此要知是怎样从事实而变成数目,与及怎样有一个弗罗兰及五十可儿惹的来源。这件事本极平常,乃起于她梦前那晚上,其嫂得到丈夫一百五十弗罗兰,即出去买了首饰。在此应注意是一百五十弗罗兰乃是一个弗罗兰及五十可儿惹的一百倍。至于"三张椅位"之数目,或从耶小姐比此妇人少了三个月一事所引起[1]。其他尚有别项背景:即是此妇人每当往戏院时极先到场,每在椅位空空时已经达到,这本不应如此急速。至于梦象的最隐晦处,乃在二个人何以须买三张椅位之一事!

但梦者的底意识是这样:"我真傻!为何少年就嫁人?怎样这样急切?不看耶小姐就是个榜样。我若照她样,也可缓缓得到一个好夫婿。又安知不得到一个更好了百倍的丈夫(或首饰)?如得此钱(嫁资)我或者能买到三个丈夫呢!"

八

就上所说,可见梦中有一种向来为人所不知道的心灵力,而且使我们惊异是这些梦象常常在醒时发现。

究竟,梦的工作乃研究第一步心灵力最好的方法,所有情感病、恐慌病、秽亵病、癫狂病等都与它有相关系。所不同的,这些病乃是心灵上集中与改窜的工作,至于梦象又加了一番脑神经的组织力。

假如梦与狂病同一源流,则其研究更具趣味了。今就常人在日用间所犯的忘记或说错话、做错事说来,则见人们在醒时有时也犯了与

---

[1] 耶小姐比此妇人的年纪小了三个月。

睡时及狂病时同样的毛病。

"改窜"在梦的工作中，最占重要的地位。要知它的真意，当须知道心理的作用，当其梦时，它必需要这个改窜。此中缘故，实为向来研究梦者所未揭出。

在上头，我曾把我梦做起分析的功夫，但我不能将梦的内容尽量说出以免引起严重的批评。无论何种梦，其内容总有些不堪告人之处。一行分析，未有自己不起骇异者。就我梦说，我几疑这不是我的事，究竟我又不能不承认。一种"难为情"的心事，使我人在醒时竭力隐瞒，即在梦时也竭力挣扎不肯让它好好表出。这种现象，我名为"压伏"。这个在醒时的压伏，也即是梦中使梦象混乱纠纷之关键。因为心事不肯好好发表出来，所以使梦象成为混乱的状态，这与醒时硬将心事压伏下去而使精神不痛快同一情形。由此因果的关系，故可决定梦象之所以混乱乃出于不得已的驱使，借此以免良心的谴责。故"改窜"的工作，在梦中的作用即在将事实"假装"出来。

在此，最有趣味是在考究那件事应该假装以免良心之不安一个问题。例如我在上梦所说坐车一事。友人出费请我坐车这件事，引起我前时常常出费请我家属某人坐车的回忆；但梦中所压伏的意义要这样说："我要遇到一个免用费的情谊呢。"在梦前不久，我曾出一笔巨款给某人。故我底意识要这样说："我极懊悔出这笔款呵。"唯有这样解释，始能分析梦中真意是要一个"不用费的情谊"那个隐语。可是我极诚意出这笔款给某人。但此中确有懊悔，虽则是不关某人，而乃与别项事情有关系的。今不必申说，以省笔墨。

如我去分析别人的梦，其结果也同样，不过因为他人事，我对它较无把握去判定。若梦者是一个无病的普通人，则我能将其梦象引到其心中所压伏的事情，无论本人怎样不承认。若梦者是有刺激病（例如情感病），要使他们压伏发泄出来，须先使他知道这个压伏的心事与他病状有相关系。而最要是使他知道他病要好，须将其压伏的心事代替为病状。（即使他将心事从实说出，则其病状就消灭了。）

现拿那少妇梦及三张椅位为值一弗罗兰及五十可儿惹一件事来做例证吧。就她梦的内容一行分析后，发现她并非有情于其丈夫。她宁可不嫁，宁可把别人代替他。虽则她外面上说极爱其丈夫，并极力否认她有选择别个丈夫更好百倍的念头。但事实上，她的病象完全与其梦象相合。故只要将她先前确是不愿嫁此丈夫的回忆一行提起与承认，即时她的病状就消灭；到此，这病妇始不反对我的解释了。

九

压伏的意义，及梦象的假装与心事的压伏互相关系，两件事既经明了，则我们由此可以得到一些结果。

我们知道凡梦象具有理性与条理者，则表示完成一种毫无隐饰的欲望。换句话说，凡欲望在日间不成事实者，在梦中乃照所希望的表出满足。至于暗昧与无条理的梦，其表示完成欲望的意义也一样，不过须经一番分析的功夫，然后始能得到这个被压伏与在底意识的事情，或一个被思想所引带的欲望。我们可名这后项的梦为"压伏的欲望在挣扎中完成者"。又须留意那通俗说"梦乃未来的见兆"这句话，极有意义。梦象确是未来的见兆，不过这不是事实的实现，而乃希望的满足。通俗见希望的满足便误认为事实之实现了。

梦乃完成欲望之希望者，这个可分三项；第一，简单无假饰表出其欲望，这是小孩之梦象。当小孩渐大，这样梦也见消灭。第二项，所梦的乃是假装出来的一种被压伏的欲望。成年人大部分的梦都属此项。假如无经过分析的工作，则不能解释其梦义。第三项之梦，也是表示一种压伏的欲望，但并无假装或极少假装。此项之梦，乃常伴有一种恶耗，使梦不能继续。这样恶梦，即是等于第二项梦中的假装，借此假装，梦者不至于惊觉而得于安眠。这样恶梦极易证出有一种极久被压伏的欲望为主动。

在具有条理的梦中，虽则所梦的事情极可惊骇，但梦者并未觉得，这样梦似不能列入为第三项。又因此而给那班反对梦有意义者做口实。今只要取一例，即是证明这个梦乃"压伏的欲望在挣扎中完成者"。它显然属于第二项的梦。在这样梦中，改窜的工作，极灵敏地在其中发挥其效用。

一位少女梦及她姊的第二个小孩死去。她立在其棺前，为状与她数年前在其姊第一小孩死去时无异。但她对此并未觉得有丝毫的悲哀。

这位少女不愿承认这个梦含有秘密的欲望在内。但我们解释家并不与她同意。究之，考得在她姊第一小孩死时，她在棺前曾遇到她所爱的人。但彼此攀谈后，以后，永未见面。那么，假如其姊第二小孩死去，无疑地她希望在姊家再见此人。她虽不愿承认这个心事，但事实上确实如是。证据在梦前那一日，她买一票入讲演室希望在遇此人的心理更易见出了。故此种梦，不过促成欲望之表示。同样梦象，常时在往游历或往戏院，或待一种玩乐事之前发现。但少女极愿隐藏此项的心情，于势只好拿别件事代替她的欲望，故底里，她极乐意地这样发梦。凡情感的梦，新的必与旧的互相关系。因为她被压伏的旧情感既是一种快乐的希望，所以所梦的新情感不会发生一点悲哀了。

十

既然那些哲家到现在，尚未注意到这个压伏的哲理；那么，我们希望在此神秘的梦象，将此压伏的心理极显明地引申出来。此项学理，除梦象外，尚可在别项心理求得，虽则其怎样繁难，但都具有研究的价值。

在心灵机能中，我们承认有二种思想创造力。第二项为"正意识"，直接从心灵表示出来。至于第一项则为"底意识"，如要表示出来，当借助于正意识。

在这两项交界间,即在正意识与底意识互相接触时,则有一个"监督机关",其职务在将心意满足的事情发表出去;余的保存下来。这些保留的心事,就是我们叫为"压伏的状态"。

在一些特别情景之下,例如梦时,这个监督机关不免放弛。那么,正意识不能好好照常进行,而底意识,乘了机会,时常向正意识打出一条去路。但因这个监督机关虽然放弛,并未消灭,所以底意识要从正意识出路时须假装为一种良心不难过的事故。故此项结果,乃是底意识与正意识一种讲和的条件——一种条约。

应注意是,在这样压伏、监督机关放弛、心灵的讲和条件诸项之下,这是梦象,也是病态之所由成。而因讲和之故,所以有那些集中、改窜与组织的各项梦的工作之条件。

这个解释,未免涉入魔道,若较切实说来,梦中的糊涂,乃似一个下僚对于上司不好明白禀陈,只有于暗中时不时溜出一句乖巧话。由这个比喻可以解释梦象的假装与监督机关的作用。这个心理学虽尚奥晦,但底里的意义则极显然。我们希望从更精细的研究而可得到正意识与底意识之沟通点与其关系之情状。虽则它们的职务,一个是把守心灵的门户,而一个是在时时想侵入者的不同。

当人醒时,即当其睡态已消失,则其监督机关即时恢复固有的势力,所有先时所放弃的全行收回,因此理由,无怪人当醒时,即时将所梦的事情几乎全忘却。我自己常做了试验,每当我们讲述一个梦时或分析时,觉得有一些"细微事故"先时已被忘的即时又复现出来。这个被忘的细事,乃与梦的内容即与我们的底意识最有直接关系者,因为它乃监督机关所顾忌,所以被其忘去(裁去)。

十一

梦乃完成欲望的希望;梦象的胡乱,乃由监督机关将有些忌惮的事情压伏下去，或假装别样出来的结果；如果承认这些假设，则我们由此可得梦的真正作用。就俗见说，梦乃睡乡的捣乱分子，但我们极骇异地而得到其相反，因为梦乃睡乡的守护人呢。小孩的梦，最易拿来证明。

在小孩说，睡的情状，即是从醒到睡时的心灵之经过，乃有自身困惰与外界所强制而成。例如要使小孩入睡，先当把外界的刺激取消。可是，人们只知取消外界的刺激，至于小孩内里的心灵，怎样而后使它满足，则极少能知道。通常当母亲使儿睡时，儿每要求一个亲吻，或一件玩物。但为母亲者每只给儿一半满足，而告诉他待其醒时，始给他完全的要求。谁知这样留下一半的希望即是阻碍儿安睡的障碍物。遇到顽劣的小孩，他半夜醒起来不肯再睡，要求其玩物，人们都知道这样小孩于半夜搥床要求河马的故事了。遇到好小孩，他只在睡乡时梦见与河马玩耍。凡小孩的梦都是满足其欲望，欲望满足，他就继续睡去。小孩不是如成年人能够辨别真事与假相，所以他极以梦的假相为满足了。

成年人既知事实与希望原为两事，所以他不以希望为满足。他愿待机会以便其事实成功。故成年的梦极少，或永未直接上以满足其欲望。纵然他的梦如小孩一样简单，而其底里也极复杂。因为成年的心灵受了生活的经验与人情世故的教训，不能如小孩的天真烂漫，故只好将心事埋藏或假装出来。

可是当睡态来迫时，成年人完全失其常态，于是不得不将平常所压伏的心事弛放出来。本来这个解放于本人的心灵关系甚少，因为他已习惯这样压迫及假装的生活。不过在睡时，如他不解放出来，则于安眠一事大有妨碍，为安眠计，他于是不得不设法使其解放了。在此应承认是：虽在深睡时，尚保存有一些"注意力"，有如生理学家布达[1]所说，睡者都有一件提神剂。例如母亲之于自己的

---

[1] 今译为布达赫。

小孩的呱呱叫声；挨磨者之于磨停时声音，一切人之遇到他人叫其名字时，凡此必使睡者陡然而醒。这个注意力，即是心中对付内界的刺激与底意识及正意识之调和人，借它调和之力，所以梦者能够满足。故梦象乃是心灵对于压伏欲望的解放，因它乃视这种欲望已经得到满足者。此外，梦的作用，即在使睡者继续安眠。故梦者的"我"虽在成年，也如小孩一样，他极愿承认假象为事实。他对付梦象似乎这样说："不错，你极有道理，可是，让我好好睡吧！"睡者对于底意识的蔑视，也如醒时对于这样毫无条理的梦象一样态度。只要不扰乱其睡眠，他不管这个底意识在梦时怎样翻腾。但当其太猖獗而使其不好安眠时，他只好醒起来，叫一声"这是梦呢"，然后再行睡下。

或有批评我说：有些梦如恶梦之类。并非保护了安眠。不错。但应知梦有二种义务，一在保护安眠而一在不使人安眠，它如心灵的掌更夫一样，有时则要一切妨碍居民的声音消灭。但当它自己不能抵御时，它又做起最大的声音起来，以便居民醒觉，好去共同对付。

这后项的职务，由下头的解释更加明了。凡外界刺激太大者，必影响到梦象。这些例证甚多；有些医生对此则又未免过于重视。但在此影响问题中，又生出了一个难题。因为梦者并未将所受的刺激照样梦出，乃是经过一番改窜与添减而成。我们要问是：何以一样的刺激而生出许多不同样的梦象？可以不梦出那样而梦出这样？心灵的发生不是偶然的，那么，它的选择，必有一种必然的因果。

梦者，确有许多方法以对付外界的刺激。或者，他醒起来。或者他们继续安眠。在达到这安眠的目标，他就设出种种的方法。无论刺激怎样不痛快，他总设法去战胜，例如有梦者于臀部生一疮，他就梦骑在马上；其所贴的膏药，则变成为马鞍了。如此安置，他得安然睡眠下去。通常梦者乃将外界的刺激与他底里所压伏的心情连络一气，而复组织成为一种新的希望。我有一友梦及他在戏台上，念他素所喜欢的喜剧歌文。在第一出完时，成绩甚好，一阵如雷音之打掌声，他得此极满足，仍然继续安眠。但当不久醒时，他证实先前所谓的打掌声者，乃邻人打地毡之声呢！故每当外界刺激极大时，梦者总给他一个满足的假设，借此再骗得些时的安眠。

十二[1]

如人承认梦时，心灵尚有自裁的机能，所以生出种种奇异的梦象一回事，当然不会骇异了成年人的梦多数与性欲有关的一问题了。我们在此不必提及赤裸裸的性梦，凡梦及者都已知道，但梦者每每不免自己惊异所梦的奇特；或则在其对方人的选择，或则其风流态度超过于醒时之度外，或则其种种变态的性交。凡我现所要论的，就在一些梦初看去与性欲无关，但当经过分析之功夫后，始能认出。又有些性梦，乃非由梦前最近日期的事实所引起，而其源头应追溯到极久远的压伏意识中。

何以梦象多与性欲有关？这个不必求诸高深的学理，就通常说，人们都知在我们社会实无一事比性欲更会被人攻击与压伏。而有许多人，则为避免攻击起见，遂假装其性欲为别种高尚的事情。由我们研究所得，则知许多小孩的性欲，在极少的时期已被社会的礼教所压制不能好好发展，而成为奥晦奇怪与不自然的状态。这个小孩的变态，即为后来成年时奇怪的梦象之根源（参看著者那本《三课性欲学》[2]）。

梦象之所以初看去与性欲无关而底里则极相关者，乃因它采用代替的方法。这个代替不是记号，也不是暗示，更不是一种间接的表

---

[1] 本节乃作者于1911年增写。
[2] 今通译为《性学三论》，是弗洛伊德开性学先河之作，完成于1905年。在这部作品中，他首度将精神分析法运用于性研究，通过梳理从幼儿期到青春期，寻常男女性冲动的萌芽和成长，发现并探讨每个人性困惑中的关键心理因素。

记，它乃是一种"象征"。这种象征当然具了极奥晦的意义。但按诸凡说同一种语言者，则所梦的必为同一样的象征（虽则有时也超出同样言语界之外）。又可见此中极有显然的关系了。梦者固然不明白其象征的意义，因此而极难求得其真相之所在。可是，一经求到，则极易解决其所代表的梦了。凡能知道此项象征之意义者，有时则不用考问梦者，就可得到其梦象之朕兆。在此层上，当然一边与群众的见解相同；一边则与初民之重视象征为解释梦义者更相接近了。

这些梦的象征现在尚难一一去规定，今仅就其大纲及一些要点揭出于后。例如梦见皇帝与皇后，王与妃，乃为父与母的象征。"房"为妇人。"出入的门户"乃指男女身上之"开缝"。凡梦中的象征都与性欲有关，而生殖器一门格外繁多。故在梦中所见的尖锐器具、长且硬的物料、树身、棍子等都是表示阳具；至于衣橱、盒子、车、火炉等则表示阴户。凡此象征的意义本极易晓。但有时则极奥晦与奇突。例如领巾为男阳，柴片为女阴，以及凡表示向上浮动的物如梯子等则为性交。在此实在莫名其妙，苟非经过考查，谁也不敢去断定。又须知的，梦中象征都可作为两性解，按了机会有时则为男阳，有时又可为女阴。

这些象征有些则为民族所同有，有些则由个人临时需要去创造。关于一个民族所同有的：如语言中所指出的种子、生育等；或则从遗传而来，虽极尽奇怪奥晦，而自保存其一种原来的意义。又这项民间创造力终未停止，遇到新事物之发明，例如现在的气球，也已经象征为性具去了。

若要专恃这些象征（梦的钥匙）不去考究梦者在梦前的情状，而断定梦象，有时则不免大错特错。因为各人有自己的象征，即共同有的，也依各人的情状而变易意义，原不能执定一死板的意义以解释所有的象征。而且有些完全本于事实而与象征毫无关系的，象征可以借助来较易解释梦象，但根本上，尚以采用我在上所说的梦中各种分析的功夫为佳。至于遇到梦象毫无意义或无法解释时，则只好单独取用象征的意义。

象征的作用又在解释众人共同的梦象（格式的梦象）与个人按时而至的梦象（定期梦）上也大有收效力。我们在此不能详论这项象征的重要，因为它需要特别的书本去讨论，不是我在此小册上所能兼及的。若要详论，则当超出梦象之外，而去搜罗初民的创造：例如寓言、神话、与传说之由生，及喜剧与风俗之所由立，必要从此去考究，而后始能得到梦象与这些问题互相关系之所在。总之，我们知道这些民族精神的创造不是从梦象而来，而乃由其底意识所表出；这是底意识给予梦象的材料与其集中、改窜及组织的工作。（关于梦的象征，可参看 Artemidore[1]，Scherner《梦的生命》；及著者《梦的介绍》[2]；与心理分析学派；及 W. Stechel《梦的语言》[3]。）

十三

我在此书，实在并未将梦一问题统为叙及，也并未将所提及的统与解决。读者如要详知此项问题，我请他去看 Sancte de Sanctis：*I Sogni*, Turin1899[4] 及自著的 *Die Traumdeuting*, Leibzig 1900。[5] 我今要再提起的是怎样研究梦的方向。

我在上已说过：解释一个梦，就在将梦象代替上梦的内容，这个就是将梦象的纠纷解开，而看到梦者心里所压伏的底意识；又一面，看他梦象之糊涂乃由梦者有许多心事不敢好好表示，而乃假装做别样

---

[1] 今译为阿尔特米多鲁斯，大约生于公元 2 世纪初叶，古代后期达尔狄斯（Daldis）人，著有《详梦》一书，书中为后人留下了在希腊罗马时代曾经应用过的最完备而细致的释梦著作。
[2] 即《梦的解析》（或译为《释梦》）。
[3] 今译为威廉·斯泰克尔。
[4] 今译为圣·德·桑克提斯，著有《论梦》（1899）。
[5] 即《梦的解析》。

事情出来的缘故。这些底意识，人人都有，但当梦时，它与正意识及压伏的心情，纠缠一块，以组成一种特别的心理学。而由分析的功夫，人们由此可以得到一些心理病如情感病、秽亵病等的根源。

（原刊于神州图书社《读书杂志》1931年第1卷第6期，1931年9月1日版。参考了车文博主编《弗洛伊德文集》第1卷，长春出版社1998年版；孙名之译《释梦》，商务印书馆1996年版。）